北京航空航天大学人文社会科学文库
国家社科基金教育学重点项目"新时代研究生教育高质量发展研究"（AIA210012）

新制度主义视角下博士生跨学科团群培养研究

孙 维 马永红 著

北京航空航天大学出版社

内 容 简 介

博士生是科学研究的主力军，博士生的培养方式直接影响其创新能力的形成。实施跨学科教育是培养拔尖创新人才的重要路径之一。因此，博士生跨学科培养是当今世界一流大学博士生培养的改革和发展趋势。本书基于新制度主义理论，重点介绍博士生跨学科团群培养的概念、分类和模式。本书梳理了博士生跨学科培养的相关理论，总结了国内外一流大学博士生跨学科培养的典型案例，并分析了中国博士生跨学科团群培养中存在的形态以及影响中国博士生创新能力的要素，旨在提高我国博士生培养质量，为我国拔尖创新人才培养提供理论和实践指导。

图书在版编目(CIP)数据

新制度主义视角下博士生跨学科团群培养研究 / 孙维，马永红著. -- 北京：北京航空航天大学出版社，2025.5. -- ISBN 978-7-5124-4724-0

Ⅰ．G643.7

中国国家版本馆 CIP 数据核字第 2025JN9538 号

版权所有，侵权必究。

新制度主义视角下博士生跨学科团群培养研究
孙　维　马永红　著
策划编辑　蔡　喆　　责任编辑　蔡　喆

*

北京航空航天大学出版社出版发行

北京市海淀区学院路 37 号（邮编 100191）　http://www.buaapress.com.cn
发行部电话：(010)82317024　传真：(010)82328026
读者信箱：goodtextbook@126.com　邮购电话：(010)82316936
北京建宏印刷有限公司印装　各地书店经销

*

开本：710×1000　1/16　印张：13.5　字数：288 千字
2025 年 5 月第 1 版　2025 年 5 月第 1 次印刷
ISBN 978-7-5124-4724-0　定价：55.00 元

若本书有倒页、脱页、缺页等印装质量问题，请与本社发行部联系调换。联系电话：(010)82317024

前言 Preface

博士研究生教育作为最高层次的高等教育,肩负着提升国家核心竞争力和综合国力的重任。当今,跨学科研究已经成为解决复杂问题、促进科学和技术进步的重要手段。我国高校也把跨学科教育作为培养拔尖创新人才的重要方式。本书在新制度主义理论的视角下,以博士生跨学科团群培养为核心概念,分析世界一流大学博士生跨学科培养模式以及影响中国博士生创新能力因素,并结合博士生培养相关课题撰写而成。

本书采用理论研究与实证研究相结合的方法,探讨博士生跨学科团群培养的内涵、不同表现形式及其实际应用。其主要内容包括跨学科团群培养的理论基础、概念和分类,世界一流大学博士生跨学科培养模式和案例,中国博士生跨学科培养形态分析,中国博士生跨学科团群培养的创新能力影响因素等内容。第1章绪论介绍了跨学科研究的重要性,在此基础上结合我国博士生跨学科培养的实际情况,提出了研究问题、意义、方法和研究框架。第2章文献综述和理论基础对国内外跨学科博士生培养相关文献进行回顾和总结,并从大学跨学科研究组织建制、高校跨学科实践、跨学科博士生培养的挑战和培养的过程等方面进行分析,介绍了融合理论、共同点理论、知识生产模式 III 和联通主义理论。第3章构建了本研究的理论框架,界定了研究核心概念,包括:跨学科研究、博士生跨学科培养、博士生跨学科团群培养。在此基础上运用新制度主义理论,根据不同培养环境对要素进行科学组合,提出博士生跨学科培养模型,并对每一种模式的构成要素、培养流程、特点、产出和效果进行深入的分析。第4章运用质性研究方法对国内外大学博士生跨学科培养的典型案例进行深入剖析。第5章分析中国跨学科博士生培养现状和形态。本研究分析了调研高校的优秀博士生跨学科培养特点,以及调研高校博士教育报告中存在的博士生跨学科团群培养种类,并对建设一流高校的42所高校跨学科研究和博士生培养的路径进行文本分析。第6章实证研究根据全国博士生教育调查数据,描述调研高校博士生跨学科培养现状;以参与嵌入式和显性跨学科项目和跨学科平台项目的博士生为研究对象,探索这两种培养方式中博士生创新能力的影响因素。第7章是结论和政策建议。

本研究提出的博士生跨学科团群培养的核心概念是基于博士研究生培养课题研究和实践确定的。笔者利用在美国得克萨斯大学奥斯汀分校访学期间,对该校不同专业博士生进行了访谈,也逐一对美国、德国、比利时、加拿大、澳大利亚和北京航空航天大学的教育专家进行面对面访谈和邮件访谈,提出博士生跨学科团群培养的核心概念,并使用案例法总结国内外一流大学博士生跨学科培养的典型模式和非典型模式的特征。同时,本研究的数据基于年2016—2017全国第四次博士研究生培养调研,用SPSS 21.0和AMOS19.0对数据进行描述性分析、相关性检验和机构方程建模等统计学分析,探索在中国高校主要存在的博士生跨学科团群培养模式对博士生创新能力的影响。

本书撰写首先感谢国内外的教育界的专家为本书研究核心概念的提出给与的宝贵意见。同时,本书撰写过程中使用的中国博士研究生培养文本来自于全国第四次博士研究生培养提供单位的宝贵资料,在此表示感谢!

目前我国博士生跨学科培养处于起步阶段,在培养过程中遇到诸多问题和困境,本研究发现学术志趣、学术共同体、跨学科培养、导师指导、心理因素、科教结合和课程均与博士生的跨学科思维和创新能力显著相关。本书详细分析了国内外著名大学的博士生跨学科培养案例,希望为博士生培养单位和博士生培养的研究者提供可供参考的实例,并对中国高校实施博士生跨学科培养提供理论贡献和实践指导。

受限于笔者之能力,书中难免有不妥之处,恳请读者批评指正!

笔 者
2025年2月23日

目录

第1章 绪 论 ... 1
1.1 研究背景 ... 3
1.1.1 全球关注跨学科研究和教育 ... 3
1.1.2 跨学科研究和教育的必要性 ... 5
1.1.3 知识社会需要学科和跨学科共存 ... 7
1.1.4 跨学科培养是研究生教育的新方向 ... 7
1.2 研究问题和意义 ... 7
1.2.1 研究问题 ... 7
1.2.2 研究意义 ... 8
1.3 研究方法 ... 9
1.4 本书架构简介 ... 11

第2章 文献综述和理论基础 ... 13
2.1 国内跨学科研究和教育综述 ... 15
2.1.1 国内跨学科研究和教育的基本情况 ... 15
2.1.2 国内跨学科研究和教育综述 ... 18
2.2 国外跨学科研究和教育综述 ... 25
2.2.1 研究生教育中跨学科培养的重要性 ... 26
2.2.2 跨学科研究面临的挑战和学科文化壁垒 ... 26
2.2.3 国外高校的跨学科促进策略 ... 27
2.2.4 跨学科研究生培养 ... 27
2.2.5 跨学科团队研究 ... 28
2.2.6 跨学科课程 ... 29
2.2.7 跨学科研究的评价 ... 29
2.2.8 跨学科毕业生的就业研究 ... 29
2.3 国内外跨学科研究和教育小结 ... 30

- 2.3.1 国内跨学科研究和教育综述小结 ···················· 30
- 2.3.2 国外跨学科研究和教育综述小结 ···················· 31
- 2.4 理论基础 ·· 32
  - 2.4.1 融合理论 ·· 32
  - 2.4.2 共同点理论 ······································· 33
  - 2.4.3 联通主义 ·· 34
  - 2.4.4 知识生产模式 I、II、III 和 VI ···················· 35
- 2.5 结　语 ··· 37

第 3 章　理论框架 ·· 39

- 3.1 核心概念 ·· 41
  - 3.1.1 跨学科和跨学科团队研究 ·························· 41
  - 3.1.2 博士生跨学科培养 ································ 44
  - 3.1.3 博士生跨学科团群培养 ···························· 45
- 3.2 博士生跨学科培养的要素提取和分析 ···················· 50
  - 3.2.1 培养理念和目标 ·································· 50
  - 3.2.2 培养过程 ·· 51
  - 3.2.3 保障制度 ·· 54
  - 3.2.4 培养评价 ·· 55
- 3.3 博士跨学科团群培养模型构建 ··························· 56
- 3.4 结　语 ··· 59

第 4 章　国内外博士生跨学科团群培养研究 ················ 61

- 4.1 EI 嵌入一体模式：大科学时代人才培养模式的选择 ····· 63
  - 4.1.1 EI 嵌入一体模式的内涵和运行方式 ··············· 63
  - 4.1.2 个人团群和隐形团群——得克萨斯大学奥斯汀分校博士生培养分析 ··· 65
  - 4.1.3 世界一流大学跨学科博士生培养特征研究 ······· 73
- 4.2 DJT 模式：院系合作跨学科培养博士生的成果 ·········· 78
  - 4.2.1 DJT 模式的内涵和运行模式 ······················ 78
  - 4.2.2 显性团群和实体团群 ····························· 79
- 4.3 DTC 模式：团队研究跨学科学位项目 ··················· 84
  - 4.3.1 DTC 模式内涵和运行模式 ························ 84

4.3.2　显性团群和实体团群——卡内基梅隆大学的跨学科教育 ………… 85
　　4.3.3　显性团群和实体团群——清华大学-伯克利深圳学院交叉学科博士
　　　　　项目分析 …………………………………………………………… 101
4.4　其他非典型模式 ……………………………………………………………… 107
　　4.4.1　个人显性团群 ……………………………………………………… 107
　　4.4.2　个人隐性团群 ……………………………………………………… 110
　　4.4.3　虚拟团群 …………………………………………………………… 111
4.5　结　语 ………………………………………………………………………… 112

第5章　中国博士生跨学科培养形态分析 …………………………………………… 113

5.1　中国高校跨学科博士生培养面临的问题 …………………………………… 115
5.2　中国优秀博士生跨学科培养案例分析 ……………………………………… 116
5.3　中国博士生跨学科培养形态分析 …………………………………………… 120
　　5.3.1　被调研高校博士生跨学科培养实践 ……………………………… 120
　　5.3.2　被调研高校的未来博士生跨学科培养的发展规划 ……………… 121
　　5.3.3　研究结论 …………………………………………………………… 122
5.4　42所建设世界一流高校跨学科实践和人才培养策略 …………………… 123
　　5.4.1　中国一流高校跨学科研究的策略和发展路径 …………………… 123
　　5.4.2　中国一流高校跨学科实践特征分析 ……………………………… 126
5.5　结　语 ………………………………………………………………………… 129

第6章　中国博士生跨学科团群培养模式实证研究 ………………………………… 131

6.1　被调研高校跨学科博士生培养描述性分析 ………………………………… 133
　　6.1.1　数据收集和描述 …………………………………………………… 133
　　6.1.2　博士生跨学科培养培养路径分析 ………………………………… 133
6.2　博士生跨学科培养与创新能力关系的实证研究 …………………………… 137
　　6.2.1　博士生跨学科培养与创新能力关系的整体模型 ………………… 137
　　6.2.2　参加跨学科培养与未参加跨学科培养的博士生的创新能力模型 … 143
　　6.2.3　嵌入式博士生跨学科培养与创新能力的相关性及影响因素研究 … 145
　　6.2.4　博士生显性团群跨学科培养与创新能力的相关性及影响因素研究 … 147
　　6.2.5　高融合和低融合对博士生创新能力的影响的实证研究 ………… 149
6.3　研究结论 ……………………………………………………………………… 152

6.4 结　语 ··· 153

第7章　中国博士生跨学科团队团群培养设计 ······················ 155

7.1 博士生跨学科团群培养的演变过程 ································ 157
 7.1.1 EI 嵌入一体式 ·· 158
 7.1.2 DJT 模式 ·· 159
 7.1.3 DTC 模式 ··· 159

7.2 跨学科知识融合过程和跨学科研究者的培养 ··················· 160
 7.2.1 跨学科知识融合过程 ·· 160
 7.2.2 跨学科研究者培养过程 ····································· 161

7.3 博士生团队团群跨学科培养中的学科和知识融合设计 ········ 162
 7.3.1 博士生跨学科院系合作培养中的学科和知识融合设计 ········ 162
 7.3.2 博士生跨学科团队培养中的学科和知识融合设计 ······ 164

7.4 博士生跨学科团队培养设计关键环节 ····························· 169

7.5 博士生跨学科团队培养的支持措施 ································ 172

7.6 结　语 ··· 175

第8章　研究结论和建议 ·· 177

8.1 研究结论 ··· 179

8.2 创新点 ·· 182

8.3 政策建议 ··· 182
 8.3.1 国家层面 ·· 182
 8.3.2 高校层面 ·· 183
 8.3.3 培养和评价层面 ··· 185

8.4 研究局限及展望 ·· 189
 8.4.1 研究局限 ·· 189
 8.4.2 研究展望 ·· 189

参考文献 ·· 191

第1章
绪 论

1.1 研究背景

1.1.1 全球关注跨学科研究和教育

在当今社会,越来越多的学者认为跨学科研究是解决复杂和多维度问题的重要途径。因为要解决这些问题不可能由单一学科的研究者孤立完成,而跨学科研究可以创造全新的学科视野,为研究者们提供相互学习的机会,是具有创造性的研究方法。例如:地球大气层如何影响气候、冰川和海洋?如何综合运用生物、环境和社会因素解释世界某些地区不断增加的肥胖人群?这些研究都需要具有不同背景、知识和专业的科学家们合力研究才能解决。成立于1996年的联合国艾滋病规划署(UNAIDS)致力于与各国通力合作,应对艾滋病在全球蔓延。此外,由美国马萨诸塞综合医院、麻省理工学院和哈佛大学共同成立的 Ragon Institute of MGH 和 MIT and Harvard 研究所,在2009年投资1000万美元,招募工程师、临床医生、基础免疫学家、计算机生物学家和基因学家共同研发艾滋病疫苗。[1]

跨学科研究和知识整合的初始阶段源自于研究者的兴趣,采取"自下而上"的方式,但是由于学科优势长期占据统治地位,跨学科研究即使能够自然而然地发生,也需要政策推进和有计划性地开展。[2]西方的教育强国都加大对跨学科研究和教育的投入并制定各项政策促进其发展。此外,跨学科研究作为一种国际现象,长期以来得到了国家和来自外部的组织的支持和资助,如欧洲委员会(European Commission)、英国经济与社会研究理事会(Economic and Social Research Council,ESRC)、美国科学基金会的科学技术中心(NSF-STC's)、美国科学基金会 NSF-IGERT 项目、美国国家海洋和大气管理局(NOAA)、全国健康协会(National Institute of Health)、美国国家航空航天局(National Aeronautics and Space Administration,NASA)、美国国土安全部(Homeland Security)等。位于美国北卡罗来纳州的农业与技术大学(North Carolina A&T State University)与美国国家海洋和大气管理局(National Oceanic and Atmospheric Administration,NOAA)的跨学科科学环境技术合作科学中心(Interdisciplinary Scientific Environmental Technology Cooperative Science Center)进行合作研究,关注环境变化和气候变化的研究。该中心聚集了来自11个院系的31位科学家和工程师,设立了大气科学博士学位和气象学专业理学士学位和能源与环境系统系(the Department of Energy and Environmental Systems,EES),并为研究生提供跨学科课程。

学术界广泛认为打破"学科的筒仓(disciplinary silos)"有助于知识的生产和创新,这也是英国加大对跨学科研究资助的原因。首先,在2007年,英国建立了跨学科研究理事会（The cross-research council），旨在资助和促进跨学科研究发展。2014年，英国研究卓越框架(the UK's Research Excellence Framework, REF)指出，"大量地对社会有影响的研究都是多学科(multidisciplinary)交叉研究"。[2]英国研究会(The Brithish Council)、牛顿基金（Newton Fund）和全球挑战基金（Global Challenges Research Fund)等政府部门和慈善机构都以个人或者合作研究的形式对跨学科研究进行资助。其次，英国商业、创新和技能部的文件指出：英国科学研究景观图越来越呈现出复杂性和跨学科的特点。[4]2016年，英国Francis Crick研究所(生物医学研究中心)、帝国理工学院的癌症研究中心(Cancer Research UK)、伦敦国王学院的医学研究中心（The Medical center of King's College London)和伦敦大学学院（University College London)和慈善机构惠康基金会(the Wellcome Trust)等机构合作进行跨学科研究。最后，英国高校的跨学科研究也因政府和机构资助在大力推进。如成立于2002年的牛津大学博士培训中心(the Doctoral Training Centre, DTC Oxford University)，目前已有550多名学生参加7个跨学科项目研究，研究方向包括生命科学交叉研究、系统生物学、合成生物学、生物与医学综合、生物医学成像、生物技术与生物科学博士合作项目。

德国于2005年6月23日启动了"精英计划(Excellence Initiatives)"。该计划由德国联邦和州政府共同签署，旨在促进德国尖端科研水平、培养跨学科人才队伍、提升德国高等院校在国际上的知名度，包含三条资助路线："研究生院（Graduate Schools)""精英集群（Clusters of Excellence)"和"未来构想大学（Institutional Strategies)"。中标"精英计划"的学院、学科集群和大学获得了来自德国科学基金会和德国科学理事会总计投资金额约46亿欧元的资助。通过科研成果产出和高校排名等指标的量化考核，发现该计划确实有效促进了德国高校跨学科研究及研究生培养的发展，形成了德国具有普适性的跨学科研究生培养模式。[5]

法国境内实施的"卓越大学计划"被认为是法国高等教育改革的一次大胆尝试。通过科技创新项目的跨学科、跨部门的深度合作，打破学科领域及院校机构间的壁垒，刺激教育及科技创新能力和新技术的研发，提升高等教育系统的开放程度，并提高了人类对全球性重大而复杂问题(如气候变化、能源危机等)的应对能力。由一流科研机构与尖端学科间强强联合的"卓越大学计划"，参与此计划的院校集群是具有国际公认的优势学科、跨学科研究项目和创新人才培养的国际标准的卓越校园。如巴黎-萨克雷大学创始成员之一的巴黎高等商学院(HEC)，经重组后与另外两所综合大学、9个职业学院与7个科研机构共同组成了新的巴黎-萨克雷大学，这些机构共同形成了极富国际威望的强大群体，借助项目平台与世界各国科研机构、企业及学术界合作伙伴的强大联系，各原有机构竞争力得以逐步提升。[6]

《2040年日本高等教育总体设计》指出，科学研究必须是跨学科、跨机构的团队协同，高等教育的人才培养不仅需要重视本学科领域的知识能力训练，更重要的是要培养具备跨专业和综合性思考能力与俯瞰能力的人才。

我国向来高度重视跨学科高层次人才的培养。2015年,国务院《关于印发统筹推进世界一流大学和一流学科建设总体方案》的通知中强调,要"培育跨学科、跨领域的创新团队"[7]。因为"双一流"高校建设的根本目的是进一步提升高校的教学质量和科研实力,不仅实现知识传承,而且解决国家经济社会发展中的重大现实问题。科研实力决定教学质量,如果没有一流的科研成果,就不可能有一流的教学质量。科研成果必须以回应和解决重大现实问题为导向,这就需要跳出单一学科局限,发展跨学科研究。国务院办公厅2015年5月份印发的《关于深化高等学校创新创业教育改革的实施意见》中就明确提出,高校要打通一级学科或高校专业类的相近学科专业的基础课程,开设跨学科专业的交叉课程,探索建立跨院系、跨学科、跨专业交叉培养创新创业人才的新机制,促进人才培养由学科专业单一型向多学科融合型转变。[8]

国内各高校在跨学科博士生培养方面一直处于探索阶段,已采取各种措施促进博士生跨学科培养,例如:基于重大项目开展跨学科人才培养;建立专门的跨学科研究平台和研究院进行博士生跨学科培养,做到研究和培养结合;专门成立跨学科学位评定委员会和进行跨学科课程改革等措施。此外,国内的高校也纷纷把跨学科研究和教学纳入博士生培养方案中,如2018年清华大学加快推进博士生学科交叉培养,学校修订通过了试行三年的《交叉学科学位工作委员会工作办法》,此类博士生的个人培养计划"可突破现有学科培养方案框架,在学位课程基本符合主修学科(申请学位的学科)培养方案的前提下,根据需要选修所涉其他学科的课程和培养环节"[9]。

1.1.2 跨学科研究和教育的必要性

跨学科研究作为促进科学和技术进步的手段,能够增强国家的经济竞争力。在过去的20年间,世界各国主要科学组织、资助团体和著名教育实践者都极力强调跨学科研究。教育研究者对跨学科研究的兴趣日益强烈,他们认为跨学科研究和教育是高校培养人才的基本要素,究其原因有三个方面。

一是全球化工作场所的复杂性决定了就业市场需要新型劳动力。在世界经济一体化和网络经济时代,新型劳动力需要能够适应多元文化背景和具有多学科培养的经历,能够整合多学科知识解决复杂的问题。所以,就业市场的变化就要求高校在人才培养中融入跨学科培养的元素。

二是大学研究性质的改变。世界面临的问题日益复杂,如前文提到的气候问题和艾滋病研究等,科学研究的内容和方式也随之变化,使得跨学科研究的趋势在世界范围内展开。20世纪下半叶以来,大学的知识生产模式发生了明显变化,一个突出的特点是:"知识生产由于更多地源于实际问题,因此,具有天然的跨学科属性。"[10]从理论层面上讲,知识生产模式从"模式Ⅰ"到"模式Ⅱ"的变化促进了研究型大学学科之间的融合,使跨学科研究成为可能和必要。

三是科学研究组织的领导人和大学校长都强调跨学科研究的重要性。例如:

Rita Colwell(美国国家科学基金会前任主任)指出:跨学科的联系从根本上是存在的,因为它处于科学研究最能够引起创新的界面;哥伦比亚大学教授 Mark C. Taylor 指出:因为毕业生是基于学科教育,他们基础狭窄和不可持续性发展的特性,导致学生学习过于专业化而无法找到工作。所以,强调跨学科研究,无论在经济上还是在科学研究上都具有合理性。[11]

世界各国著名大学都制定了跨学科研究的促进政策,其促进跨学科研究的战略因校而异。就美国大学而言,许多大学通过设立跨院系或跨学科学位课程、建立跨学科中心和研究所,把跨学科研究和教育结合在一起。作为战略性决策的重要部分,俄亥俄州立大学(Ohio State University)、北卡罗莱纳州立大学(North Carolina State University)、罗格斯大学(Rutgers University)、加州大学伯克利分校(University of California, Berkeley)、康涅狄格大学(University of Connecticut)、弗吉尼亚大学(University of Virginia)、范德堡大学(Vanderbilt University)、弗吉尼亚理工大学(Virginia Polytechnic Institute)等大学提供种子资金(The seed Fund)作为促进跨学科研究和教育的基金。

第四,跨学科教育和研究促进学生职业能力发展。美国彭博商业杂志 2016 年出版美国工业界招聘时,列出雇主认为雇员"最重要的能力"和"最难拥有的技能"(见图 1-1)。从第四象限中可以看出,右上角的图表示应聘者很少具有的能力而雇主最希望雇员具有的能力,包括策略性的思考能力、交流能力、领导能力和创造性解决问题的能力,这些能力都可以由跨学科培养获得。

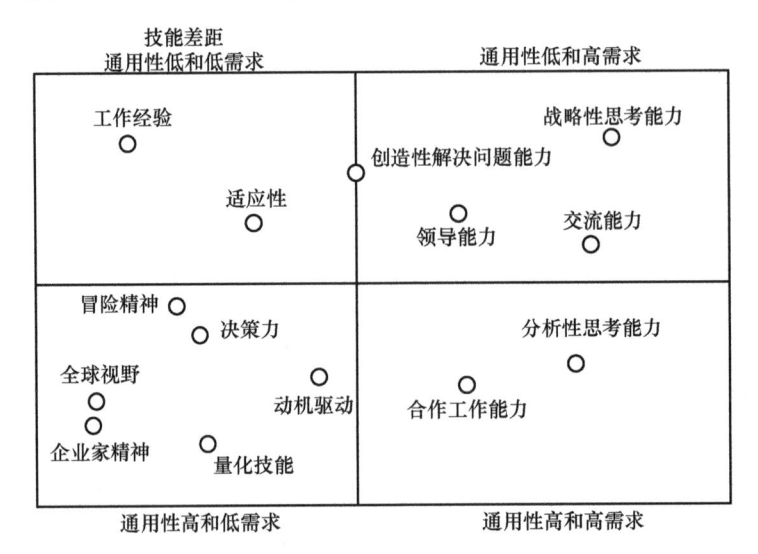

图 1-1 雇主对毕业生能力需求与毕业生能力的差异图

资料来源:The Skills Gap. Interactive graphic showing desirable traits by industry. "The Bloomberg Job Skills Report 2016: What Recruiters Want" by Francesca Levy and Christopher Cannon, February 9, 2016. http://www.bloomberg.com/graphics/2016-job-skills-report/.

1.1.3 知识社会需要学科和跨学科共存

在知识社会中,学科和跨学科的关系并非相互排斥,而是相互补充的。不是仅以单一学科轨迹路径标准发展,建立跨学科项目并不是要消除传统的学科教育,跨学科教育是补充学科以外的教学,以便学生能够学会如何应对超越学科的挑战和实现多学科融合。[12]因此,知识社会既需要学科知识深度,也需要具有跨学科知识广度;知识社会是把知识创造性地应用到实践之中。它是经济发展和繁荣的主要引擎,也是社会各个部门发展的动力。[13]所以,国外著名大学不遗余力地推进跨学科教育和研究,把其作为大学使命的一部分,以培养具有跨学科思维的创新人才。

1.1.4 跨学科培养是研究生教育的新方向

现代社会面临的诸多问题,如开发替代和可持续发展的能源、减少气候变化的影响,都需要不同学科研究者的集体努力。在解决问题的过程中,学科之间的界限变得越来越模糊,这就迫切需要培养新一代跨学科研究者和跨学科领域工作的能力。研究生是各个研究机构的主力军,跨学科研究离不开研究生的参与。研究生教育的过程本身就是参与科研的过程,跨学科研究中心的研究生承担着科研项目的各项基础性工作。因此,许多世界著名大学认为实施跨学科教育是培养拔尖创新人才的重要路径之一。美国作为跨学科研究和教育的先驱国家,不仅有哈佛大学、麻省理工学院、斯坦福大学、卡内基梅隆大学等这些世界著名的高校,而且跨学科教育在全国高校中普遍实施。美国国家教育统计中心(National Center for Education Statistic) 2002年修订的最新版学科专业分类目录(CIP2000)中,在学科群之下专门设置了多/跨学科领域(Multi/InterdisciplinaryStudies)便是明证,其下涵盖 22 个跨学科。[14]在亚洲,日本博士教育层面从 2006 开始进行改革,改革的核心在于打破培养过程中的专业壁垒,强化组织化、体系化以及教程的培养机制与课程模块建设,完善博士生的基础与综合能力培养。

1.2 研究问题和意义

1.2.1 研究问题

如上所述,跨学科研究为学生提供学习多个学科知识的机会,并在知识的融合中产生新知识。世界各国和著名高校博士生跨学科培养正在如火如荼的进行。但是,跨学科研究和教育面临的挑战之一就在于如何处理学科与跨学科之间的关系,因为以学科为基础的院系一直在高校起着重要作用。学科学术团体常常被认为是学科的"领土和部落"。传统学科学术部门之间的关系往往扼杀了跨学科的研究、教学和学习。[15]高校的资源和奖励通常是通过分层级组织结构(a hierarchical organizational structure)——专业系部、学院和大学分配的;对教师在任期和同行评审程序仍然是以学科路线为基础,并且很难找到经验丰富的跨学科评估专家;单个研究者在跨学科研究合作中的贡献也会受到质疑。这种情况导致有意愿做跨学科博士毕业论文的研究生很难找到具有跨学科经验的导师,甚至许多学生被劝阻参与跨学科培训项目。[16]

同样,我国跨学科研究和教育也存在上述问题。在我国,教育专业组织、以学科为基础的学院建制都是跨学科研究的壁垒。高校学院内部的院系设置和学科分布分散,导致各学科专业缺少交叉和知识整合的机会。任课教师不具备跨学科知识结构,各类跨学科研究中心还处于初建阶段,没有进行将科研与教学合为一体的跨学科改革。在此大背景下,如何实施博士生跨学科培养和提高博士生的跨学科能力是应该思索的问题。

本研究从分析国内外博士生跨学科培养方式出发,结合团队研究概念、融合理论、共同点理论,以知识生产模式Ⅲ(以大学、政府、社会和公民社会为知识生产模式的四螺旋结构的生产模式)和联通主义为理论基础,提出博士生跨学科团群培养的概念。以联通主义理论为指导,探索知识生产模式Ⅵ(以大学、政府、社会、公民社会和虚拟社会为知识生产模式),在博士生培养的组织形式中跨越时空和组织的障碍,促进博士生跨学科培养。因此,本研究围绕博士生跨学科团群培养的实施路径和特征进行研究,具体探讨以下三个问题:

① 如何对博士生跨学科团群培养进行界定和分类?
② 如何利用新制度主义理论建构博士生跨学科团群培养的理论框架?
③ 如何建立适合我国博士生跨学科团群培养路径,探索我国博士生跨学科培养中影响博士生创新能力的因素?

1.2.2 研究意义

1. 理论意义

本研究的理论意义在于,从知识生产的视角探究博士生跨学科团群培养的理论基础,以我国学位教育体系最高层次的博士研究生教育为对象,全面纵向回顾国外高校的跨学科研究和博士生跨学科培养文献和案例,从培养模式和流程的角度,提出博士生跨学科团群培养的定义并进行分类,提取其关键培养要素,为中国博士生跨学科培养提供理论基础。

在知识生产模式Ⅲ"四螺旋"扩展模型的基础上,将虚拟社会作为新的元素,进一步提出新的知识生产模式Ⅳ的理论,探讨知识生产模式Ⅳ框架下博士生跨学科培养的路径,对知识生产基础理论进行有效补充,深化对博士研究生跨学科培养路径的理解,进一步完善具有中国特色的研究生理论体系,多学科视角拓展和丰富知识生产模式的理论。近年来随着互联网、大数据以及人工智能等领域技术的飞速发展,知识生产的模式又一次产生了新的元素和变化,出现了以机器学习为代表的新知识生产范式;根据知识生产模式Ⅲ"大学、产业、政府和公民社会"四螺旋动力模型,进一步扩展知识生产模式的内涵,"大学、产业、政府、公民社会和虚拟社会"的知识生产模式逐步成型,本研究将其定位为知识生产模式Ⅳ。研究对博士生教育过程的主要环节、关键要素进行剖析,聚焦我国现行教育模式中跨学科培养的形态特征,梳理跨学科培养的内核、路径和框架,以此来深化理解博士生培养的模式的本质特征,从而进一步完善具有中国特色的高等教育学理论体系。

2. 实践意义

创新能力是推动科学进步、技术革新和产业升级的重要动力,是提高综合国力和经济持续发展的重要保障。博士作为教育的最高层次,一直是各个行业最尖端人才的源泉。许多世界著名大学把跨学科博士生培养作为提升博士生教育质量和创新能力的重要途径之一。本研究的实践论意义在于以博士生跨学科团群培养的概念为切入点,从多角度分析博士生跨学科培养的内涵,充分体现其既是一种教育理念,也是一种教育模式和培养途径,始终贯穿于博士生培养的过程中。本研究通过对国外高校博士生跨学科培养的路径和实现机制研究,探索博士生跨学科培养模式变革的影响因素;探索高校如何在博士生跨学科团群培养的理念引领下,在传统的博士生项目和跨学科组织和项目内部实施自身变革,以适应外部经济和社会变化对人才培养方式的变革。希望本研究能够为中国大学的跨学科博士生培养提供有益的借鉴。

1.3 研究方法

博士生跨学科培养在中国各大学均处于探索阶段,尚未全面实施。博士生跨学科培养的相关研究文献有限,大都集中在国外研究。本研究采用多种研究方法展现博士生跨学科研究的现状和发展趋势,主要采用文献研究法、案例研究法、扎根理论研究方法、内容分析法和量化研究法等,从不同角度反映当前国内外博士生跨学科培养的特点和实施路径。

1. 文献研究法

本书作者利用在美国得克萨斯大学奥斯汀分校访学的机会,对外文数据库跨学科研究和教育文献资源检索(包括相关的文章、著作、博士论文和报告)进行梳理,并利用中国知网上跨学科研究和教育文献,按照研究内容进行分类整理,了解迄今为止国内外专家学者在此领域的研究现状和已有成果,从中发现已有研究的不足,以确定本研究的研究框架和主要内容。

2. 扎根理论法

本书作者在美国得克萨斯大学奥斯汀分校访学期间,对该校博士生进行访谈,运用扎根理论质性的方法,对所调研高校的博士生跨学科教育培养过程详细分析,并提炼其培养模式,为我国博士生跨学科教育的探索提供可借鉴的建议。

3. 内容分析法

本研究使用内容分析法来对"世界一流大学的博士生跨学科培养"这一问题进行分析,旨在揭示现有文献中世界一流大学博士生跨学科培养的途径,并通过总结提炼出国外大学访学博士生跨学科培养的特征。

4. 案例研究法

本研究将我国博士生跨学科培养研究置于国际乃至全球视野中,分析一个或多个国家的博士生跨学科教育的组织形式、培养流程、管理和运行制度,明晰差距、可借鉴的经验和未来发展趋势。本研究主要以美国博士生跨学科教育为主要为参照,根据本研究提出的博士生跨学科团群培养的分类,选取具有典型代表性的博士生培养项目研究对象,包括卡内基梅隆大学、得克萨斯大学奥斯汀分校和威斯康星大学麦迪逊分校教育学院的跨学科博士生培养项目。国内的高校研究选择了清华大学-伯克利深圳学院交叉博士项目代表团队研究培养和跨校、跨国的博士生跨学科培养的模式。通过展示典型案例学校在组织机构、培养运行实施和实施效果,归纳出国外高校博士生跨学科培养的一般培养模式,旨在为我国博士生跨学科培养提供指导与借鉴。

5. 量化研究法

本研究采用2016—2017年的全国第四次博士生质量调研组编制的《博士生教育质量情况调查问卷》,对全国12个省市、35所高校不同学科的博士生进行了问卷调查,对我国博士生跨学科教育做了描述性分析,并利用结构方程分析探索中国博士研究生跨学科不同培养模式,以及影响博士生跨学科能力与创新能力的因素。

1.4 本书架构简介

本书整体研究框架如图 1-2 所示。

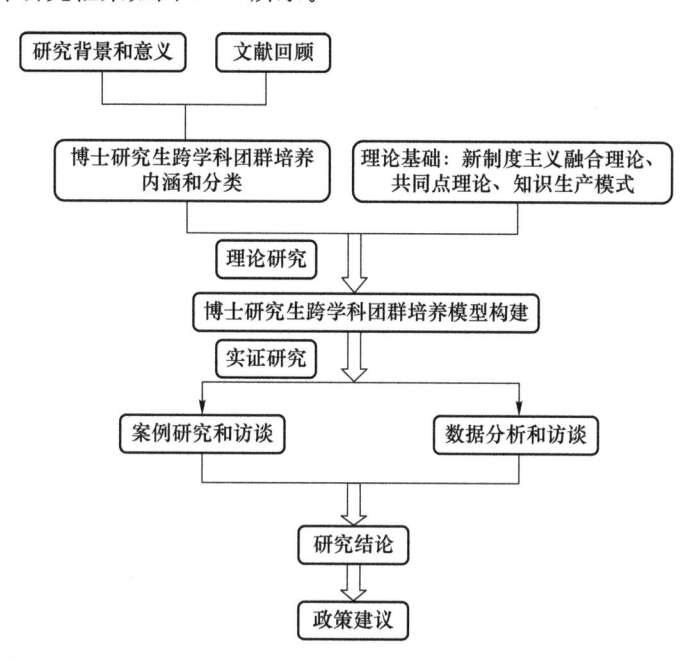

```
       研究背景和意义      文献回顾
              ↓              ↓
        博士研究生跨学科团群培养    理论基础：新制度主义融合理论、
           内涵和分类              共同点理论、知识生产模式
              ↓              ↓
              理论研究
                    ↓
        博士研究生跨学科团群培养模型构建
                    ↓
                 实证研究
              ↓              ↓
        案例研究和访谈      数据分析和访谈
              ↓              ↓
                  研究结论
                    ↓
                  政策建议
```

图 1-2 研究框架图

第 2 章
文献综述和理论基础

2.1 国内跨学科研究和教育综述

2.1.1 国内跨学科研究和教育的基本情况

以"跨学科"和"交叉学科"为主题词和关键词,检索中国知网上的文献,包括期刊、硕博论文、会议和报告等共计 25 513 条,其中硕博论文 997 篇。在期刊文献中,最早关于跨学科研究的文章是 1979 年童斌发表的《跨学科研究与历史学》,文章阐述了关于跨学科研究理论和方法,以及跨学科研究与历史学研究的关系。1985 年,刘仲林在国内首次提出并论述"跨学科学"。1989 年,李光和任定成出版了《交叉科学导论》;1990 年,刘仲林主编的国内第一部"跨学科学"专著《跨学科学导论》,该书对跨学科的概念进行界定,就跨学科的认识论和方法论等问题进行了理论分析。

通过中国学术期刊网络出版总库(CNKI)对"跨学科"和"交叉学科""跨学科培养"等主题词进行高级检索。检索时间为 2019 年 8 月 3 日,剔除新闻报道、访谈、经验介绍、项目介绍、人物记录等检索结果之后,在核心期刊和 CSSCI 检索的所有文献分类目录(基础科学、工程科技、医药、哲学和社会科学等 10 类)下的文章共计 2 023 篇(见图 2-1)。可以看出,从 2000 年开始,跨学科文章的数量逐步增加,到 2019 年达到每年 260 篇的发表量,这说明跨学科研究在各个领域已经广泛展开。

总体趋势分析

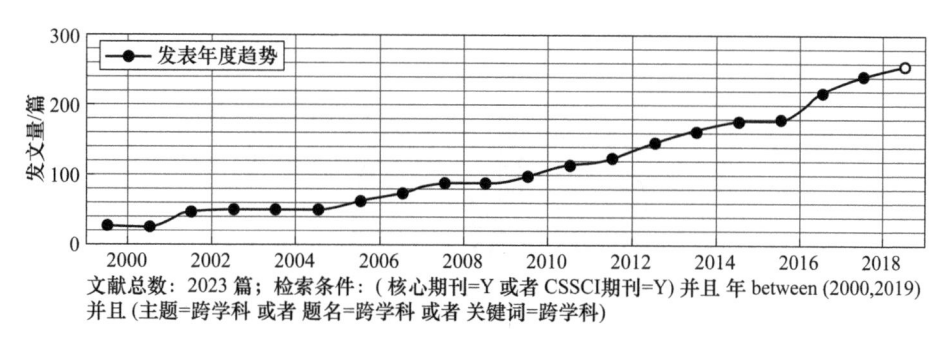

文献总数:2023 篇;检索条件:(核心期刊=Y 或者 CSSCI期刊=Y)并且 年 between (2000,2019) 并且 (主题=跨学科 或者 题名=跨学科 或者 关键词=跨学科)

图 2-1 各个学科领域发表跨学科文章数量趋势图

对 CNKI 进一步检索,从 2000 年至 2019 年核心和 CSSCI 收录的文章共计 432 篇,其中被 CSSCI 收录的文章 252 篇。根据 CSSCI 文献的检索结果,文献分析选择了 2000 年以来 CSSCI 的 200 篇文献与本研究密切相关,包括跨学科研究组织建制和人才培养等。首先,跨学科研究生培养发文章的数量不多,从 2000 年开始有 1 篇文章发表到 2008 年 10 篇,之后从 2011—2014 年,每年文章发表量都超过 15 篇,在 2015 年达到 24 篇。从这些数据看,国内研究者的相关研究成果并不是太多(见图 2-2)。

指标分析

文献数	参考数	总被引数	总下载数	篇均参考数	篇均被引数	篇均下载数	下载被引比
200	2398	1801	102801	11.99	9.01	514	57.08

总体趋势分析

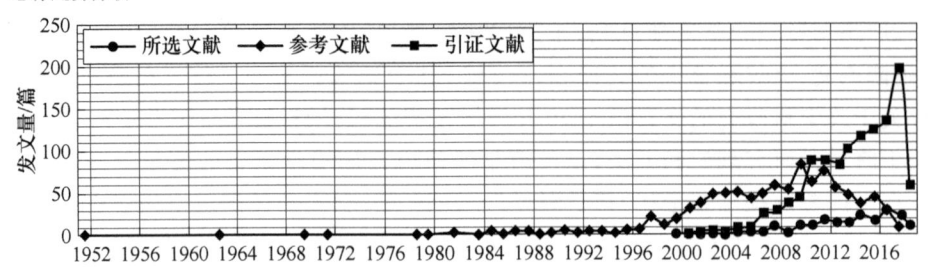

图 2-2 跨学科研究和教育为主题的文章发表的趋势图

对 200 篇跨学科研究和人才培养为主题的期刊分布的统计显示,论文发表主要集中在 7 种期刊(92 篇),其余 70 篇散见于各种刊物中。其中《学位与研究生教育》期刊共发表论文 23 篇,占总数的 11.5%;《高等工程教育研究》《中国高教研究》和《江苏高教》发表文章都超过 15 篇。从文章接受资助的基金项目可以看出,接受"国家自然基金"资助的文章占 13.6%,接受"全国教育科学规划"资助的项目占 9.3%(见图 2-3)。

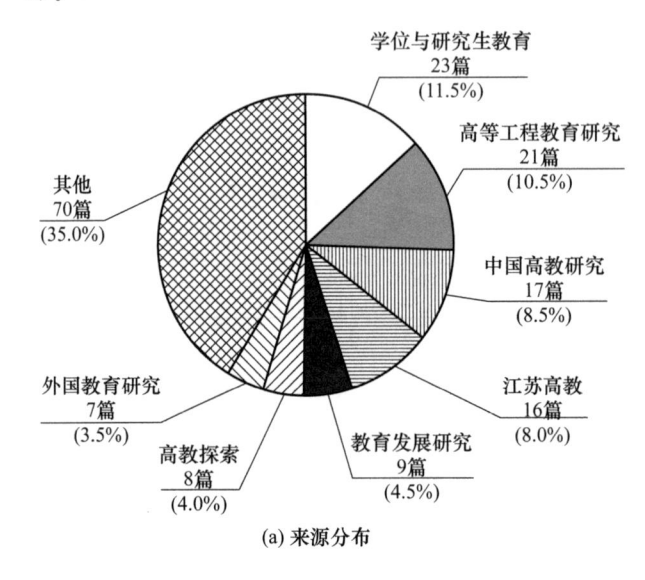

(a) 来源分布

图 2-3 文章发表的来源分布和基金分布图

国家自然科学基金
29篇
(13.6%)

全国教育科学规划
20篇
(9.3%)

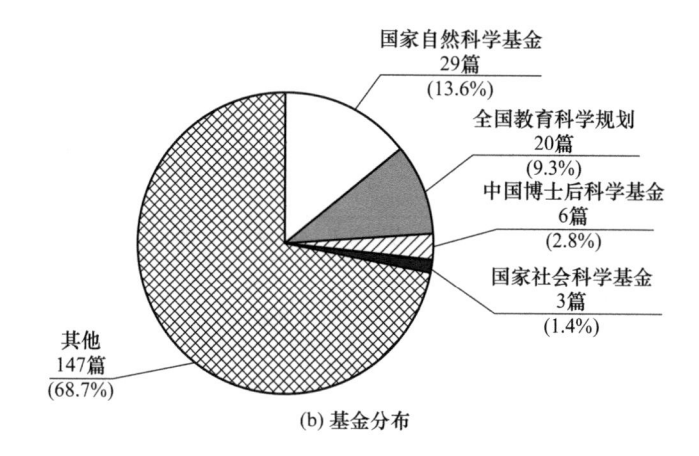

中国博士后科学基金
6篇
(2.8%)

国家社会科学基金
3篇
(1.4%)

其他
147篇
(68.7%)

(b) 基金分布

图 2-3 文章发表的来源分布和基金分布图(续)

如表 2-1 所列,按照被引用次数对 CNKI 检索结果进行排序发现,252 篇 CSSCI 文献中只有 16 篇文献被引用次数在 10 次以上,且这些文献主要集中于跨学科研究培养(共计 13 篇),主要探讨了国外跨学科研究生教育的经验、课程设置、导师指和研究生教育组织模式等方面内容,其中对博士生研究生跨学科培养的文献相当少。作为该领域高被引文献,它们大多集中在研究早期和中期,为以后的研究者提供了研究基础。与跨学科学术组织文献相比,跨学科研究生(博士生)培养文献很匮乏。所以,中国博士生跨学科培养研究仍然处于初期阶段,探索空间很大。

表 2-1 跨学科研究和培养领域高引用文献

排序	篇名	作者	期刊名	发表时间	总被引频次
1	关于跨学科培养研究生的思考	周叶中	学位与研究生教育	2007	110
2	高校跨学科研究生培养的现状分析与对策研究	张良	研究生教育研究	2012	37
3	跨学科协同教学——密歇根大学本科教学改革的新动向	刘海燕	高等工程教育研究	2007	53
4	MIT 跨学科博士生的培养及其启示	熊华军	比较教育研究	2006	43
5	探索跨学科研究生培养模式培养复合型应用人才	刘元芳 夏尊铨 傅白白	学位与研究生教育	2000	41
6	跨学科研究生的学科文化融入及培养探讨	丁学芳 韩映雄	学位与研究生教育	2009	29
7	架设人文教育与科学教育的桥梁——美国大学跨学科项目案例介绍和分析	叶取源 刘少雪	中国大学教学	2002	28

续表 2-1

排 序	篇 名	作者	期刊名	发表时间	总被引频次
8	美国跨学科研究生培养管窥——以华盛顿大学"城市生态"IGERT 博士项目为个案	胡甲刚	学位与研究生教育	2009	28
9	教育学领域跨学科研究生培养的特征、挑战和对策	刘峻杉	学位与研究生教育	2012	24
10	国外跨学科研究生教育组织形式探究	焦磊 谢安邦	中国高教研究	2014	22
11	跨学科通识教育课程模式探析——以杜克大学 FOCUS 课程为例	王俊	高教探索	2011	22
12	世界一流大学工程教育跨学科课程建设的经验与启示——以麻省理工学院为例	周慧颖 郄海霞	黑龙江高教研究	2014	21
13	跨学科研究生培养复合导师制度的构想	吕旭峰 范惠明 吴伟	教育发展研究	2015	19
14	研究生跨学科培养模式探索	何跃 张伟 郑毅	国家教育行政学院学报	2011	19
15	MIT 跨学科培养研究生的特点及启示	朱永东 张振刚 叶玉嘉	高等工程教育研究	2015	15
16	开展跨学科研究生教育应构建资源共享机制	尹伟 董吉贺	中国高教研究.	2010	13
17	美国博士生跨学科培养的基本路径及其特征研究——以哈佛大学教育研究生院为例.	包水梅 魏玉梅	中国高教研究	2015	8

2.1.2 国内跨学科研究和教育综述

1. 国内外高校跨学科组织的建制

对国外高校跨学科研究组织的研究聚焦美国和德国跨学科组织的发展策略、管理模式、运行机制。例如：王玲总结了美国大学跨学科学术组织的发展策略，研究认为跨学科研究与教育发展已经成为一种大学信念；跨学科学术组织与传统学术组织由"竞争"关系转变为"共赢"关系；"改革学位制度（"Dual Title"学位制度，即跨学科学位制度）能够激发学生参与跨学科学术研究的兴趣；完善治理与评价机制能够促进跨学科学术组织可持续发展。[17]毕颖、杨小渝、[18]陈勇、邹晓东、陈艾华、陈婵、王锋雷和柳宏志以斯坦福大学 Bio-X 计划为例，介绍斯坦福大学跨学科研究的管理模式：实施校领导负责制的独立研究管理体制、委员会领导下的组织负责制；运行机构保证跨学科研究团队运行和知识生产与知识传播；资源共享机制和搭建跨学科研究的协同创新平台、跨学科项目研究和发展与产业联系推动跨学科研究。[19]毕颖、杨连生以加州大学伯克利分校造福社会的信息技术研究中心为例，介绍跨学科促进政策，包括利用顶层设计组织管理体制、组建跨学科研究团队开展项目研发、鼓励学生积极参与跨学科研究合作和知识转移机制等措施，以满足社会需求的大学跨学科研究组织协同创新模式。[20]周朝成介绍加州大学在开展跨学科研究的过程中，建立了专门"组织化的研究部门"以及组织系统内部的管理制度和评价制度。[21]文少保、朴钟鹤、[22]朱永东[23]分析了美国科学基金会资助的科学技术中心的管理模式和跨学科研究实践。此外，张炜、钟雨婷[24][25]分析了德国慕尼黑工业大学和亚琛工业大学的跨学科战略和跨学科组织的变革对我国研究型和创业型大学建设的启示。袁广林分析了麻省理工学院的媒体实验室跨学科研究的理念与实践：重视创造自由的学术研究环境，强调推进跨学科领域问题的研究可以产生颠覆性创新技术，并在多学科熔炉塑造了未来跨界科学家。[26]赵章靖以二战后加州大学伯克利分校劳伦斯放射实验室为例，分析政府支持、组织理性、开展"大科学"研究的特征，突出体现组织结构日益明晰、组织章程规范有序、科研协作组织化与规模化发展的突出特点。[27]

我国跨学科组织研究聚焦于我国高校跨学科组织的冲突和治理、内涵特征、发展动力和管理模式。张洋磊阐述大学跨学科组织发展的制度环境冲突、组织架构冲突、文化价值冲突，指出内生性制度创新措施，包括创设"共同抉择"的府学关系、构建跨学科协同创新体系、形成多元参与的资源竞争、成果评价机制和营造开放、信任的跨学科合作场域。[28]张扬磊和张应强运用质性研究方法，分析了我国大学跨学科学术组织冲突的多重逻辑制约特征，指出其根本成因是大学对外部力量的"依附式自主"。所以，大学跨学科学术组织亟须进行"内生性制度创新"[29]。黄超和杨英杰从大学跨学科合作网络界面波动的视角，综合分析了知识性风险、组织性风险和网络性风险以及三者之间相互作用机制，提出跨学科研究计划与启动对策、合作发展与推广对策、完善与转型对策和调整与转向对策。[30]

2. 国外高校跨学科研究实践

国内学者的研究关注国外高校如何打破跨学科壁垒，促进研究者之间的交流，如何从跨学科研究的原因、发展动力和策略融合的方式深入研究国外高校跨学科研究和实践。

首先，研究者关注国外高校跨学科研究策略。张炜和邹晓东以案例形式呈现美国大学的跨学科战略管理机制、运行机制和资助制度，如伊利诺伊大学的"矩阵式"跨学科研究所，洛克菲勒大学的"无边界"跨学科研究所和美国国防部的"多学科大学研究"计划。[31]朱永东总结的美国大学跨学科研究的发展原因包括：联邦政府重要的支持作用、建立跨学科研究中心和学术自由的环境。[32]焦磊总结的美国研究型大学跨学科研究策略包括：创设独立建制式跨学科研究组织、采用集群聘任教师制度、设立"种子基金"、激励性资助和增设跨学科研究生学位项目，实现跨学科研究与教育职能的统合、制定配套管理制度和提供高层管理支持、培育跨学科文化和塑造跨学科研究行为。[33]张炜、颜盼盼详细分析了美国华盛顿大学跨学科教研融合模式，从本科、硕士和博士纵向一体化的跨学科教学体系到无边界跨学科独立研究机构运行模式。[34]

其次，研究者关注跨学科教师聘任方式。刘凡丰、项伟央和余诗诗指出，宾夕法尼亚州立大学促进跨学科研究的共同资助聘任模式为确定资助领域、院系提交提案、委员会审议提案、院系遴选教师、实施共同资助聘任以及评估方式。[35]耿益群介绍了威斯康星大学的集群聘任、宾夕法尼亚州立大学的共同资助方式聘任和密西根大学的联合聘任，指出美国大学跨学科研究教师绩效评价的特点是评价形式灵活多样、设置专门的评价机构，制定清晰明确的评估标准，以促进教师职业发展为导向。[36]

3. 国外高校跨学科研究生培养案例分析

国外高校开展学跨学科研究生培养的历史相对较久，考察其实践并借鉴经验可为我国开展相关研究提供启迪与借鉴，为跨学科研究生培养提出相应的建议。2006年，国内最早发表了介绍国外跨学科研究生培养的案例，熊华军介绍麻省理工学院跨学科博士生的培养理念和"四位一体"的跨学科博士培养，从"知""情""意""行"四个方面培养博士生。之后，国内学者对国外跨学科本科生和研究生培养的介绍逐渐增多。[37]

第一，文献关注国外大学跨学科人才培养的培养理念、特点和发展趋势对中国跨学科人才培养的启示。文献的主题大多是分析国外跨学科人才培养的案例。范冬青和王歆玫介绍了美国研究型大学跨学科人才培养贯穿于本科、硕士生和博士生培养的阶段，并与创业教育结合起来，在培养路径上有国际化趋势。[38]张晓报总结了美国研究型大学跨学科人才培养的基本模式，通过课程、专业和学位三个要素组织跨学科培养，以独立和组合的方式形成跨学科人才培养模式。[39]申超以密西根大学为例总结建立多样化的跨学科研究组织、住宿学院制度、制定跨学科的财政支持、教师任期内的联合聘用以及专业设置和学位设置的灵活性和自主性，推进跨学科研究和教学。[40]

第二，从人才培养的层次划分，当前国内跨学科人才的培养可以分为本科生、研究生（包括博士生）两类。首先是本科生跨学科培养的实践研究。张伟概括普林斯顿大学本科跨学科教育是以小班教学研讨课为突出特征，实施跨学科证书项目使学生充分体验跨学科教育的过程。[41]雷洪德，高强介绍了麻省理工学院跨学科本科生培养的理念、支持条件和通过跨学科课程、建设学术共同体、实施跨学科计划的培养途径。[42]其次是研究生跨学科培养的实践研究。国外研究生跨学科教育研究从2014

年开始大量出现,此类文献的内容主要关注国外大学培养跨学科研究生的动因、培养理念、实施路径、跨学科研究生教育面临的挑战和应对措施。杨海燕描述了美国大学跨学科研究生在交叉学科数量的发展,并着重阐述美国交叉学科发展的制度保障:建立跨学科研究基层单位和实施教师管理和聘任的新制度。[43]焦磊指出美国研究型大学培养跨学科研究三个路径,包括创建独立建制的跨学科研究机构路径、研究生院统筹组织路径、学院内部整合路径以及跨学院协同路径。[44]朱永东总结了麻省理工学院跨学科研究生培养的特点为开放的选材理念、灵活的课程、全过程的指导服务、系统的科研训练和完善的资助体系。[45]陈荣和李冰倩总结了密歇根大学跨学科培养研究生的理念、跨学科研究生建立多种交流平台和研究生参与跨学科研究计划。[46]国内学者除了关注美国研究型大学跨学科研究生培养,还把研究视野转向加拿大的跨学科研究生培养,如张媛详细地解读了加拿大研究生教育联合会报告,概括了加拿大高校跨学科研究生培养模式的改革实践表现在实施严谨的审核程序、完善的管理体制、教师支持、全面的质量保障和学生多样化的个体实践。[47]王传毅,严会芬,吕晓泓分析了加拿大高校个人设计项目、独立跨学科研究生培养项目和联合的跨学科研究项目。[48]徐岚基于美国IGRET项目,分析了跨学科研究生核心能力的五个维度(学科基础能力、整合研究能力、团队合作能力、跨学科交流能力和实践应用能力),总结IGRET项目研究生培养的途径包括开展多学科和跨学科课程、建立跨学科学习社群、建设跨学科研究团队、完善跨学科导师组制和参与校外实践活动。[49]焦磊分析了"学院主导式""研究生院统筹式"和"独立建制式"三种成熟的组织形式,其中"学院主导式"又涵盖"学院内部式"和"跨学院式"两种形式,对上述三种组织形式及其机制的探析可以为我国跨学科研究生教育的发展提供镜鉴。[50]刘晓璇、林成华用多案例研究和内容分析法分析国内外研究型大学研究生跨学科培养的案例资料,对典型案例的文本素材进行内容挖掘和要素识别,提取了培养目标、组织结构、课程教学、科研训练、组织规范和资源配置六个维度,详述了国内外研究生跨学科培养模式,提出我国跨学科研究生教育要明确培养目标、强化整合设计理念,形成多方位、多环节的培养过程和突破学科组织藩篱建立跨学科平台,培养高水平和高层次的研究生。[51]

第三,国内研究者对国外高校跨学科博士生培养的文献较少,中文文献共六篇。包水梅和魏玉梅阐述了哈佛大学教育研究生院博士生跨学科培养的基本路径。[52]之后,包水梅和谢心怡以普林斯顿大学为例,介绍博士生教育中的"证书项目"以及"联合学位项目",并以组建独立的跨学科研究中心、成立专门的跨专业管理委员会、通过"联合聘任制"跨学科配备师资和丰富的课程资源和多样化的跨学科课程体系作为跨学科博士培养的支撑机制。[53]魏玉梅以哈佛大学教育哲学博士项目为例,总结项目的"跨学科"特色,表现在培养目标、组织保障、师资力量、课程资源以及专业方向等各个方面,对我国博士生跨学科培养的启示是加强顶层设计、加大跨学科政策支持,变革组织体制、实施跨学科联合培养,整合师资力量、构建跨学科课程体系。[54]胡甲刚总结了华盛顿大学"城市生态学"IGERT博士项目跨学科研究生培养的基本思路和创新做法。[55]焦磊同样基于IGERT项目分析美国大学STEM领域博士生跨学科能力的构成要素和培养机制,其中培养机制包括开设跨学科课程与研讨课、推行实验室轮转与开展实地研究、创设"期刊俱乐部"研讨前沿跨学科学术成果、开展跨学科团队研究和推行跨学科导师制。国外的跨学科研究机构有效地把跨学科研究和教育结合在一起,研究生在科研中得到跨学科的学术训练。[56]李正、张倩和焦磊分析埃文斯跨学科生物医学研究中心通过支持性措施,促进跨学科学科融合,通过开设跨学科研究生课程、设立校园项目和培训博士后,为学员提供利用跨学科方法解决问题的机会。[57]

4. 国内研究生跨学科培养的实践

从20世纪90年代后期开始,国内学者对跨学科研究生培养的研究逐渐增多,此类文献关注研究生跨学科培养的理论、我国目前存在的问题和解决方法,体现了高校开展学科交叉研究生培养重要性的意识提升。

对跨学科研究的理论探索的文献包括:汤晓蒙和刘晖、[58]赵军和许克毅、[59]王占军[60]、陈涛[61]关注跨学科研究的方法论、学科与跨学科的关系和跨学科对大学组织变革等方面理论研究。黄瑶、王铭、马永红对跨学科协同培养博士生的特点、内涵和路径进行深入的分析。[62]张洪华、[63]关辉[64]阐述了跨学科博士生学科认同、社会适应和重构跨学科博士生培养的路径。景于和马永红运用实证分析方法识别交叉学科构建过程中心理认同度的影响因素,个体差异对心理认同度影响程度最大,学科交叉机制影响次之,而交叉学科构建环境的影响程度最低,并对从学科交叉到交叉学科构建过程中,如何提升心理认同度提出对策建议。[65]孙维和马永红提出在"双一流"建设背景下应以团队研究理论、融合理论和共同点理论为基础,分析了跨学科博士生培养过程中经历的初步融合阶段、深度融合发展阶段和融合转化阶段及其实施策略,实现不同学科的知识融合,博士生在融合过程中找到研究的共同点,最终培养出跨学科研究者并产生知识创新。[66]

我国跨学科研究生培养还处在探索阶段,在培养中还存在不少问题。目前国内学者对学科交叉研究生培养的研究主要有两种类型。

(1) 对当前研究生跨学科培养存在的问题进行研究和提出政策建议

胡甲刚、陈何芳、张莉、张良、吴立保和王根顺,汤方霄分析了当前我国高校跨学科研究生培养存在的问题:培养目标和理念定位不精准、[67]高校机构和管理体制障碍、[68]单学科培养模式占主体、[69]团队合作松散和评估制度僵化,[70]提出了对策建议修订专业目录和设置跨学科门类,充分调动师生跨学科研究的积极性,尊重学生的自主性和管理部门的有效的协调[71][72]。张晓报分析了我国高校跨学科人才培养面临的困难,指出高校跨学科人才培养要加强教学资源地共享,保障学生跨学科学习的自由度,可以从课程、专业和学位三个要素对跨学科教育进行组合,保障高校跨学研究生教育最大限度地发展。[73]包水梅认为跨学科研究项目是实施博士生跨学科教育的途径之一,博士生通过起始、发展和结束三个阶段,经历学科认同危机与学科之间的理解和沟通压力、平衡来自学科和跨学科项目双重期望的压力和整合研究成果与寻求职业发展的困境;并指出要有效促进博士生的跨学科学习与研究,需要培养学生的团队归属感,建立起研究共识和有效的沟通机制,提供必要的财政和制度支持,博士生要自我规划和管理学业进展。[74]

(2) 跨学科研究生教育模式设想和建议

李金、王磊和梁洪[75]认为我国研究生跨学科培养模式应该是构建生物医学与工程学科群建设模式,联合研究"虚体"运行机制、多学科结合的长效联合指导机制,体现学科交叉特点的个性化培养方案制订策略、开放式研究生科研训练体系、有利于交叉学科成长的"软环境"模式。周叶中认为传统意义上的学科体系和专业人才培养模式已不适应时代的发展,时代发展需要高素质和能够解决的复杂问题人才跨学科人才。[76]叶取源、刘少雪认为跨学科课程和跨学科学位是当今跨学科人才培养的主要模式。[77]李雪飞、程永波提出课程模式、项目模式和制度化的跨学科研究生培养模式,并指出这三种模式功能不同,应共存为跨学科研究生培养服务。[78]娄延常、[79]高磊[80]和何跃、张伟和郑毅[81]从培养类型、培养过程(跨学科的招生、课程、项目、学位等)、跨不同门类培养、团队培养和个性化培养等角度,对跨学科研究生培养培养模式进行分类。

5. 国内部分高校跨学科研究生培养的实践和探索

我国大学跨学科研究生培养已经实施,如上海交通大学、浙江大学、华中科技大学等也开展了跨学科研究生培养的探索和实践。周叶中、夏义堃、宋朝阳、[82]王则温[83]和裴旭[84]等总结了武汉大学、浙江大学和中国科学技术大学博士生和研究生的跨学科培养设立多学科交叉的科技平台和研究生创新中心。

6. 跨学科导师队伍的建设

吕旭峰、范惠明和吴伟指出我国复合导师制度构建的现实困境包括:导师跨学科知识和思维欠缺、以院系为基础的身份制度、科研经费对跨学科支持不足,并提出统筹师资力量,建设复合导师团队;探索学部制和联合研究体统筹跨学科师资;积极设立与申报跨学科课题,搭建研究生学术成长平台等制度设计。[85]

7. 跨学科课程

已有文献多是对国外高校本科生跨学科课程的介绍,针对研究生尤其是博士研究生的跨学科课程的研究较少。王俊以杜克大学的本科生跨学科FOCUS课程为例,分析了FOCUS课程对我国通识教育的改革的意义。[86]王建梁、岳书杰对"墨尔本模式"课程进行改革,改变原有课程设置过于集中、过于注重学术的缺陷,增设具有跨学科性质的拓展课程,拓展学生知识广度、改变教师教学方式、培养教师跨学科思维的教学能力。[87]吴迪分析普林斯顿大学课程计划,该计划是普林斯顿大学路易斯-西格勒综合基因组学研究所为本科生提供的"综合科学"课程,此课程的优势是实现了跨学科研究之间、教学与科研之间、理论与实验的整合。[88]周慧颖、郄海霞以麻省理工学院为例,总结了工程教育跨学科课程建设的经验,指出麻省理工学院的跨学科课程建设途径有:建设一流人文社科课程,为跨学科课程建设奠定基础;设立跨学科研究中心和实验室,为跨学科课程建设搭建平台;建设跨学科师生团队。[89]

8. 跨学科团队建设和评价

跨学科团队建设关注于团队内部治理、知识融合方式和团队信息的有效交流和沟通。何朝阳、平思情和刘鑫桥分别分析加州大学圣地亚哥分校跨学科研究团队——克里普斯海洋学研究所(Scripps Institution of Oceanography)创造性治理模式,包括实行共同治理、教师参与决策过程、以人才促卓越、以卓越留人才,重视研究者的能力而非专业是否对口和限制团队竞争等内部管理措施;提出构建高效的跨学科研究团队的措施:构建跨学科研究团队的支持平台、营造支持性的组织环境。[90][91]孙艳丽、于汝霜指出在跨学科科研团队知识整合过程中,首先,在研究开始阶段,不同学科团队成员间相互了解和构建知识共享的基础;其次,在研究中既要关注团队研究问题,也要有个人研究兴趣,并在信任中沟通和交流。[92]文少保、毕颖指出在大学跨学科研究团队中,应积极开展跨学科研究、杜绝机会主义,要有共同的研究目标协同,实现事前防范治理;研究风险共担,实现事中监督治理;研究利益共享,实现事后激励治理。[93]李晶、章彰、张帅以威斯康辛麦迪逊分校跨学科团队组建为例,分析了团队合作过程中的信息交流、机构合作和学科合作的规律,指出我国研究团队建设可以建立信息联系人制度、建立跨学科研究实体机构,培育研究人员的跨学科意识等。[94]

科学发展的综合性、学科之间的交叉与融合,以及当代社会对人才需求的多样化和全面化,使得高校跨学科团队的建设的重视性凸显。朱娅妮运用定量与定性分析相结合的方法,构建出高校跨学科科技团队的科研绩效评价体系和多元的跨学科科技团队的评价指标体系。[95]尤莉分析知识的异质性不仅能够对团队的创新绩效产生积极推动作用,知识技能、专业经验与跨学科团队创新绩效正相关,职务背景与跨学科团队创新绩效负相关。[96]

9. 跨学科研究和教育的评估

我国跨学科研究的评估依然处在探索阶段,对跨学科研究和研究生培养的评价体系尚未建立。魏巍和刘仲林指出:面对跨学科研究进行评价的障碍,建议采取跨学科同行评议采用会议评价的方法;改进文献计量的评估方法、建立跨学科研究档案库,追踪预期和长期成果和设立独立的跨学科协调部门等方法建立科学的评价体系。[97]顾佳峰以案例的形式对美国高校四个典型跨学科评估方法——焦点团队评估、实验与准实验评估、问卷调查评估和综合评估——进行解读和分析。[98]谢冉和张兄武认为：建立适合跨学科研究特征的评估机制是提升跨学科研究质量的关键，提出借鉴单一学科的评估框架，结合跨学科研究的本质，构建聚焦真实问题、强调利益相关者参与跨学科评估的模式，并且重视多元评估主体共识的达成，强调跨学科研究评估的透明性和公开性。[99]

2.2 国外跨学科研究和教育综述

国外跨学科研究的经典著作包括：1990年者朱莉·克莱因（Julie J. T.）撰写的多本专著，如《跨学科性：历史、理论及实践》（Interdisciplinarity：History, theory, and practice）主要聚焦跨学科是如何承载历史、社会、经济和政治重负，研究者如何建立跨学科思维的相关问题。1998年朱莉·克莱因与Newell W. H.出版了《提升跨学科研究》（Advancing interdisciplinary studies）。朱莉·克莱因于1996年、2005年、2008年分别出版了《跨越边界：知识、学科性和跨学科性》（Crossing boundaries：Knowledge, Disciplinarities, and Interdisciplinarities）、《超学科性：在科学、技术和社会领域内联合解决问题—管理复杂性的有效方法》（Transdisciplinarity：Joint problem solving among science, technology, and society：An effective way for managing complexity）和《跨学科和超学科研究评价：文献综述》（Evaluation of interdisciplinary and transdisciplinary research：A literature Review）。以上著作从跨学科的定义、评估和建设跨学科校园文化等方面进行论述，是跨学科研究和教育的经典著作。

2004年，美国促进跨学科研究委员会、国家科学院、国家工程院和医学研究所共同出版《促进跨学科研究》（Facilitating Interdisciplinary Research），对如何促进学术机构、资助机构、专业协会跨学科研究提出了对策建议。Lattuca L. R.在《创造跨学科性：大学与学院教师的跨学科研究和教学》（Creating interdisciplinarity：Interdisciplinary research and teaching among college and university faculty）中对大学教师从事跨学科活动的过程、结果及动机进行了反思。美国学者艾伦·F·热普科（Allen. F. Repko）在其专著《跨学科研究：过程与理论》（Interdisciplinary Research：Process and Theory）中，全面和系统地介绍跨学科的研究过程及其理论，描述跨学科教育在美国高等教育领域的发展。在国外文献数据库如web of science、Google学术和国外的大学图书馆，以"Interdisciplinary"为关键词检索，发现跨学科研究和教育的文献有以下几类。

2.2.1 研究生教育中跨学科培养的重要性

2008年,对美国已经取得博士学位的毕业生调查显示,29%的博士毕业生的研究领域是两个或两个以上。[100] 跨学科博士项目成为培养跨学科知识生产者最普遍的方式。[101] 博士生跨学科社会化的过程是培养跨学科博士的重要环节。早期跨学科研究社会化过程中,在学术职业生涯的开始就要具有跨学科研究和实践的能力。Strober M. H.指出:未来的学者在"设定其研究和发展道路之前,早些接触跨学科研究是很有必要的。[102] Enenge B.等认为跨学科培养可以结合学术和非学术知识解决研究问题,强调跨学科培养博士的优势,并指出博士生跨学科培养的挑战在于要分担责任,培养学生的创新能力、对科学研究持续性和奉献精神,跨学科培养博士模式应该进一步探索和完善。[103] Muhar A.等认为理想的跨学科研究是从"科学与社会"共同发展角度,而不仅是从"科学为社会"服务的角度入手思考问题,把跨学科、学科间合作和培养模式融入到博士培养的过程中,有助于不同学科背景导师和学生的学术融合,催生重大的科研成果和创新。[104]

2.2.2 跨学科研究面临的挑战和学科文化壁垒

在高等教育中,跨学科研究面临许多挑战。首先,跨学科研究的障碍来自于强大的学科文化。Lattuca L. R.举例说明大学、中学和小学在一定程度上在教学中把知识按照学科分类,这造成学生在学校受教育越多,学科的意识就会越牢固地扎根于学生的思维之中。[105] Golde C.和Gallagher H. A.认为目前以院系为单位学术结构,从历史上就缺乏跨部门或跨学科合作的基础,这导致学术专门领域过于自我而缺少合作。[106] Gass J. R.指出学科将知识"碎片化",学科作为组织学术机构的基础将专业人士纳入学科的领地,这导致了大学和部门之间就资源分配、课程学分和新课程开发产生问题,导致忠诚于学科或学院的教师会非理性地反对跨学科研究。[107] 所以,在高等教育中,学生从事跨学科研究在本质上是困难的,因为在基础教育阶段的思维模式就是以学科为基础。同样,对于教师而言,克服本身所接受的学科知识,选择从事跨学科研究面临着极大的挑战。

其次,大学的组织结构也影响跨学科研究和教育的实施。文献探讨了高等教育结构变革和政策对研究生跨学科研究的影响。跨学科研究面临的挑战直接与学科的组织结构相关,Holly K.指出,大学的组织文化是按照学科思维方式和行为方式划分的。[108] Newswander L. K.等对比了参与跨学科博士生与学习单一学科博士生的经历,发现两种类型的博士生跨学科社会化的过程都是相似的。为了克服博士生跨学科研究社会化的障碍,大学要为教师和博士生提供参与跨学科项目的机会、提供跨学科的交流空间、政策支持和增加与未来雇主的接触机会。[109] Gardner S. K.等学者强调建立跨学科学术网络的重要作用,如强调成功的跨学科研究要建立一个能支持学生和教师的网络(network),知识渊博的导师组指导和学生的热情能够成功地进行跨学科研究。[110]

2.2.3 国外高校的跨学科促进策略

Holley K. A. 通过分析美国 21 个研究型大学的案例,回顾了各个高等教育机构为满足学生对跨学科知识的需求所做的努力。各校跨学科实践表明,并非只有通过改变大学组织机构的方式才能实施跨学科研究,其与建立跨学科相关制度和研究文化三者同步才能够取得跨学科研究的成功。[111] Aram J. 认为跨学科有多重含义,他从跨学科研究的意图、研究动机和大学组织的三方面,解释大学教师和学生从事跨学科活动的意图和大学学科资源对外部压力(科学技术的进步和社会发展需求)的反应。[112] Borrego M. 等利用斯科特的三大制度支柱:监管、规范和文化认知支柱理论,调查高等教育组织如何支持跨学科研究生教育;使用文本分析和案例研究方法说明 IGERT 项目资助如何从制度和政策方面促进美国高校跨学科研究生培养制度化。[113] Sá C. M. 指出跨学科研究模式需要大学在组织结构上进行改变,以减少多学科研究者在跨学科研究合作中面临的障碍。文章分析了美国高校的跨学科战略,包括大学政策、结构改变和调整;资助建立新的跨学科机构;制定新教师招聘和评估模式。[114] McCoy S. K. 和 Gardner S. K. 认为大学跨学科合作的关键问题包括:大学要给与研究者的足够时间投入到跨学科研究之中;如何找到有跨学科研究意愿的合作者;大学院系制定支持性政策。[115]

2.2.4 跨学科研究生培养

1. 跨学科研究生培养面临的挑战

跨学科研究生培养存在的挑战包括:不同院系和学科研究生缺少融合的机会、理解不同研究者的专业术语的障碍和跨学科研究者没有归属感。导师的支持也是研究生进行跨学科研究的重要因素。研究生如果得不到导师对学科从事跨学科研究任何支持;学生可能会在对学科和跨学科的忠诚之间徘徊。在 1999 年,Golde C. M. 和 Gallagher H. A. 指出:在传统博士项目的基础上做跨学科研究的挑战包括:跨学科导师难以找到,学生要克服不同学科研究范式不同的困难;很难寻找适合的合作者和构建学术共同体;博士生对跨学科研究的风险的畏惧,如论文如何在本学科以外的领域发表、跨学科毕业生如何在传统的学科院系中就业。[116] Golding C. 在文章中指出跨学科研究生研究面临的挑战,提出培养元学科和跨学科意识的理念,使研究生既了解跨学科研究如何符合既定的学科方法,又了解跨学科研究的不同之处,谨慎地处理学科与跨学科研究的关系。[117]

2. 研究生跨学科培养过程和体验

Holley K. A. 探索教师和博士生如何把握在学科认同和跨学科参与之间的平衡。文章分析了参加跨学科博士项目的 40 名学生的体验,关注在学术生涯早期研究者如何培养博士生对跨学科身份的认同。研究表明:强大的学科基础、对知识整合过程的理解、对跨学科成果的认同以及培养跨学科研究的能力,有助于博士生构建跨学科身份认同。[118]Sugimoto C. R. 利用文献计量学方法,发现在信息和图书馆科学专业博士生培养中,导师的作用重大,研究还研发测量和评估跨学科性的工具。[119]Ullrich L. 等研究者分析乔治城大学(The Georgetown University)神经系统学跨学科专业博士的培养方法。参与此项目的教师来自乔治城大学 35 个院系,培养的主要环节包括核心课程、选修课、综合考试;在专业能力方面的训练,注重培养博士生的专业能力、领导力(决断力、团队领导力、时间管理能力、灵活性等)、交流能力(口头和书面交流能力)、教学能力、公共拓展项目、伦理学习、合作和能力。[120]

3. 跨学科博士项目的种类

国外高校存在不同形式的博士生跨学科培养项目,其中自我设计的跨学科博士项目(a self-designed interdisciplinary doctoral program)代表了以学生兴趣为导向的项目设计理念。Gardner S. K. 考查了跨学科博士培养项目中学生的体验。文章考察了自我设计的跨学科博士项目,旨在更好地理解学生跨学科的经历。作者从社会化的视角提出项目缺乏结构化设计和对博士生社会化支持的两个重要因素。研究结果表明,鉴于项目结构模糊不清以及需要外部支持,此项目的学生需要更高水平的自我指导。[121]

此外,McGee R. 和 DeLong M. J. 利用形成性评价和问卷调查分析多导师指导形式对学生成长的影响。[122] Sá C. M. 对美国研究型大学的调查发现,宾夕法尼亚州立大学和威斯康星大学麦迪逊分校在教师招聘中关注教师跨学科的背景,这个政策为跨学科背景的研究者提供从事学术研究的机会。[123]

2.2.5 跨学科团队研究

Morse W. C. 等调查爱达荷大学(The university of Idaho)热带农作物研究和高等教育中心(Tropical Agricultural Research and Higher Education Center)博士生参加 IGERT 项目的体验,指出在博士生跨学科培养中,个人层面、学科层面和博士项目设置层面都存在的障碍,提出加强跨学科课程培训、增加正式和非正式交流的机会,谨慎地选择团队合作成员等。[124] Nancarrow S. A. 等收集了已发表的对跨学科团队的评价,以及英国 11 个社区康复和中级护理团队超过 253 名员工对跨学科团队的评价,利用定性内容分析法总结了优秀跨学科团队具有的特点和十项能力框架。[125]

2.2.6 跨学科课程

McNair L. D. 和 Borrego M. 比较了美国一所研究型大学的教师和学生对跨学科课程设计的评价。通过教师在跨学科课程教学中逐步建立团体身份,在教学中允许学生自己制定目标,为学生提供所需的指导和跨学科学习空间;学生在学习过程中能够珍视学科多样性,体验知识从冲突到融合的过程。[126] Drezek K. M. 等使用定性研究方法,分析弗吉尼亚理工大学的研究生教育和研究学科交叉项目(Exploring Interfaces through Graduate Education and Research,EIGER)为研究生提供跨学科课程和环境。通过跨学科课程和团队培养,有助于学生对跨学科研究者身份的认同,提升学生跨学科能力和合作能力。[127] Stokols D. 等描述了跨学科研究者应该具备的三种核心竞争力:态度、知识和技能。这三种类型的核心竞争力都可以通过研究生教育培养获得,培养方式包括研讨会、学科和跨学科教师联合授课、多学科导师指导、为研究生提供跨学科研究环境。[128]

2.2.7 跨学科研究的评价

Mansilla V. B. 和 Duraising E. D. 指出评估本科跨学科项目成效的标准包括:学科基础、综合素质和批判意识。[129] Walker G. E. 等指出博士生的培养项目被认为是提高博士生跨学科研究能力的关键途径,同样,跨学科能力培养是评估博士生跨学科项目的重要依据。[130] Coryn C. L. S. 等介绍了西密西根大学评估专业跨学科博士项目的培养模式,项目经过7年的发展,在世界范围内培养出的毕业生已经成为评估专业的领军人物。[131]

2.2.8 跨学科毕业生的就业研究

跨学科研究者职业生涯的风险性要高于传统研究者,因为通过传统学科方式招聘教师和晋升比跨学科研究者更容易,大学的职位晋升和教职政策阻碍了大学教师跨学科研究。此外,对于初级研究者如博士生而言,尽管在博士学习阶段跨学科研究很有吸引力,但是选择从事跨学科研究是有风险的。Wang J. 等认为在博士培养阶段从事跨学科研究的风险尤其大,特别是在STEM学科,因为在短期内STEM领域的文章引用率低,这意味着初级研究者在此领域的知名度会不高。有时高级研究者也阻止初级研究者从事跨学科研究,因为他们认为从长期来讲,跨学科研究对研究者的学术生涯是有害的。[132]

2.3 国内外跨学科研究和教育小结

2.3.1 国内跨学科研究和教育综述小结

1. 学者们对高校跨学科研究和教育的重要性达到了共识

跨学科人才培养是许多世界著名高校培养学生创新能力的重要方式，也是提高高等教育质量的重要手段。在促进我国研究生跨学科教育实施路径的研究中，有的学者认为创新跨学科研究生教育的组织与机制是跨学科研究生培养的关键所在。所以，国内学者对国外高校跨学科研究组织研究众多。有的研究者也对国内跨学科组织建立和运行的模式提出设想和建议，希望我国高校的跨学科研究从打破组织的藩篱开始，推进跨学科研究的发展。

2. 研究生跨学科培养的理论研究

跨学科研究生培养受到多种因素的影响，包括宏观和微观层面的因素。在宏观层面上，受国家政治经济发展状况、管理体制、政策支持的影响；在微观层面上，研究生培养的全过程，如课程、科学训练、导师指导和研究生学习动机和心理因素等对博士生跨学科有影响作用。已有研究的不足之处是，虽有个别研究者对跨学科研究生培养进行了研究，但缺少更加深入的理论探析。博士生跨学科培养的研究文献匮乏，学者们的研究多囿于对国外博士生培养的案例分析，对中国博士生跨学科培养的现状、实践和路径鲜有关注。

3. 跨学科研究方法的实证研究较少

近年来，国内关于跨学科研究生培养的相关研究文献不断增加，这也突显了跨学科研究生培养的重要性。但大多数研究仍基于对国外高校研究生跨学科培养的描述和总结，运用理论视角分析跨学科研究生培养的问题与规律的成果很少，而且用问卷调研、访谈等方式来大范围实证调研开展研究匮乏，这说明我国跨学科研究生(尤其是博士研究生层次)培养实践和实证研究还未成为研究的主流。

4. 国内跨学科研究生(尤其是博士生)培养的研究不足

已有文献从国外跨学科人才培养研究转向对国内高校跨学科人才培养的趋势，但是国内博士生跨学科培养研究不足。国内研究者应在对国外的跨学科组织、人才培养的发展状况和培养模式深入研究后，探索我国高校跨学科研究和人才培养存在的问题和解决策略。此外,与国外跨学科研究相比较,我国对跨学科团队研究和跨学科知识融合方式的研究关注较少。

2.3.2 国外跨学科研究和教育综述小结

1. 国外跨学科研究的体系已经基本形成

最早的研究是从跨学科研究困境开始的,研究者关注研究生跨学科培养存在的问题与障碍,认为高校建立跨学科组织应该为其创立适宜的跨学科研究发展文化、组织与制度环境。在国别研究中,美国的跨学科研究和教育是研究者关注的重点,众多文献梳理了美国高校跨学科推进政策以及如何使跨学科研究和教育制度化。

2. 博士生跨学科培养是受众多因素影响的复杂过程

文献表明,研究者们发现了高校组织机构、院系博士项目设置和博士生个体等都是影响因素,国外学者的研究关注学生在参与跨学科学科研究和课程中的体验,在此过程中是否有需要改进之处和提升培养质量。而我国学者的关注点依然集中在国家宏观的教育政策和对国外跨学科培养案例的解析。

3. 国外研究多以实证研究为主

研究者们通过问卷调查、访谈、案例分析等研究方法对研究生的跨学科培养进行考察,使用组织管理理论、跨学科融合和共同点理论知识生产模式 II 等理论解释研究生跨学科培养的目的和模式等问题;研究角度也呈现多元化趋势,充分运用认识论、心理学、组织学等领域的知识。

4. 跨学科教育研究已经延伸到就业

无论是传统博士生还是跨学科博士生,就业是培养的最终目标。国外大学的跨学科培养历经几十年的发展,模式已经趋于完善,研究关注于跨学科毕业生的就业,这是从"出口"评估培养质量的有效方法。博士生跨学科培养是一个涉及多个利益相关者的实践活动,参与主体,如高校、院系、导师和学生和业界,不同的利益相关者的要求不同。所以,在培养过程中,国外的研究不仅注重培养的过程,更有研究者已经对跨学科博士生的就业进行回溯研究。

2.4 理论基础

2.4.1 融合理论

融合理论（The integration theory）是指研究者通过协商和合作把研究中的疑问整合成一个共同的研究问题，最终产生知识的共享、综合和创造。[133]Lakoff G.提出了"概念整合理论"，他认为人类具有与生俱来的通过概念整合产生新含义的能力。[134]Fauconnier G.的研究加深对融合的理解：他解释了人脑如何参与整合两个概念成为第三个新概念的过程。整合后的第三个概念包含原来两个概念的某些特质，这是因为原来两个概念存在共同之处，这就是概念融合（整合）的基础。[135]概念整合过程如图2-4所示。跨学科研究是一个认知的过程。个体研究者或者跨学科研究小组从各自的学科角度进行观点和思维方式整合，并运用整合的思想解决现实世界的问题"[136]。跨学科创造包括把所有成分放在一起进行整合，最终使知识融合达到产生新知识的水平。所以，知识整合是理解跨学科研究本质的核心，也是区分于其他研究的特征。

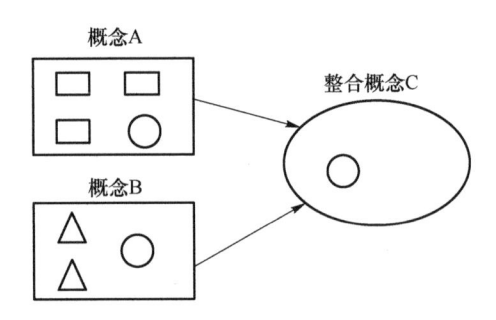

图2-4 两个独立的概念整合为第三个概念

资料来源：Repk A F，SZOSTAK R，BUCHBERGER M P. Introduction to interdisciplinary studies. Thousand Oaks，CA：Sage. 2014：209.

整合性研究是指各个学科研究人员之间共享、创造和知识整合，合作解决共同问题的过程。[137]表2-2所列为各个研究学科融合程度。单一学科、多学科、跨学科和超学科在词汇上的表述是由独立到共享的过程；从互动层次上看，是由研究者独立研究到集体研究模式的转变；对研究问题的判定是由学科范式转变为设计共同研究问题；从单一学科的认识论到承认不同学科范式存在的过程；知识生成在学科以内转变为各学科知识融合和重构；研究成果由学科论文转变为跨学科综合成果（也可以是解决实际问题的专利等形式）。

表2-2 基于文献的各层次科学研究的学科融合

	单一学科	多学科	跨学科	超学科
词汇融合	独立;自立和自主	合作,一起工作;合力;写作和合作	协调;组织;同步;和谐;共同	合并;联合;共享;集体;超越
互动的层次	研究者进行独立研究	组员合作并行进行研究	组员不断通过项目合作进行协调	组员共同行动、计划,把研究作为集体行为
对问题的定义	以学科范式为指导	通常是一个学科范式和主要学科设计研究问题	来自不同学科研究者共同提出问题	超越学科界限,以多个利益相关者的视野为背景确定问题
认识论	研究者依赖于学科认识论	组员用传统学科认识,但是有各自不同的范式	组员使用本学科范式,但也认同不同学科范式正当性	组员使用全体组员共同认同的或超学科的学科范式,此范式反映研究问题的本质
设计研究问题、方法和理论	研究者用传统的学科研究方法	组员用传统学科研究方法;研究问题和方法由学科确定的研究问题构成	组员协作设计研究问题、方法、理论;概念框架是同步形成的,研究范围是暂时的	组员共同设计研究超越学科界限的概念框架;研究问题和方法和范围都是集体设计的
知识生成	知识生成在学科以内;研究结论可以产生新的学科研究问题	知识生成在学科以内;但是研究结论产生新的学科研究问题,可以应用在其他学科之中	知识生成会影响各个学科的知识结构;研究结论产生新的跨学科研究问题	通过新知识的产生形成知识的重构;研究结论是新理论框架和研究领域的驱动力
研究成果	学科;学科论文	学科或者各个学科的研究成果的总结;学科论文	作者形成综合成果;跨学科论文	作者形成跨越学科界限的综合成果;跨学科论文

资料来源:MORSE W C, NIELSEN-PINCUS M, FORCE J E, WULFHORST J D. Bridges and barriers to developing and conducting interdisciplinary graduate-student team research. Ecology & Society, 2007(12): 1-14.

2.4.2 共同点理论

Herbert H. C. 提出共同点理论(Common Ground Theory),即共同点是人们交流的关键。他认为每个人必须在知识、信念和假设上与他人建立联系后,才能产生人与人之间的交流互动。[138] Newel W. H. 在跨学科领域内定义了共同点理论,其内涵与 Herbert H. C. 的内容是一致的,包括:第一,跨学科研究者必须在研究中创造共同点；第二，创造或发现共同点包括改变和重新解释学科的某些成分（例如：假设、概念和理论）；第三，改变学科中的某些成分可以减少在学科中融合时产生的冲突。同样，Newel W. H. 认为创造共同点可能涉及修改或重新解释来自不同学科的观点。[139] Klein J. T. 指出成功的跨学科研究必须要花费足够的时间解决不同点问题，同时要创造相同点。[140]

在跨学科研究中，共同点理论是从学科视野到跨学科视野转变的重要理论基础。Repko 利用哲学和认知科学将共同点理论定义为：共同点理论是通过一个或两个概念和假设，使相互矛盾的观点和理论能够调和及融合，进而能促进学科间的交流合作。共同点理论不能等同于融合理论，而是融合过程中不可缺少的部分。共同点理论是知识融合的必要条件但不是充分条件。可以把共同点理论比作一座桥，跨学科研究中相互矛盾的观点可以通过这座桥进行整合。[141] Öberg G. 指出："成功的跨学科研究小组要投入大量时间来协调差异和创造共同点，这能够创造和激发研究团队成员的对话和交流，能够帮助研究者获得更大的成功机率[142]。因此，在博士生跨学科培养中的一项重要任务就是培养博士生在合作中寻找共同点的能力。

2.4.3 联通主义

在线教育是联通主义学习理论的最好印证。联通主义的创始人之一乔治·西蒙斯（George Siemens）在《联通主义：数字时代的学习理论》指出：学习不再是一个人的活动，学习是连接专门节点和信息源的过程。[143] 根据联通主义的观点，网络时代学习空间由传统的物理空间扩展到虚拟空间，线上线下环境结合，学习者面临的挑战是如何通过互联网与外部建立连接，构建个人学习空间。

联通主义理论应用于在线教育体现在课程观和实践两个方面。

首先，与传统课堂的教学资源（包括教室、课本、课堂活动等）相比，联通主义的课程观认为，在网络课程教学环境下，教师提供给学生的资源是要激发学生探索知识的欲望，学生的学习空间得到了极大的拓展；学习渠道扩展为教师、实验室、工作场景、学习小组（Google group）、虚拟世界、视频会议、多语言、全球化、微博、博客、wiki、穆德乐（Moodle）和师生之间的面对面交流。联通主义课程观具有如下特点：第一，网络是交互和学习的中心；通过网络传递课程内容，课程学习是通过不同的技术发布内容和开展交互。第二，在开放课程学习中，鼓励学习者拥有自己的学习空间和贡献学习内容。所以，开放课程建议学习者建立自己的博客和利用已有的网络身份（Twitter，Facebook，Google）与其他学习者进行交流。[144]

其次，在联通主义学习理论发展过程中，由于联通主义研究者对其理解的深度与层次不一，实践形式也就出现了多样化。Wang Z. 等把联通主义实践分为：简单联通、社会联通和复杂联通三种形式，每种形式的复杂程度是依次递进，是联通主义知识生产模式的具体表现，也是知识生产过程。[145]

1. 简单联通

简单联通主要包括操作性互动(operation interaction)和寻径互动(wayfinding interaction)结合。操作性互动是指学习者通过学习界面(如个人网络学习环境和社会媒体)建立互动空间以支持学习者进一步学习。寻径互动是连接知识流动的管道,包括信息和人的连接。学习者保持学习连接最容易的方式就是要找到正确的人和信息。学习内容和学习小组的互动可以建立互动空间,帮助学习者找到正确的连接途径,这就是简单联通的开始。

2. 社会联通

社会联通构成是指社会网络学习在操作性互动和寻径互动基础上,加上意会互动(sensemaking interaction)。意会互动是网络连接建立的主要阶段。这个阶段是学习者进行知识识别、探寻知识,学习小组成员对信息聚合、分享、讨论、反思和做出决定的过程。在此过程中,来自不同领域的学习者或参与者把不同概念以新的方式整合,并对信息的理解达成一致。在意会互动阶段,学习者之间和学习者与学习内容之间的互动要比寻径互动阶段更加深入,这也为创新互动打下了基础。

3. 复杂联通

复杂联通是由创新互动产生的。创新互动是对学习者最具有挑战性和最重要的互动,是产生新知识的过程,它是学习者反思意会(sensemaking)互动产生的结果。学习者有更多的机会共享网络产生的新知识,公开教育资源是联通主义者学习最主要和重要的学习资源,这体现了联通主义者的网络化学习、共享知识和持续性学习的特征。

联通主义可以应用到博士生的跨学科培养之中。在联通主义理论指导下,博士生跨学科培养的方式和视野被极大地拓展,在网络虚拟空间中,建立跨学科学术共同体进行知识创造和生产。

2.4.4 知识生产模式Ⅰ、Ⅱ、Ⅲ和Ⅵ

1. 从知识生产模式Ⅰ和Ⅱ的转变

19世纪80年代,洪堡以"学术自由、教学、科学研究"为理念创办了柏林大学,科学研究被纳入到大学体系内,致使学科组织制度化,科学研究者们走出了与世隔绝的状态,开始了一种代表"纯粹的知识观念"[146]的德国式学术研究,这种知识生产模式被称之为"洪堡模式",即吉本斯等学者所称的"模式Ⅰ知识生产模式"。在模式Ⅰ中,知识生产学科界限清晰,知识生产以单一学科为基础,为了学术自身的发展,并不考虑其他功用。19世纪末,应用科学引入到大学,并对国家经济增长起到了决定性作用,知识开始直接创造财富,知识生产已经从大学蔓延出来,与经济和市场直接挂钩。知识经济的兴起、新科技革命的浪潮和高等教育大众化三个时代背景加速了新知识生产模式的产生。大学无法继续垄断知识生产,大学研究朝着跨学科乃至超学科的综合性方向发展,大学已经不再是简单提供知识的工具化模式场所,而是从根本上改变了社会主流文化模式。[147]模式Ⅱ进行知识生产地场所包括非大学的机构、研究中心、政府专业部门、企业的实验室等,这体现出组织的异质多变。因此,模式Ⅰ从以发展学术为目的的知识生产方式,转变成以研究为基础的应用"模式Ⅱ",这是历史发展的必然。[148]

2. 知识生产模式Ⅱ转变到知识生产模式Ⅲ

迈克尔·吉本斯等人于1994年在其著作《知识生产的新模式——当代社会科学与研究的动力性》首次提出知识生产模式Ⅱ。美国学者埃茨科威兹(Etzkowitz)描述了麻省理工大学"创业科学(Entrepreneurial Science)"的兴起,指出了一种崭新的"大学、企业和政府"三方交互关系,即"三螺旋模型"。[149]在知识生产模式Ⅱ下,知识生产主体不再局限在大学,而是形成了"大学-政府-产业"的"三重螺旋"模式:大学、政府、产业部门三者通过各种网络紧密地联系在一起,大学的角色是生产知识,政府提供制度环境和基础设施的保障,繁荣大学与产业之间的关系,产业部门是利用知识者。[150]2003年,埃利亚斯·G·卡拉雅尼斯(Elias G. Carayannis)提出知识生产模式Ⅲ,包括大学、产业、政府及公民社会这四个要素,即"四重螺旋",其中第四螺旋是指基于媒体和文化导向的公众和公民社会。[151]

3. 知识生产模式Ⅵ的提出

根据上文介绍的知识生产模式从Ⅰ到Ⅲ的演变轨迹,即从迈克尔·吉布斯1994年提出知识生产模式Ⅱ这一概念开始,学术界已经普遍意识到,知识生产活动已经超越了传统的单一学科模式,更加强调跨学科、应用价值和社会评价,知识从原有的内部发展模式转向以解决问题为牵引的外部发展模式,到模式Ⅲ更进一步提出具有多层次、多形态、多节点特征的知识生产群,实现不同质的知识共同存在、传播以及演化的循环网络环境。

随着互联网、大数据以及人工智能等领域技术的飞速发展,MOOC、网络学位项目、虚拟空间学术交流、机器识别与机器学习等新元素不断参与到大学的知识创造和人才培养过程中,虚拟社会已经超越了原有的工具性,逐渐成为知识生产模式的有机组成部分。本研究对模式Ⅲ"大学-产业-政府-公民社会"四螺旋动力模型进一步发展,由于近年来随着互联网、大数据以及人工智能等领域技术的飞速发展,知识生产的模式又一次产生了新的元素和变化,以机器学习为典型代表的新知识生产范式开始出现,"大学-产业-政府-公民社会-虚拟社会"的知识生产模式逐步成型,本研究将其定位为知识生产模式Ⅳ,对知识生产和大学行为范式的基础理论进行有效补充(见表2-3)。

表 2-3 构建知识生产模式Ⅳ框架路径

学术自我扩展	模式Ⅰ
实践问题牵引	模式Ⅱ
多主体协作解决重大问题	模式Ⅲ
实体与虚拟社会共生催化	模式Ⅳ

基于以上知识生产模式的转型,大学人才培养模式,尤其是博士生培养的理念和模式也必然随之转型。Fink D.把吉本斯的知识生产模式理论引入分析专业博士与哲学博士的关系,认为模式Ⅰ的理念模式与哲学博士的教育模式相适应,而全球范围内专业博士教育的兴起则与模式Ⅰ向模式Ⅱ转型有关。[152]在模式Ⅰ中,大学处于知识生产的垄断地位,人才培养模式单一,主要延续学科门类、学科和方向的三级学科培养模式,以学术型人才培养目标为主。人才培养的改变从模式Ⅱ开始,从知识层面开辟"跨学科—超学科"变体学科依托的联合培养、协同培养等组成的"广义跨学科"培养路径。通过跨学科、创新中心、校内外合作等多种方式,形成多元知识能力人才培养模式。基于模式Ⅳ的生产模式:"大学-产业-政府-公民社会"四螺旋动力模型进一步发展,加入虚拟社会,使博士生培养的相关利益者极大地扩大。但是,知识生产模式转型和现行的博士生人才培养模式产生了种种矛盾,传统的博士培养模式已经不能适应新生产模式的转变,所以博士生培养模式变化是对生产模式的变化地呼应。

知识生产模式的变化也影响大学科研组织形式,其中最突出的变化就是跨学科组织的建立。随着大学知识生产模式的变化,大学科研组织形式呈现多元发展机制,跨学科和交叉学科研究中心和研究所纷纷建立。所以,跨学科组织也为博士生培养提供了载体。

2.5 结　语

国外研究者介绍如何在传统博士生项目基础上建立跨学科培养项目,国外研究者采用大量实证研究考察研究生跨学科培养的成效;大量研究关注团队研究的知识融合。这些文章多采取的是量化研究,很少有关跨学科研究的理论性描述。国内学者目前对跨学科研究生培养的模式、机制探讨较多,主要集中在跨学科研究概念内涵、面临问题、培养模式分类、学术组织变革等方面。文献提出以传统的研究生培养为基础,实施跨学科研究生培养面临实践上的挑战,对变革和冲突以及解决途径没有做系统和深入的分析。从国内文献研究内容上看,国内研究者对国外跨学科博士生培养研究尚有不足,特别是高校自身内部政策,在培养机构的设立和实际操作方面没有得到梳理和分析,这为本研究提供了更多的研究空间。

总之,通过对现有国内外文献的梳理,笔者已较为清晰地总结出国外跨学科研究和博士生培养研究的基本路径,这些研究成果为后续研究提供了坚实基础。通过研究发现,在跨学科研究组织机构、运行模式、培养方式以及案例分析等方面,已有研究关注了如何把跨学科研究和教育制度化。因此,在前人研究的基础之上,笔者的研究方向进一步聚焦。本章详细地介绍了融合理论、共同点理论、联通主义和知识生产模式Ⅰ、Ⅱ、Ⅲ,并创新提出知识生产模式Ⅳ(大学、产业、政府、公民社会和虚拟社会),为下一章建立研究理论框架打下基础。通过对国内外跨学科研究和教育的相关文献回顾发现,跨学科培养环境与机制是培养具有跨学科能力人才的制度保障,这已经成为各国研究生教育发展的共识和趋势,也是研究生培养模式改革的重要课题之一。

第 3 章
理论框架

3.1 核心概念

3.1.1 跨学科和跨学科团队研究

1. 跨学科的定义

学科、多学科、跨学科和超学科的区别如图3-1所示。多学科研究侧重于科学家在自己的学科领域内独立工作，设立共同研究主题，产出研究成果；多学科研究通常

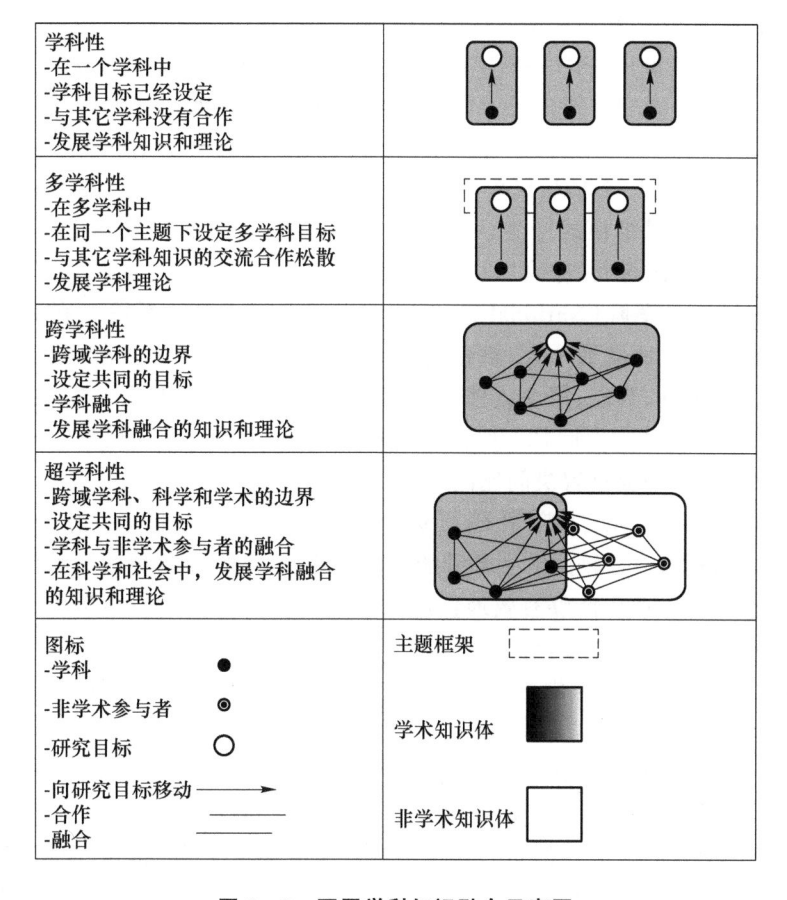

学科性 -在一个学科中 -学科目标已经设定 -与其它学科没有合作 -发展学科知识和理论	
多学科性 -在多学科中 -在同一个主题下设定多学科目标 -与其它学科知识的交流合作松散 -发展学科理论	
跨学科性 -跨域学科的边界 -设定共同的目标 -学科融合 -发展学科融合的知识和理论	
超学科性 -跨域学科、科学和学术的边界 -设定共同的目标 -学科与非学术参与者的融合 -在科学和社会中，发展学科融合的知识和理论	
图标 -学科　● -非学术参与者　◉ -研究目标　○ -向研究目标移动　→ -合作 -融合	主题框架　▭ 学术知识体 非学术知识体

图3-1　不同学科知识融合示意图

资料来源：TRESS G, TRESS B, FRY G. Clarifying Integrative Research Concepts in Landscape Ecology. Landscape Ecology, 2004 (20):479-493.

不会产生融合的解决方案。Bruhn J. G. 将跨学科研究定义为"两个或更多来自不同学科的研究者共同研究所关注的问题,对该问题进行系统地调查和研究达成共识。"[153]相比较而言,多学科的学科视野并没有发生变化,它是一个将多个学科并置和添加的过程,而不是一个整合的过程。[154]而跨学科研究的成果或认知能力是认知和应用结合的产物。在整个研究项目过程中,跨学科研究通常涉及科学家之间的对话和合作,共同解决跨学科的问题;在研究中运用多种研究方法,有时学科术语可以互换使用,强调多个学科专业知识的融合;与跨学科研究不同的是,超学科研究的显著特征就是有非学术研究者参与知识融合。

2. 跨学科研究的定义

研究者从不同的角度对跨学科研究予以界定,以下列出具有代表性的定义。

① Klein J. T. 和 Newell W. H. 在《促进跨学科研究》(Advancing interdisciplinary Studies)指出:跨学科研究是解决宽泛或复杂问题的过程,而这些问题无法由单一学科或专业解决……(它)借鉴学科观点,并通过更全面的视角整合各个学科的观点。[155]

② Mansilla V. B. 等指出跨学科研究是能力培养的过程,通过整合来自两个或多个学科的知识和思维模式产生认知创新。[156]这个定义强调"利用"不同学科知识和对知识和思维模式进行"整合"以达到"认知提升"的目的。

③ 美国国家科学院(National Academy of Sciences)认为是跨学科研究是一种研究模式,通过研究团队或个人,融合两个或两个以上学科或专业知识团体,收集信息、数据、技术、工具、观点、概念或理论,以促进理解或产生超出单一学科或领域研究实践范围的研究成果。[157]同样,此定义的关键词也是"整合"和"提升",通过"整合"各种数据和理论达到促进解决问题的目的。

④ Schneider C. G. 把跨学科研究与整合学习联系起来,指出整合学习(integrative learning)是教授学生各种能力的简化术语,也可以称为一种深思熟虑后的判断和行动,使毕业生能够有效地使用他们获得的知识。它引导学生与整体教育的不同部分进行连接和整合,将学术界之外的世界联系起来。最重要的部分是在新的背景下将对学生教育转化为应用能力,培养学生解决新问题和承担新责任的能力。[158]

由以上定义可知,跨学科研究的共性表现为如下三方面。首先,跨学科研究的目的是培养学生整合知识和思维模式的能力,这种教育体验能够应用到大学以外的非学术环境中。此处的能力是指研究者在跨学科研究中的思考、感知、分析、创造和解决问题时的"认知"或"智力"能力。跨学科研究为研究者解决复杂的研究问题做好准备。其次,跨学科研究是一个过程和一种策略,在使用跨学科的方法对知识进行整合之前,需要批判性地分析问题。跨学科研究的能力培养并不是一蹴而就的,而是一个过程;能力培养和获得的时间长短取决于研究者所获得的跨学科研究机会的多寡。

最后,跨学科研究的产物是对研究问题更全面的理解,理解问题的表现形式可以是新见解、新解决方案和新解释。

3. 跨学科团队研究的定义

当代科学和技术的挑战变得越来越复杂,科学知识和研究方法也不断改进和发展,研究者们需要合作解决复杂问题,这就产生了科学团队(Team science)。团队研究是指多个研究者以相互依赖的方式进行科学合作,团队组成包括小的研究团队和大的研究组。[159] 跨学科团队研究是一种个体或团队的研究模式,内在创新要求打破知识壁垒,通过整合团队的概念、信息、视角、理论工具、数据等内容,实现学术研究内容的多层次性和交叉性。[160]

从1960年到2013年,在科学和工程领域,由两个以上联合作者发表的文章从56%增加到90%;而在社会科学领域,这一比例从11%增加到65%(见图3-2)。文章作者来自于多个机构,这说明以团队为基础的研究已经跨越了机构和和地域的界限。尽管团队研究在科学技术研究中有很大突破,但是与单一的科学研究相比,也面临巨大的挑战。首先,多样化研究成员和大型团队研究目标的一致性和有效交流是团队研究面临的主要问题。团队研究中的研究组可能会位于不同的机构和地域,而且由于不同学科的工作类型、时区和学术文化不同,会面临团队研究协调性的挑战。相比较而言,在跨学科团队研究中,需要成员完成的独立性高的研究任务,会导致其交流机会减少,这就要求团队成员主动进行更多的交流。其次,在跨学科团队中,学科可渗透范围的扩大使得知识融合和共享具有挑战性。学科可渗透范围的变

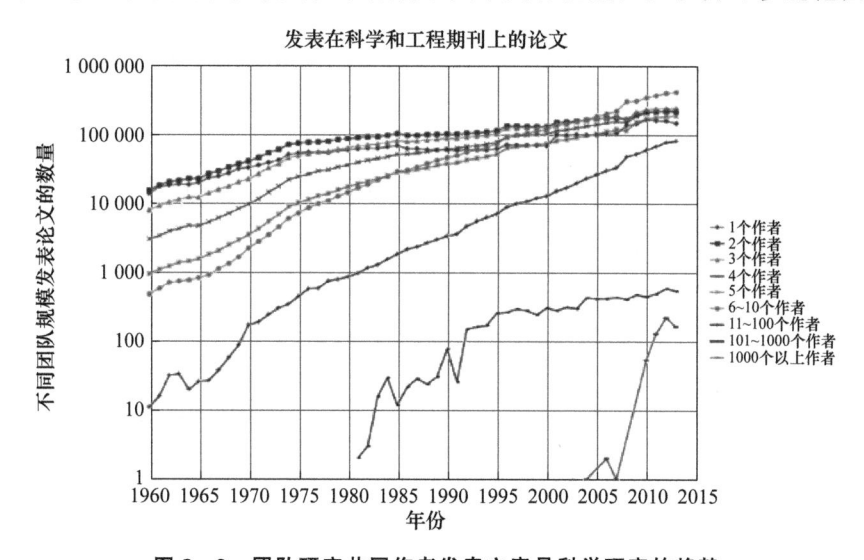

图3-2 团队研究共同作者发表文章是科学研究的趋势

资料来源:Hilton M L, Cooke N J. Enhancing the Effectiveness of Team Science[M]. Washington D C. The National Academy Press,2015:32.

化是指在研究的不同阶段,需要来自不同领域的专家加入,解决不断出现的研究问题。学科可渗透范围扩大会使团队研究面临研究效率降低和研究小组互动有效性差的挑战。

4. 成功的跨学科研究团队的特征

跨学科研究是加速知识创新以解决复杂现实问题的过程。在团队的跨学科研究中,不同学科和研究方法的整合创新是一个社会过程。这个过程中,研究者对研究问题有新的理解进而产生新知识。为了达到这个目标,跨学科研究者必须参与过程之中。如何能够保证团队跨学科研究的高效性和成功参与知识创新? Nancarrow S. A. 指出在跨学科团队研究中,能够成功地进行跨学科研究的团队应具有如下特征:团队领导者优秀的管理能力;团队研究成员有效的交流;研究者团队中个体学习和个人发展;研究者跨学科合作研究能力的提升;有良好的跨专业研究氛围,研究者对不同学科的尊重和理解等(见表3-1)。

表3-1 优秀跨学科研究团队的特点

序号	特征	对特征的描述
1	领导和管理	团队领导人应该具有清楚的思路、明确的方向和管理;民主,权力共享;支持和指导研究;个人的发展和管理是一致的;领导既要有行动也要倾听组员的意见
2	有效的交流	组员的个人交流能力;在团队中要有适合的制度促进交流进行
3	个人收益、培养和发展	学习;培养
4	适合的资源和程序	结构(例如:组会、组织因素和组员来自同一个地方)确保有适合的程序能够为研究服务(如:交流工具、适合的参照标准等等)
5	适合的综合技能	拥有足够的和适合的技能;尽量利用其他成员的研究背景;可以及时的替代教职员工的空缺岗位
6	正面的环境	建立信任的团队文化;珍视贡献,达成一致;需要创造跨专业的氛围
7	个人特点	知识;经验;主动精神;知道自己的优点和缺点;倾听的技能;反思;渴望为同一目标工作
8	清晰的视野	有能够驱动研究者前进的价值观;描绘出一致的外部形象
9	质量和结果	注重反馈,对研究结果反思,提高质量
10	尊重和理解的角色	共享权力、合作工作;自主性

资料来源: Nancarrow S A, Booth A, Ariss S, Smith T, Enderby P, Roots A. Ten principles of good interdisciplinary team work. Human Resources for Health, 2013(11):19.

3.1.2 博士生跨学科培养

根据文献和理论基础,本研究认为博士生跨学科培养是通过跨学科和跨院系合作的方式,整合各个学科的资源,培养研究者能够整合知识和解决复杂问题的过程。因此,跨学科研究的过程就是培养研究者跨学科能力的过程。从宏观制度层面看,博士生跨学科培养在跨学科组织中进行,受大学组织结构变革的影响,博士生跨学科培养的表现形式不同;从微观上讲,博士生跨学科培养要素组合方式各异,就形成了不同的跨学科培养模式。制度支持可以保障跨学科博士生培养项目中各个跨学科培养要素组合的可执行性。

3.1.3 博士生跨学科团群培养

1. 团群的定义

团体(又称社群,community)的概念在社会科学邻域早有定义。早期社会学家和历史学家对团体的定义为:生活在相同地区的一群人(城市、州和国家等)在此范围内的连接以及亲近性。社会学家、伦理学家和组织研究者将概念含义进一步扩大,团体是具有共同兴趣(如艺术家的团体)、共同特点(如种族、性别等)和共享目标(如学习某项技能,完成学位项目)的组织。[161] 团体成员具有共同的愿景、强大和正面的联系、团体凝聚力并共同参与团体活动。[162] 教育领域的研究者更关注学习团体的情感特征,并培养团体成员相互支持的情感。

本研究提出团群概念不仅借鉴文献中的叙述,笔者对国内外大学的高等教育专家和学者访谈时,不同学科学者的研究实践经历也为核心概念的选择提供了宝贵意见,接受咨询的专家和学者的名单见表3-2。参与的教师有来自世界各地的教育学院的院长、教授、博士生导师和博士生,受访人员专业包括的学科和院系有教育学、心理学、工程学、计算机、化学学院、计算机学院和能源动力学院。不同形式的博士生跨学科培养呈现出这种或那种特点,归纳总结后,发现集中在几个词,小组(group)、团队(team)、群(cluster)和团群(community)。"community"的内涵是:成员的关联性是动态和非正式的,可以围绕共同目标灵活进行合作;而使用"team"可能更能体现成员组合的稳定性,所以,不太适合博士生跨学科团群培养定义的内涵。因此,受访的专家和学者建议使用博士生跨学科团群培养,英语可以用"doctoral students' interdisciplinary community"表示。大多数受访专家教授都认为"团群"能够表达博士生跨学科培养的核心概念。团群作为一个学习团体,成员会有一种有共同情感联系和归属感,也会得到社会、情感、学术和专业上的支持。

表3-2 国内外各个学科专家对"团群"概念的评价

姓　名	所在大学名称	意见和建议
A教授	美国阿拉巴马大学教育学院	community在含义上不太正式,group在组织上可大可小,比较适合;cluster通常用在大学的集群之中

续表 3-2

姓　名	所在大学名称	意见和建议
B 教授	德国汉诺威大学莱布尼茨科学与社会中心，原德国卡塞尔大学国际高等教育研究中心主任	团群(community of practice)的概念可以作为教育领域的术语，描述了博士生在跨学科研究中，社会建构知识过程中的相互依赖和合作的密切关系
C 教授	得克萨斯大学奥斯汀分校教育学院	在博士生培养中，虚拟社会网络与实体结合起来，就可以使其成为一个跨学科的团群(an interdisciplinary community)；如果大学(其中有博士生)联系和合作，那么这也可能形成一个联合体(consortium)
D 副教授	得克萨斯大学奥斯汀分校教育学院	团群(group)的概念包含成员有共同的价值观和规范
E 教授	得克萨斯大学奥斯汀分校心理系	跨学科团群(Interdisciplinary Community)能够表达博士生跨学科培养的内涵
F 博士生	得克萨斯大学奥斯汀分校教育学院	团群(group)存在于博士生培养的过程中
G 副教授	不列颠哥伦比亚大学教育学院	跨学科团群(Interdisciplinary Community)是博士生培养的重要形式
H 教授	美国休斯顿大学计算机系	跨学科团队或团群(interdisciplinary team)能够很好地表达博士生跨学科培养的含义
I 教授	比利时鲁汶大学工程学院教授	团群的定义使用于博士生跨学科培养，Community，team，group 和 cluster 这四个词中侧重不同，但是 Community 是最合适的
J 教授，外方副院长	北京航空航天大学国际通用工程师学院	团群(community)的概念可以表述博士生跨学科培养中，为了共同目标，合作和相互依赖的研究过程
K 荣誉教授	纽约大学(北京航空航天大学国际通用工程师学院兼职教授)	团群(community)的概念有助于博士生在团群培养中有共同价值、目标和享有归属感
L 副教授	皇家墨尔本理工大学全球研究学院	从翻译的角度讲，community 适合团群概念的界定，还有一个词 cohort，表示更小的团体，在国外大学 community 通过 cohort 进行资源调配
M 教授，副院长	北京航空航天大学研究生院(波士顿大学访学一年)	在中国的大学项目制的跨学科研究比较多，所以用团队研究(team-based research)培养比较合适
N 教授，院长	北京航空航天大学人文社会科学学院学院	对于人文社科学生而言，隐形团群和个人团群是中国博士生跨学科培养主要的存在形式

续表 3 - 2

姓　名	所在大学名称	意见和建议
Q 教授,副院长	北京航空航天大学人文社会科学学院高等教育研究院	团群和"团队"的概念有相似之处,英语的翻译中community,team,group 和 cluster,这四个词的区分度不大
R 教授,院长	北京航空航天大学生物与医学工程学院	博士生团群(community)词比较大,博士生更多是依赖于导师的合作者共同培养
S 教授,院长	北京航空航天大学能源与动力工程学院	博士生跨学科培养依托的大平台可以称为团群,尤其适合工科博士生培养。用英语单词"community"表述,但是在大平台中,项目具体实施中培养博士生,用"team"更加准确
T 教授,副院长	北京航空航天大学国际通用工程学院	认为团群广泛的存在于博士跨学科培养之中,可以是 group 的形式
U 教授,副院长	北京航空航天大学计算机学院	与"team"相比,"community"的内涵体现跨学科团群成员的组成关联性是动态
V 教授	北京航空航天大学化学学院	博士生团群(community)的培养的定义准确

2. 博士生团群培养定义和分类

(1) 博士生团群培养定义

本研究认为,博士生团群是指学术机构或学术共同体实体或虚体组织,通过跨学科课程、指导和跨学科培训(博士生学位项目)等为博士生提供跨学科培养环境。对此定义的解读有两点,一是博士生本身不是参与跨学科研究和项目,但是在博士生培养中渗透跨学科的元素,如规定博士生必须要参加跨学科课程学习;二是博士生参加跨学科的研究(学位项目和培训项目),最终论文撰写和研究成果也是以跨学科的形式体现。博士生跨学科团群培养可以根据博士生学习和研究的实际情况以不同方式进行。博士生跨学科团群培养定义可以从如下几方面理解。首先,博士生跨学科团群培养以各种形式存在于博士生培养之中,在团群培养中,成员形成了合作研究的关系,进行知识生产;其次,导师在博士生跨学科培养中的作用是为博士生提供跨学科机会和研究的合作者;最后,博士生团群培养是动态的、灵活的过程,博士生在团群培养中获得归属感。

(2) 博士生跨学科团群培养的分类

图 3 - 3 所示为博士生跨学科团群培养分类。从团群的数量来看,博士生团群培养分为个人团群和团队团群。从跨学科研究的参与方式看,个人团群是一个单独的研究者善于把几个学科综合起来,产生一个新问题或新方法,或敢于冒险从研究者原

来的学科中创建一个新的领域。团队团群是在团队研究中,每个研究者都精通一个学科领域,在合作中学会沟通和协作完成问题的研究。个人团群是在博士培养过程中对博士生个体进行跨学科培养,使学生能够在研究中运用不同学科知识进行知识生产。团队团群是以团队研究的形式培养博士生,在培养的过程中调合作、交流和共享,跨越学科的界限,培养研究者的可迁移能力。

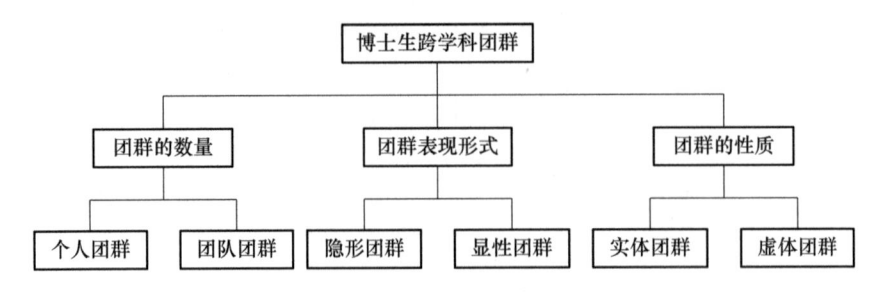

图 3-3 博士生跨学科团群分类图

从团群的表现形式看,博士生跨学科培养存在着隐性团群和显性团群。隐性团群是指在博士生培养过程中,课程、导师指导和论文写作等各个方面都渗透着跨学科的要素,培养学生跨学科思维和创新能力。显性团群是指不同学科研究者的聚合。在高等教育组织机构中存在多样化的跨学科研究组织和跨学科博士项目,大致可分为两类,第一类是跨学科博士学位项目。如跨学科博士项目隶属于多学科研究中心、学生注册学科或系的跨学科博士学位项目、高校根据博士生研究的需要设立个性化的跨学科博士学位项目。第二类是跨学科博士生培养项目(interdisciplinary training program),为学生提供跨学科研究的经历而不颁发学位证书。如为博士候选人提供早期跨学科研究机会的博士前培训项目(pre-doctoral training programs)和暑期博士生跨学科培养项目等。

从团群的性质来看,博士生团群培养的媒介分为虚拟的和实体机构两种。实体团群是指有组织机构和运行机制的实体组织,博士生跨学科培养在实体机构中完成培养的各个环节。虚拟团群是指在互联网和物联网的时代,在"网络时代的学习理论"的指导下,博士生跨学科教育是以"虚拟学术共同体"为组织形式的团群,为博士生获取知识和交流搭建了平台,提供知识生产的途径。通过团群培养建立支持跨学科研究和教学平台,教师和博士生形成了庞大的实体和虚拟立体交叉网络进行博士生跨学科培养。

近年来,大数据、人工智能、虚拟现实等技术的快速发展深远地影响着教育变革并重塑传统的教育生态。因此,虚体团群是博士生跨学科培养的重要形式。基于联通主义的课程观和实践理论,跨学科博士生培养在线上网络联通之中,遵循简单连接、团体共享知识和探究复杂问题这三个步骤产生知识创新。第一步,学生参与网络交流是简单连接的开始。学生通过网络与跨机构、跨学科和跨地域的教师和学生建立连接,这一点符合联通主义的"管道比管道中的内容更重要",通过课程学习为学生提供获取知识的渠道和方式。第二步,建立网络实践团体(a community of practice)实现资源共享。在线学习包括多点的虚拟空间交流,知识学习和积累不再属于个体行为。学生可以与其他院系的教师进行跨学科交流、互动和知识共享,以解决自己在学习和研究中的问题。第三步,探究复杂问题和产生知识创新。通过不同形式的小组活动和交流,博士生和指导教师实质上建立了"虚拟网络学术共同体(virtual scholar community)",对未知的、复杂的问题进行深层次的互动,形成新的认识和问题解决方案。跨学科博士虚拟团群充分体现了西蒙斯对联通主义学习观定义的"网络时代的学习理论",注重学生与教师之间的连接、交流渠道互通和形成虚拟网络学术共同体,促进博士生理论和实践相结合以解决实践中的问题。

(3) 跨学科能力培养

跨学科团群的博士生培养旨在提高博士生的原始创新能力和跨学科能力,创新能力是博士生培养质量最重要的衡量标准。博士生跨学科能力由对跨学科的态度和跨学科研究价值的理解、知识和技能三大模块组成(见图3-4)。

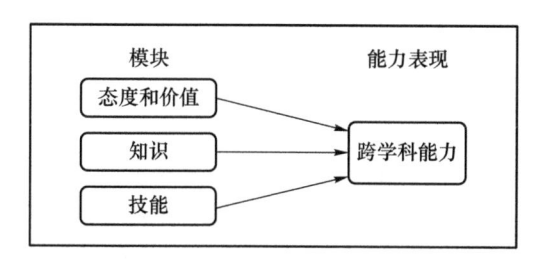

图3-4 跨学科能力内涵示意图

资料来源:KRISTINE M G, BENJAMIN M M, SUZANNE B. Competencies for Interdisciplinary Public Health Research. Conference paper, 135st APHAA Annual Meeting and Expostion ,2007.

Lattuca L. R. 等研究者认为跨学科能力的含义如下。

① 学科意识。许多跨学科研究者认为学科是知识生产的基础,只有对学科的充分认识才能产生跨学科意识。培养跨学科能力首先意识到学科的界限和研究方法,从认识论的角度理解一门学科或领域的内涵。[163]有学科的意识不等于对其他学科有欣赏的态度。所以,Nikitina S. 指出,在培养跨学科能力的过程中,需要"对其他学科知识框架有欣赏的态度",对学科贡献的欣赏就可以从其他学科"借来"所需要的知识解决复杂问题。[164]

② 能够欣赏非本学科知识和观点。即所谓的"超学科"是超越学术界(academia)和学术界以外(communities outside academia)的界限。超学科的研究者应用知识生产Ⅱ的模式,认为跨学科研究的动机不仅是促进知识的进步,更多是解决影响个人和社区的实际问题。[165]

③ 对本学科局限性的认知。对学科和非学科知识的接纳必然会意识到学科和

研究领域的局限性。

④对跨学科的评价。跨学科研究的成功需要学生和教师具有评估跨学科有效性的能力。Mansilla V. B. 和 Duraising E. D. 确定了教师对学生跨学科质量评估的三个核心维度：学科基础；整合学科概念、理论、方法和/或观点的认知方面的提升；批判性意识。跨学科评估的目的不仅要学生发展对学科知识的认识和欣赏，还要理解本学科知识在解决特定问题局限性。[166]他们认为整合学科知识的本身并不是目的，而是如何应用新知识找到共同点，实现知识整合。

⑤发现共同点的能力。在跨学科研究中存在许多障碍，来自于不同学科的观点和理论必然会造成"认识论的障碍"，各个学科整合专业化知识实际上很困难。所以，引入"共同点"作为来自不同学科研究者的合作基础。它是跨学科的基础，因为它使知识整合根植于不同的学科之中。Newell W. H. 认为创造共同点通过"修改或重新解释来自不同学科的关系而发现其共性（commonalties）。"[167]

⑥自反性。Repko A. F. 指出：跨学科研究过程必然是一种自反（Reflexivity）的过程。[168]跨学科能力包括研究者在定义问题、建立理解和解决问题时，反映出的一个人的认识和做出选择的态度。

Lattuca L. R. 对跨学科能力的定义侧重于对学科意识和学科局限性的认识、对非学科的欣赏态度，以及在知识整合中寻找共同点的能力。基于此，本文从知识生产模式的角度出发，将跨学科能力定义为研究者以解决复杂的研究问题为导向，对学科和跨学科知识的深入理解，在跨学科研究中能够与不同学科的研究者交流和沟通，在知识整合中，找到沟通和合作的成功核心因素"共同基础（共同点）"的能力，实现知识生产和创新。

3.2 博士生跨学科培养的要素提取和分析

3.2.1 培养理念和目标

培养目标是培养模式的导向型要素，它规定着受教育者的培养方向，并对培养结果做出一定预测。制定培养目标主要依据社会发展和受教育者的身心发展，前者影响着教育教学活动的内容，反映了社会对各级各类人才的要求[169]。基于此，博士生跨学科培养的理念和目标应该反映知识生产变革的需求，跨学科人才培养模式与大科学时代的背景应相适应，博士生跨学科培养的目标在紧密结合国际科研前沿和国家重大科研专项计划，突出"面向科学技术前沿"的学术价值取向和坚持"解决复杂社会问题"的社会价值取向的基础，又要以"学生为中心"，注重学生的研究兴趣和个性化培养。大科学时代注重π型人才（即至少拥有两种专业技能，并能将多门知识融会贯通的高级复合型人才)的培养;在知识方面既要有本学科的理论基础、专业知识和科学研究方法,又要有跨学科的知识和理论;能力方面包括知识融合能力、交流能力、创新能力、批判性思维、领导力和团队协作能力;素质方面包括跨学科的素养和思维。能力和素质结合在一起能够提高知识的内化和能力提升。

3.2.2 培养过程

培养过程是根据一定的培养目标在导师指导下,通过一定的课程学习和科学研究使研究生知识、能力和素质得到提高,成为合格的高级专门人才的活动过程,主要涉及入学形式、课程学习、导师指导、科学研究和学位论文五个层面。博士生培养过程是否科学合理,关键在于其培养要素之间的优化组合。博士生跨学科培养是指博士生从入学、培养到毕业获得学位的整个过程,高校与院系或者研究院在培养中分工合作,培养的主体和与各个培养要素组合实施培养的运行形式,包括招生、导师指导、课程设置、论文指导和答辩等。课程学习、导师指导和科学研究是培养过程的要素,博士生的知识获得、能力培养和素质结构提升在这三个层面的作用下发生变化。

1. 结构化的培养过程

根据上文对国外大学博士生跨学科培养的文献分析,国外的跨学科博士生培养是在传统的博士项目中发展起来的、以传统结构化培养为基础,在某些培养环节中加入跨学科培养的培养方式。跨学科博士生培养永远离不开传统博士培养的学科基础,其中最明显的特征是结构化培养。结构化培养过程不仅包括课程、导师指导、资格考试和论文开题和答辩等环节,还包括研讨会、工作坊等学术活动建立跨学科研究网络。博士生在结构化培养过程中,不断地接受跨学科的学术训练并在此过程中完成"跨学科社会化"的角色转变。

(1) 跨学科课程

跨学科课程的结构化体现在基础课、核心课程、专业课程、选修课程和研讨课程的学习过程。选修课会提供跨学科课程,跨学科课程设置不仅扩展了博士生的科研视野,还提高了其跨学科学习和研究的意识,激发了其创新性研究能力,使其从简单的学科知识深入到跨学科知识的融合过程之中。此外,博士生跨学科项目要求学生参与研讨会、工作坊、期刊俱乐部等形式多样的学术活动作为课程学习的必要补充,为学生提供与专业相关的硕士生、博士生、博士后、教师和研究者交流的机会。如卡内基梅隆大学的计算生物专业的研究会就向整个研究领域的学生和研究者开放,学生参与者和发言者获得相应的学分。

(2) 导师指导

导师的支持对博士生跨学科研究具有关键作用。作为博士生学术引路人的导师,承担博士生跨学科培养的责任,导师的支持也是博士生进行跨学科研究的动力之一。所以,导师的跨学科思维和意识尤其重要。多导师制、多元指导、双向选择的自由为博士生提供多种选择的可能性。在跨学科博士生培养中,导师组为学生提供的知识深度和广度是单一导师指导所不能做到的。通常有一个主导师,还可以根据学生研究的需要选择一个或更多的副导师。在导师组中,每个导师可以帮助博士生掌握某一特定专业和学科的知识和技能;同样,每个导师也有责任带领学生进入所在的专业领域,并要超越专业领域,在不同学科的空间中找到研究的创新点。主导师有责任帮助学生进入主要的研究领域,而副导师则可以提供给学生与其研究相关的知识和研究方法,并且通过实验室的轮转,导师和学生可以考察双方的匹配程度,由学生与主要导师协商组织导师组进行指导(见图3-5)。

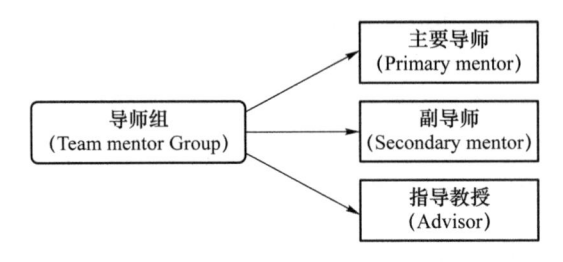

图 3-5 博士生跨学科培养导师组构成示意图

2. 培养制度

(1) 跨学科论文指导委员会

从国外大学的论文指导方式看,博士论文委员会是以导师为主和其他成员组成委员会。博士生跨学科培养亦是如此。在跨学科研究小组或研究项目中,有来自与博士生研究相关的院系的导师参与指导学生。如果博士生的专业与现实应用联系紧密,论文委员会成员还包括业界导师。我国目前的博士生指导是以单一导师制为主,论文撰写多是单一导师指导。在知识生产模式转型的背景下,博士生跨学科培养的方式就是要打破学科界限,培养具有广博知识和综合能力的高级人才。所以,跨学科论科文指导委员会为学生提供从多学科角度研究问题的机会,博士生与导师在跨学科学术共同体中进行深入地研究。而且,在指导过程中,委员会的成员会定期对博士生的论文进行检查和指导,保证博士生在内部的监督机制中产出高质量论文。

我国的跨学科博士生培养可以借鉴国外的博士生跨学科指导委员会制度,博士生与导师协商,根据自己的研究兴趣和方向选择跨学科导师组成论文委员会,获得跨学科视野指导。委员会导师的组成可以是跨院系、跨学校和跨国界的联合指导,指导方式既可以是面对面,也可以是通过网络和各种软件通讯工具的虚拟交流方式。

(2) 实习制度

助研(research assistant, RA)和助教(teaching assistant, TA)是美国高校博士

生培养的一个重要环节,也是美国大学培养博士生教学能力的主要方式。19世纪末,美国哈佛大学首先创立研究生助教助研制度,这项制度历经百年,已经成为美国高校博士生培养的重要组成部分。教学助教制度是美国给予学生资助的重要形式。国外大学博士生做助教能够与教授合作学习课堂教学方法,积累教学经验。所以,在国外博士生跨学科培养项目中也设置了博士研究生的实习制度。中国的博士生教育虽未完全实施助研和助教制度,但是有些高校也开始重视研究生的教学能力,如于2018年开设的"清华大学研究生教学能力提升证书项目",以鼓励学生在教育学、心理学、管理学理论和应用并重为特色,为学生未来进入教师队伍或在教育研究、教育管理领域继续深造和职业发展奠定更加坚实的基础。

（3）淘汰制度和资格考试（综合考试）制度

在国外高校的传统博士培养项目和跨学科博士培养项目中,资格考试制度是博士生培养的关键环节和内部培养质量保障的重要措施之一。美国博士生的跨学科培养项目是在传统的博士项目基础上发展起来的,在博士生培养过程中依然遵循传统博士的结构化培养模式。所以,资格考试是博士生在完成相关课程学习后、开始撰写博士学位论文前需要参加的考试。准备和参加资格考试是所有博士生项目的一个必要环节。[170]

教育部、国家发展改革委员会、财政部等三部委,于2013年3月29日联合发布的《关于深化研究生教育改革的意见》指出:"加大考核与淘汰力度。加强培养过程管理和学业考核,实行严格的中期考核和论文审核制度,畅通分流渠道,加大淘汰力度。"[171] 2014年4月29日,教育部《关于全面提高高等教育质量的若干意见》中指出,将"完善在课程教学、中期考核、开题报告、预答辩、学位评定等各环节的研究生分流、淘汰制度。"因此,完善博士研究生培养的淘汰分流机制是博士研究生教育培养模式改革的重要组成部分。[172] 目前我国博士生的培养环节中并没有完全和真正实施淘汰制和资格考试制度。全国2017年博士生教育调研中,在对被调研高校的博士生导师和博士生的访谈中讨论了博士生分流和淘汰机制的看法,导师们对于"淘汰分流/分流退出"机制看法也不尽一致。有的导师认为有必要实行,因为确有不少学生在培养过程中自己发现或导师认为其根本不适合读博。然而在具体实行中,一是导师多碍于情面不忍,二是导师指导的学生少而不舍,以免影响科研项目执行,无学生做科研,三是分流学生没有合适的出路（如直博生的退出问题）等诸多困难,所以大部分类似情形最终均是通过延期的方式实施,或者超期退学。博士研究生访谈中,博士研究生认为没有实行的原因在于招生名额少,在此前提下,尽管考察不理想的学生也要招;加之,导师的项目需要博士研究生的参与,不可能真正淘汰学生。尽管博士生导师对"淘汰分流/分流退出"机制看法不同,但是在博士生培养中采取严格的淘汰和资格考试制度,可以保证博士生的培养质量。通过评价和淘汰分流机制,可以调动博士生的学习和研究的热情,依靠内部监督制度保证博士生的培养质量。

3.2.3 保障制度

美国学者 Rhoten D. 在其跨学科合作与社会与技术条件研究中,运用"变化的三角形"(triangle of change)理论提出:阻碍跨学科研究顺利开展的因素不在于位于三角形顶部的"外部关注"(extrinsic attention)——包括资助和研究经费的不足,也不在于位于三角形底部的"内部激励"(intrinsic motivation)——教师和学生的跨学科研究兴趣,而在于位于三角形中部的"体系实施"(systemic implementation)——大学管理和结构的支持。[173]因此,"体系实施"的载体——跨学科研究发展的体系构建显得尤为重要。也可以把"变化的三角形"应用于博士生跨学科培养支撑保障机制(见图3-6),包括位于三角形顶端的外部保障(extrinsic supporting stretgies)、位于三角形侧面的组织保障(orginaztion guarantee)以及位于三角形底部的内部保障(intrinsic motivation)。

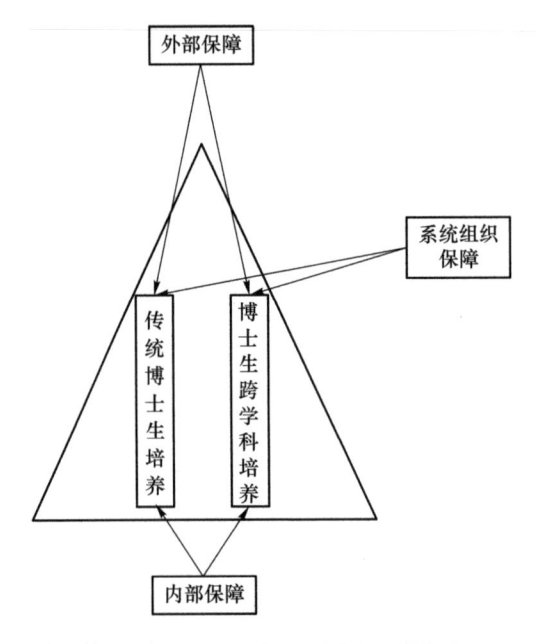

图 3-6 博士生跨学科培养保障机制

资料来源:RHOTEN D. Interdisciplinary Research:Trend or Transition. [EB/OL].(2019-1-20).(citeseerx. ist. psu. edu/viewdoc/download;jsessionid=01D48BCD023F96DD429CD6F7ED22D173? doi=10.1.1.461.5450&rep=rep1&type=pdf.

从根本上讲,世界各国高校跨学科博士项目增加的原因是机构资助增加和师生对跨学科研究项目的热情,这也就是"变化三角形"的底部:教师和博士生的内部研究兴趣和动力,以及外部的资助和保障,但是,教师和博士生的内部研究兴趣和动力只能形成"自下而上"的跨学科研究小组或小型的跨学科研究组织,具有不稳定性,需要大学组织机构改革即提供系统组织保障。博士生跨学科培养是在传统博士生培养项目基础上进行重新设计和组合,使博士生的跨学科培养得到制度保证。以研究者的兴趣开展的"自上而下"的研究小组,需要高校实施机构的变革,采取"由上而下"的方式,设立跨学科培养项目和建立跨学科研究中心,使得跨学科博士生培养逐步制度化。外部保障制度即国家设立跨学科研究项目,从政策上和制度上支持跨学科研究和给予教育经费保障;要建立跨学科研究和人才培养的资助体系,形成国家、大学、社会、企业等多方互补资助机制。

3.2.4 培养评价

博士生培养评价也因国家和大学不同而有差异。美国博士生跨学科培养评价偏重于过程性评价,关注学生的课程学习考核,用资格考试作为分流淘汰的工具,并且论文指导委员会对博士生论文撰写过程进行不定期的监督和评估。所以,美国的博士生跨学科培养评价依然是利用"内部监督和评价机制",跨学科博士生培养目标是能力培养,而不只看重结果,或者说不以发表文章为最终评价标准。例如:有的美国高校为了促进博士生跨学科合作,鼓励博士生与其他学科的合作者共同发表论文;此外,还有的大学要求跨学科博士与不同专业和领域的研究者(或博士生)共同撰写毕业论文的一章,这无疑也是对跨学科研究是促进和支持的作用。有的高校允许团体作者项目(team-authored project)的研究内容加入到博士生的毕业论文之中。

但是在中国,博士研究生学业评价存在过度依赖外部评审的倾向(如有的高校博士生论文全部外审),这是缺乏学术自信的表现,不利于学术共同体的发展。根据2017全国博士生教育问卷调查显示,博士所在专业对博士论文评审采取的方式中,全部盲审的论文占比最多,为55.6%,其他按比例盲审和有条件免盲审的论文分别占21.1%和20.4%;无盲审的论文占2.2%。[174]这表明中国高校对博士研究生培养成果(博士学位论文)几乎完全依赖于外部强制性的质量评价。

博士生劳动力市场需求多元化促使博士生教育质量评价标准也趋向多元:学术共同体主要以考察博士生是否具备独立从事科学研究的能力为标准,以知识的掌握和创新能力来评价博士生教育质量;高校以外的用人单位则以博士毕业生知识的应用,解决问题、团队合作、可迁移性和灵活性等适应社会、服务社会的能力作为博士生教育质量的评价标准。多元利益主体质量观的差异客观上要求博士生教育质量评价应更加系统地对评价主体、评价内容与评价视角做出准确的判断。[175]所以,在对博士生跨学科培养评价上,要以培养博士生的跨学科能力为核心,在跨学科学习和研究中,进行知识生产和建立跨学科的研究合作网络,以利于博士生今后的职业生涯的持续发展。在博士生学业评价中,邀请业界导师对课程学习和成果进行评价,体现跨学科人才培养要满足社会、经济发展和解决复杂社会问题的目标。

3.3 博士跨学科团群培养模型构建

博士跨学科团群培养制度化

1. 新制度主义与跨学科教育

新制度学派的代表人物斯科特(W. Richard Scott)于2008年出版的《机构与组织：思想观念和物质利益》一书中指出：制度是为社会生活提供稳定性和意义的规制性、规范性和文化—认知三要素，以及相关的活动与资源。他认为制度不是一成不变的，而是随着时间推移而变化的。他将制度的三个核心要素或"支柱"确定为制度的规制性要素(the regulative pillar)、规范性要素(the normative pillar)和文化—认知性要素(the cultural-cognitive pillar)。规制性要素强调明确外在的各种规制过程，如规则设定、监督和奖惩活动；规范性要素是基于社会责任和道德评价的规则；文化—认知性要素是基于共同理解的信念和行动逻辑。[176]

制度的规制性要素(支柱)是指"机构限制和对行为的规范"，其实质是排除异常的行为并确定可以接受的行为，规制性带有"强制性"，但是斯科特认为规制性的过程并不是消极的。在高等教育跨学科研究和培养中，规制性集中反映在高校制定相关的跨学科政策，如设立跨学科课程、跨学科学位和证书项目、教师跨院系聘任政策、建立跨学科研究中心和资助申请制度等，这些措施都属于制度规制性的范围。

制度的规范性要素或支柱是确定制度的价值是什么和这种规范如何完成。它是一种被组织或个人内化的制度，是一种对个体或组织具有约束力的社会期望，当规范性制度被认可为共同的社会责任时，他们就会采取行为选择和相应的行为模式。在高等教育跨学科研究和培养中，组织规范性被表达为"愿景"或提高研究生教育跨学科性目标和通过何种方式实现这些目标。

制度的文化-认知性要素是一个更深层次的要素，与前两者不同，行为者对文化-认知的制度要素的影响往往是无法察觉的，因为它是通过一些被大家认为是理所当然的认知图式来实现。文化认知制度化的特点常常是惯例或毫无疑问被接受为正确行为。[177]如：大家公认大学组织结构院系是以学科为基础设立的。在跨学科研究和教育中，文化认知制度化就表现在创造跨学科研究学术生态环境。

就三种要素关系而言，在健全的制度框架中，每一种基础要素都非常重要、缺一不可。规制性、规范性和文化-认知三要素，在制度中构成了支撑制度实施的三个支柱。当三个支柱高度一致时，它们组合对制度实施产生巨大的支撑力；但是当三个支柱的高度不一致时，将引发混乱和冲突，并极有可能导致制度的变迁。

2. 跨学科团群培养的制度化

国外大学的博士生跨学科培养是逐步发展为制度化的过程。在过去的四十年中,尽管美国跨学科教育迅速发展,美国高校对跨学科教学的转变和支持政策一直是缓慢进行的。Klein J. T. 呼吁大学支持教师在跨学科教学中实践专业发展,并保护教师免受以学科为中心为规范的束缚。[178]他指出为了维持跨学科教学和研究,制度支持必须是始终一致的并且嵌入大学文化中。[179]

本研究基于斯科特的理论,认为博士生跨学科团群培养的规制性表现在高校对跨学科研究的制度和政策,包括高校的跨学科课程设立和导师组指导的隐性团群和个人团群。高校设立博士生跨学科培养项目的显性团群、建立跨学科研究中心的实体团群。此外,高校改变教师的聘任方式(如双聘制)能够促进不同学科研究者合作和交流,这也是团群构建的基础和必要条件(见图 3-7)。

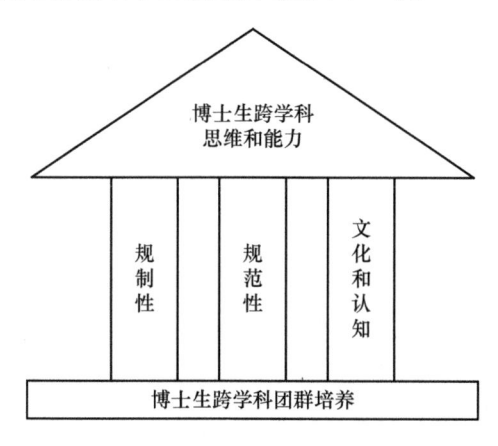

图 3-7　博士生跨学科团群培养的理想状态示意图

博士生跨学科团群培养规范性是指高校实施博士生跨学科培养的措施,使跨学科研究和教育的行为深入人心。规范性既能够对行为主体施加限制,也能赋予其内在动力,即对行为主体既赋予权利也施加责任。博士生跨学科团群培养既是一种博士生培养的方式,也是一种高校人才培养的制度和理念;它涉及政府、高校、学生和业界等多个利益相关者。从政府和高校来讲,应制定促进跨学科研究和教育的措施,根据对调研高校博士生培养的政策和措施分析,在博士生跨学科培养的招生、课程、导师指导和论文撰写等各个环节加强跨学科培养的力度。博士生跨学科团群培养规制性和规范性构建后,实施的效果还与是否在组织群体中形成广泛认同密切相关,即博士生对跨学科培养的认同、对高校跨学科政策的认可,教师对高校的教师的跨学科选聘和考评方式的认可等。无论出自主体的自身利益选择需要,还是其对跨学科研究的兴趣,这种认同都可能在意识层面影响着规制性制度和规范性制度实施的效果。由于学科在大学占主导地位,跨学科研究要突破"学科的藩篱"是一个持续变化的过程,大学不仅要经历组织的变革,还要树立跨学科研究的理念和信念,要改变这种情况就要强化对跨学科研究的和教育的认同感,明确博士生跨学科培养是世界博士生培养的发展趋势。

3. 博士生跨学科团群培养模型

跨学科教育和研究如何在保持强势发展的同时又具有学科深度?大学如何降低或消除教师参与的障碍?跨学科教育和研究如何创造一个可渗透的和灵活的环境,有助于思想、人员和资源跨越学科界限的流动?根据上述理论,依照要素、模式和产出的思路,建立博士生跨学科培养制度化路径模型。如图3-8所示,模型中的规制性是政府和高校为博士生跨学科培养提供的政策支持,包括跨学科课程、跨学科项目、教师的聘任和资金投入等政策性支持,规制性实施主体强调从国家政策到高校政策由强到弱的变化;在规范性上表现为实施形式的多样性,体现在培养模式的多样化;同时在文化认知层面上,为博士生培养提供良好的跨学科研究环境和氛围。

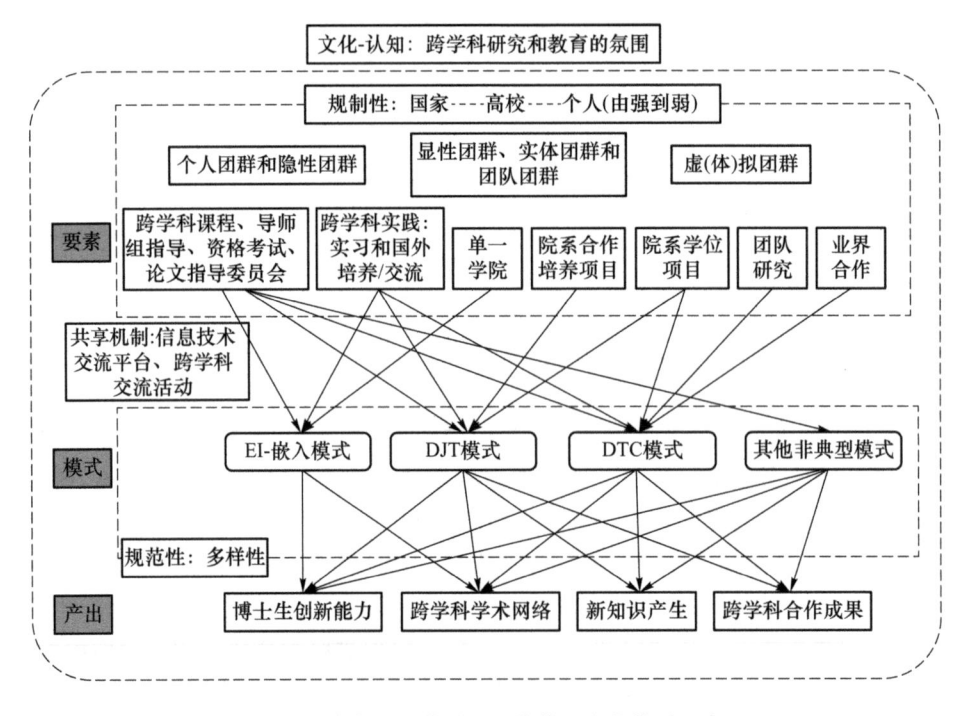

图3-8 博士生跨学科团群培养制度化模型示意图

当今,博士生跨学科研究和培养存在一个虚拟社会,因为在大数据和互联网社会中,知识生产模式是遵循着"大学、产业、政府、公民社会和虚拟社会"的路径。在这样的背景下,高等教育机构在博士生培养是基于传统博士生培养的模式,由传统博士培养模式转变为跨学科培养模式虽然要经历组织结构的变化,但是也要保留传统博士的本质和内核,即培养过程的结构化(包括课程学习、导师指导、科学研究等)。

根据研究需要和学生兴趣,博士生跨学科团群培养可以分为个人团群和团队团群、隐性团群和显性团群、实体团群合虚体团群。通过对培养要素的组合形成如下几种模式,第一种是嵌入一体模式(Embedded-integrated Model,EI),即在传统博士生培养中嵌入跨学科培养要素(如跨学科课程、跨学科导师和论文委员会等),此模式能够满足学生跨学科学习的基本要求,也是最为灵活的方式和"软"方式,学生可以自主选择进入跨学科学习情景。所以,此模式在组织结构上没有改变,需要大学提供跨学科的课程资源,在培养中尽可能多地融入跨学科元素,属于以兴趣为导向的"自下而上"的培养方式。第二种是院系组合共同实施跨学科培养的模式(The Department Joint Training Model)。此模式要求博士生既要完成本专业院系培养要求,又要兼顾跨学科项目或学位项目毕业要求,博士生在不断的知识融合中产生创新。第三种是跨学科团队研究的学位项目模式(Degree and Team -based Combined Model,DTC)。此模式强调参与学位项目的学生来自与研究领域相关的学科,在团队研究中通过不同学科的知识融合,团队成员找到合作的共同点,最终打破学科的障碍和藩篱。Kockelmans J. 认为"学科的专业化使整合实际上是不可能的"。[180]但引入了"共同点"可以描述来自不同研究人员的学科研究者合作的基础。所以,Repko A. F. 认为共同点是跨学科的基础,不同学科研究者存在共同点,就有可能整合不同学科的知识。[181]此外,DTC 模式多与产业界结合共同解决实际问题,所以在培养过程中涉及各方参与者和利益相关者。此外,非典型博士生跨学科培养存在一种基于博士生跨学科研究兴趣的模式。博士生跨学科培养是不断发展和变化的,在将来也可能出现新的模式适应培养的要求。

在这几种模式中,国家资助和高校跨学科推进政策是外部培养环境。就内部而言,跨学科共享机制是高校为跨学科研究和教育提供"硬件"保障,通过自媒体和自我学习实现组织创造和知识应用,这有利于在培养中形成实体和虚拟跨学科研究团群。博士生跨学科培养的成效表现为博士生跨学科思维的形成,在虚拟和实体的跨学科组织中,形成最广泛的跨学科学术共同体,在此共同体中博士生通过不同层次的知识融合产生知识创新。从培养的成效和产出看,博士生跨学科团群培养可以提升博士生创新能力、建立跨学科学术网络、促进新知识的产生和跨学科合作成果。

3.4 结 语

在对文献总结和梳理的基础上,本章提出了团群和博士生跨学科团群培养的核心概念,并对博士生跨学科团群进行了分类。本章以新制度理论为基础,将规制性、规范性和文化-认知运用于到博士生跨学科团群培养之中,并对跨学科博士生的培养要素进行提取,包括:跨学科课程学习、导师指导、论文指导委员会、资格考试和实习制度等。本章对博士生跨学科培养要素进行重新组合,并依据大科学时代人才培养模式、融合理论、共同点理论和知识生产模式,建立 EI 模式、DJT 模式和 DTC 模式。具体来说,EI 模式是面向所有博士生的天然跨学科模式;DJT 模式关注于不同院系合作实施的跨学科培养项目和学位项目;DTC 模式是关注团队研究培养博士生的学位项目。此外,本章还分析了国外大学的非典型博士生跨学科培养模式,而且不可否认将来博士生跨学科培养还会因国家和社会经济发展需要而出现新的模式。

第 4 章
国内外博士生跨学科团群培养研究

本章运用案例研究的方法，总结世界一流大学博士生跨学科团群培养的特征，提炼出博士生跨学科培养的关键要素，并详细描述三种类型的博士生跨学科培养模式和两种非典型模式的培养理念和培养过程，为我国博士生跨学科培养提供可借鉴的经验。

4.1 EI嵌入一体模式：大科学时代人才培养模式的选择

4.1.1 EI嵌入一体模式的内涵和运行方式

1. EI嵌入一体模式的内涵

嵌入一体模式(Embedded-integrated Model,EI)是指在传统博士生结构化培养的基础上加入跨学科培养思维和元素，在培养理念上以学科知识为基础并渗透跨学科元素，该模式适用于个人团群和隐性团群。博士生在每一个培养阶段都可以融入跨学科元素，学生在培养过程中会逐渐养成跨学科的思维，这种模式也可以称为"自动地适应"模式；其特点是为学生提供跨学科课程、跨学科指导，以及论文委员会的导师具有跨学科背景。

嵌入一体模式是对知识生产模式变化和人才培养模式变化的回应。时代发展要求人才培养的模式也要随之改变。美国科学家普赖斯于1962年6月以《小科学、大科学》为题发表了著名的演讲提出"大科学"(Big Science, Megascience, Large Science)的新概念。他认为二战前的科学都属于小科学。在小科学时代，科学主要是以假说为驱动探索未知的基础科学研究，一般具有分散经营、个体或小规模，以及随机组合的特点。从近代科学产生到19世纪末是小科学时代，主要是科学家个体自由研究的时期，科学活动带有个人爱好和奋斗色彩，如伽利略、牛顿、法拉第等都属于这个时代。小科学时代的研究目的不是把科学知识应用到生产去改造世界，而是认识自然的奥秘，主要是依靠自己的资金、技术和兴趣来选择选题。[182] 相反，从二战开始进入大科学时代，大科学时代需要围绕一个总体研究目标进行研究，前沿性科学研究项目由众多科学家分工、协作又相对分散地开展跨学科合作和研究，如人类基因图谱研究、全球气候变化研究等均属于这类大科学研究。

在不同的知识生产模式下，人才培养模式要与之相匹配。具体来讲，小科学时代培养的I型人才是指在某一领域内具有前沿知识、能够解决复杂问题的专家；T型研究者是指对一个领域内专业知识有深刻理解和坚实基础(T的水平线代表专业知识)，并具有理解其他专业知识和跨领域的交流能力(T的水平线代表)；H型人才通晓两个领域的知识，但是对哪一个学科知识的理解都不深入，H型人才能够意识到自己在专业领域内需要提高能力,但因其与其他学科合作深度不够而不能产生创新。与小科学时代培养模式不同,大科学时代培养 π 型人才。π 型人才不仅限于掌握单一学科的知识,而且通晓相近学科的专业知识,具有交流能力、批判性思维、分析性思维和创造性地解决问题等跨学科能力(见图 4-1)。

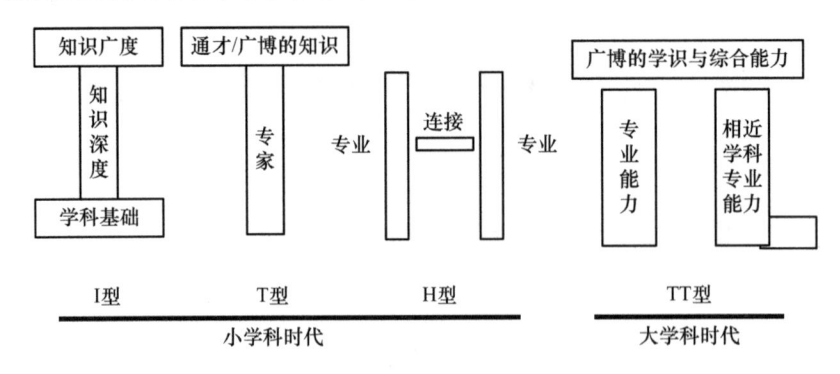

图 4-1　不同学科范式下人才培养的类型

资料来源:陶迎春. 论小科学与大科学的关系[A]. 中国自然辩证法研究会. 第三届全国科技哲学暨交叉学科研究生论坛文集[C].中国自然辩证法研究会:中国自然辩证法研究会,2010:4.

2. EI 嵌入一体模型的运行方式

EI 嵌入一体模式已经在国外博士生跨学科培养中广泛实施,是博士生跨学科培养的天然模式。此模式的优点为:第一,教师和学生可以在博士生培养中自由选择跨学科研究和教育。教师在授课中就可以融入不同领域的知识和研究方法,如英属哥伦比亚大学教育学院的成人教育专业(adult learning)在研究方法上就经常运用社会学、地理学、政治学等学科知识进行研究,也为博士生提供相关跨学科课程。学生在培养过程中有选择跨学科课程和跨学科导师的自由。跨学科培养的成分渗入在培养过程的环节之中,这种方式称作是"温柔的方式(soft approach)"。第二,博士生仍然是在本学科的院系(home departments)进行学习和研究,以专业知识学习的深度为主,跨学科研究和课程学习为辅助,在这个过程中不需要平衡学科和跨学科的关系,总体上学生研究和学习是具有归属感的。从高校组织制度变化看,EI 嵌入一体模式在制度上没有根本的变化,高校在规制性上表现为课程设置和导师跨学科指导。在实施上,规范性也是基于学生和导师对跨学科研究的兴趣和信念,在实际培养中的规范性程度不高。虽然在课程和导师指导中能够形成跨学科学术共同体,但是在文化-认知层面对跨学科博士生培养的认同度低(见图 4-2)。

EI 嵌入一体模式最重要的环节就是跨学科课程和导师指导。首先,跨学科课程有其独特优势。从图 4-2 中可以清楚地看出,跨学科课程是组织学生跨院系和学科学习的方式,知识生产依赖合作网络关联的方式。跨学科课程形式可以跨学科课程文件夹(Portfolios)各个分专业设置的跨学科课程,多媒体应用可以为学生提供电子

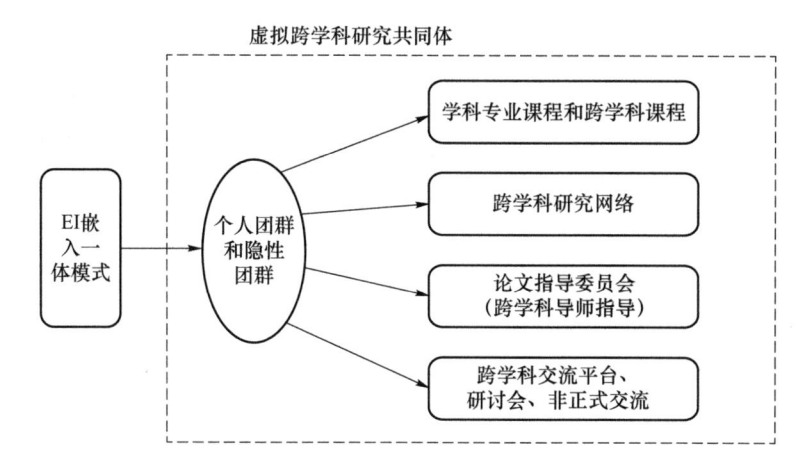

图 4-2　EI 嵌入一体模式的实施模型示意图

跨学科课程（ePortfolios）平台，如纽约大学的加勒廷个人研究院（The Gallatin School of Individualized Study at New York University）利用电子档案袋的方式保证学生核心课程、跨学科课程、工作坊和研讨会之间的连贯性。该课程是多个大学合作，用电子档案袋的课程将 Sakai OAE（开放学术环境系统，Open Academic Environment）融入到学术-社交网络系统。[183] EI 嵌入一体模式的另一个主要元素是为学生提供导师指导（多采取导师组）和论文指导委员会的形式，成员组成不仅包括本学科导师，还包括不同专业和领域的导师、业界导师，以学生的研究需求为考量帮助学生组织导师组，与不同学科的博士生和研究者交流形成跨学科研究的共同体。

4.1.2　个人团群和隐形团群——得克萨斯大学奥斯汀分校博士生培养分析

个人团群和隐性团群广泛地存在于博士生培养的过程中，并且渗透到博士生培养的每个节点，在培养思路上都有跨学科设计的烙印。笔者曾在得克萨斯大学奥斯汀分校做访问学者，本节以得克萨斯大学奥斯汀分校的博士生培养为研究对象，深入了解博士生跨学科的理念和过程。

得克萨斯大学奥斯汀分校（University of Texas at Austin）是一所世界著名的顶尖公立研究型大学，也是北美顶尖大学联盟美国大学协会（AAU）的成员和"公立常春藤"最初八所院校之一。得克萨斯大学奥斯汀分校非常重视跨学科研究和教育，在本科、硕士和博士层次都设立跨学科课程和教育项目，如穆迪交流学院（Moody college communication）的传播与领导力（communication and leadership）专业为本科专业学生提供的跨学科课程。有些硕士层次的跨学科项目直接由企业提供资助，以满足企业对此类人才的需求。如在 1981 年由杰克逊公司提供资助的能源和地球资源研究生（A Master's Degree in Energy and Earth Resources），为学生提供在地球科学、工程学、管理学、金融学、经济学、法律和政策领域进行跨学科研究的机会。

实际上，并不是所有该分校的博士生都有机会参加跨学科项目和学位学习，或者参与跨学科团队研究，但是这并不影响博士生跨学科教育的实施。笔者在访谈中发现，博士生培养的每一个环节都渗透了跨学科培养的因素，使学生在博士学习的过程中都以跨学科的思维考虑问题。

1. 研究思路、对象与方法

（1）研究思路

首先，本研究通过查阅国内外数字资源数据库获取国内外有关跨学科博士生培养文献，设计访谈提纲并进行半结构化访谈。其主要包括如下问题：一是认知层面——博士生主体对跨学科培养的认识。二是培养层面——被访谈者在所学专业或自己接受的跨学科培养过程和体验。根据访谈提纲，访谈对象对博士生跨学科培养等相关问题进行回忆和描述，提问者根据访谈过程中出现的困惑、兴趣点与情境进行追问或引导。

（2）研究方法与工具

本研究采用质性研究方法，通过对得克萨斯大学奥斯汀分校的博士生进行深入访谈，利用扎根理论的方法以及质性分析软件Nvivo11对访谈资料进行编码整理，并对归纳概括而成的理论框架进行深入分析。扎根理论研究流程如图4-3所示。[184]质性的研究是以研究者本人作为研究工具，在自然情境下采取多种资料收集方法对社会现象进行整体性探究，使用归纳法分析资料和形成理论，通过与研究对象互动，对其行为和意义建构，进而获得解释性理解的一种活动。[185]

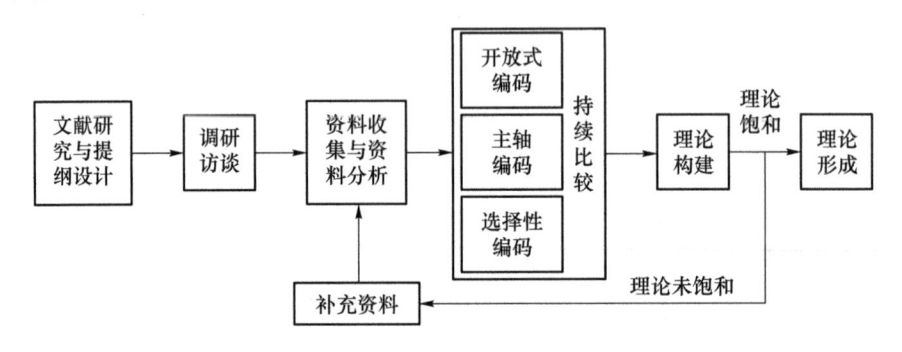

图4-3 扎根理论流程

质性研究方法的含义是"理解参与者所处的事件、情况和行动"；关注参与者所处的情景是如何影响其行动的，特别注重研究者与研究对象的互动交流。因此，本研究选取作者高年级的博士生作为深度访谈对象，以便在访谈中了解博士生培养的整个过程，同时提高研究的信效度。研究人员将访谈录音逐字逐句转录形成访谈文本，进行编码后逐一选取并创建自由节点(原始语句),根据自由节点逐级提取树状节点(概念);根据扎根理论三级编码对访谈文本进行阅读、归纳、编码和提炼,最终构建成理论脉络。观察法可以帮助研究者深入沉浸其中并获取重要信息。研究者还通过为期6个月观察博士生课程学习和社会活动获得辅助数据,观察的原始资料大约有20小时。

2. 研究对象与样本

根据博士生不同的专业和毕业年限,研究选择得克萨斯大学奥斯汀分校的博士生作为访谈对象,对研究样本进行初步筛选并联系,选择依据是既有文科专业,又有理工科专业,最终确定并访谈对象10人(均未参加跨学科博士项目),访谈内容包括从博士生招生到培养的全过程:课程学习、导师指导和论文委员会等项目实施的过程。访谈进行中达到了信息饱和,即主题和概念在访谈中反复出现。访谈集中在2018年4月到2018年6月进行,时间跨度为3个月,以面对面访谈和微信语音等媒介进行交流。访谈录音时长为417分钟,平均每位访谈对象约40分钟,访谈记录文本共计25 001字。访谈对象信息(见表4-1)介绍如下:一是国别信息,访谈对象既有外国也有中国人;二是学科信息,访谈对象主要来自理学、工学、社会科学,专业各不相同;三是性别,访谈对象中,男性4人,女性6人,女性比例略高。

表4-1 得克萨斯大学奥斯汀分校博士生访谈样本信息表

姓 名	性 别	博士专业	学习时间(年)	博士生入学方式	入学前的高校	访谈时长	访谈记录/字
1	男	教育学	3	硕士后申请	得克萨斯大学奥斯汀分校	43:06	2 406
2	女	语言学	3	硕士后申请	德黑兰大学	43:01	2 003
3	女	心理学	5	本科后申请	得克萨斯大学奥斯汀分校	43:08	2 545
4	女	地理学	5	本科直博	南京信息工程大学	40:04	2 708
5	女	统计学	4	本科后申请	南开大学	40:27	2 397
6	男	计算机	3	本科直博	北京交通大学	40:52	2 732
7	男	电气工程	4	博士转校	卡内基梅隆大学	43:05	2 951
8	女	材料	3	硕士后申请	中国科学院大学	40:20	2 438
9	女	社会学	3	硕士后申请	莱斯大学	42:45	2 921
10	女	神经系统科学	4	本科直博	得克萨斯大学奥斯汀分校	40:45	2 800

3. 研究结果

(1) 开放式编码

开放式编码是将有相似属性的资料予以概念化、范畴化的过程。[186]通过对访谈文本资料的分析,确定参考点 327 条,例如:①我修过跨学科课程;②做科研的主要目的是为了发论文;③做跨学科研究容易获得资助等。对参考点进一步提炼和归类(见表 4-2),梳理出节点 20 条。例如:a1 学生学科背景,由 15 个参考点组成,举例为"我的硕士专业与博士专业不一致;我修过跨学科课程;我认为专业不重要,可以随时换;我在博士学习前就学习语言学和计算机两个学位;我参加通识课程学习;我具备跨学科学习的能力"。

表 4-2 开放性编码所形成的参考点及节点

编号	节点	参考点举例
a1	学生学科背景(15)	我的硕士专业与博士专业不一致;我修过跨学科课程;我认为专业不重要,可以随时换;我在博士学习前就学习语言学和计算机两个学位;我参加通识课程学习;我具备跨学科学习的能力
a2	对跨学科研究价值认知(9)	我认为我不仅仅是一个计算机专家,尽管我发表了跨学科文章,但是我仍然是计算机领域的专家;参加跨学科研究扩大我的知识的视野
a3	跨学科研究动机(10)	我对其它学科和与计算机结合的研究感兴趣;做跨学科研究的容易获得资助;跨学科研究能够在团队中建立学术网络;跨学科研究可以培养学生综合能力和职业胜任力
a4	博士生个人特点(14)	我对跨学科研究有好奇心;对其他学科的研究要有尊重的态度;我喜欢与不同的研究领域和方向的研究者交流
a5	博士生跨学科招生(6)	学院重视招收不同的学科的博士;招收的博士生是相近邻域的学生
a6	跨学科课程(14)	跨学科核心课程为博士生提供学习跨学科的知识,增加知识广度;理解学科与跨学科的关系
a7	跨学科课程教学和知识整合(15)	教师采取 team-teaching;各个学科知识整合培养学生整合能力;通过知识融合了解本学科与其他学科的差异
a8	授课形式多样化(12)	课堂教学与网络教学紧密结合。所开课程都在校园网上有同步网站,学生登录后,可看到教师发布的详细授课计划、PPT、阅读书目、思考题等
a9	博士生跨学科研究(13)	参与跨学科研究项目;团队合作提高博士生的协作能力,同时也有助于提高博士生对跨学科研究的认同感
a10	论文指导委员会成员组成的跨学科性	我可以根据研究的需要组织和邀请论文委员会的成员;我的论文指导和答辩委员会成员包括不同研究方向的导师,要求必须有一位是跨学科的导师
a11	博士生科研成果(7)	跨学科的论文难;发表于发表到高质量的刊物;发表跨学科论文者的署名先后会有问题;跨学科文章的原创性较高
a12	博士生跨学科训练(12)	导师鼓励我们把相关和相近学科的理论应用到研究中;参加跨学科论坛和大会;主动参与和申请跨学科研究项目

续表 4-2

编号	节点	参考点举例
a13	导师指导能力和意愿(21)	有的导师不同意博士生参加跨学科研究;导师对博士生成长所起的作用很大;导师只注重课题申报和发表学术论文,对博士生的促进和发展关注不足;导师积极帮助我联系跨学科的导师指导;导师可能是一个比较好的科学家,但不是一个很好的导师合格的管理者
a14	导师科研能力和水平(16)	导师做科研很严谨,从不急功近利;申请的课题投稿而草稿反复修改,不断地提出修改意见,直到文章被录用;导师对课题申请非常重视,总是能把握学科和跨学科研究的前沿;导思路师本人每年要发表几篇高水平的文章,并且指导我们写作
a15	导生关系(21)	导师与博士生的科研目的、科研目标不同;导师与博士生对课题或项目的期望有较大差异;导师与博士生存在利益冲突;博士生延长毕业现象严重;我和跨学科导师的接触很少,只能通过邮件交流;跨学科导师专业背景和研究领域合我非常相近,我受益匪浅
a16	业界导师参与课程设置和培养	业界导师参与课程和培养流程的制定;业界导师也是论文和答辩委员会的成员;业界导师可以为学生提供就业能力培养的建议
a17	学校的对跨学科研究支持政策(15)	学校为参与跨学科研究的教师和博士生提供种子基金;我们学校设立在本科、硕士和博士层次,设立跨学科学位项目,充分尊重学生的跨学科研究兴趣
a18	博士生跨学科研究的风险的认识(10)	博士期间做跨学科研究会耗费时间,毕业时间会延迟;读博期间对跨学科研究意愿不强烈;研究方向和领域的跨学科性差,认为跨学科研究会造成时间浪费,延期毕业;发表了跨学科学术论文难度大,跨学科研究的论文指导和评审有一定难度,导致博士生不愿意做跨学科研究;跨学科研究就业困难
a19	学术氛围(17)	对有的导师博士生跨学科研究支持;跨学科学术论文数量不断攀升,但发表在高水平学术期刊少;高校政策鼓励跨学科研究,并给与博士生奖励(助教和奖学金);有的导师不太赞同博士生参与跨学科研究,因为需要其它学科导师的配合,对跨学科研究的态度因导师而异
a20	跨学科平台建设和跨学科网络资源(15)	学校组织各种研讨会,有的是跨校,跨校组织和跨国的研究者参加;学校设立跨学科研究的中心网络,为学生提供跨学科研究的资源

(2) 主轴编码

将开放式编码过程中得到的节点进行关联建立,深入梳理节点之间的内在逻辑关系。[187]运用扎根理论典范模型(条件—现象—行动/互动策略—结果),将20个节点进行归类,分析其内在关联,形成12个树节点(见表4-3)。

表 4-3　主轴编码形成树节点、核心编码形成核心节点

核心编码	主轴编码	自由编码
A 博士生跨学科研究的主体因素	A1 博士生对跨学科研究的价值	a1(学生学科背景);a2(对跨学科研究价值认知)
	A2 博士生个人因素	a3(2跨学科研究动机);a4(博士生个人特点)
B 跨学科培养过程要素(127)	B1 招生	a5(博士生跨学科招生)
	B2 跨学科课程	a6(跨学科课程);a7(跨学科课程教学和知识整合);a8(授课形式多样化)
	B3 跨学科研究	a9(博士生跨学科研究);a11(博士生科研成果合作发表)、a12(博士生跨学科训练)
	B4 论文答辩委员会	a10(论文指导委员会成员组成的跨学科性)
C 导师的跨学科研究指导	C1 导师指导能力	a13(导师指导能力和意愿)
	C2 导生关系	a14(导生关系)
	C3 业界导师的作用	a15(业界导师参与课程设置和培养)
D 建立跨学科研究网络	D1 跨学科政策	a16(学校的对跨学科研究支持政)
	D2 跨学科研究的文化	a17(博士生跨学科研究的风险的认识);a18 跨学科学术氛围)
	D3 跨学科交流平台建设	a23(跨学科平台建设和跨学科网络资源)

(3) 核心编码

核心编码是在多个树节点中挖掘出一个总的核心节点,将分析结果逐渐集中到与之相关的核心节点上,分析核心节点与树节点及其他树节点联系后再形成"故事线",最终构建成实质理论脉络的过程。通过分析,可将 12 个树节点提炼成 4 个核心节点(见表 4-3)。

4. 研究结论

通过扎根理论研究,根据三级编码最终形成了与博士生跨学科培养相关的 4 个核心要素,其中博士生主体性因素和导师因素是最重要的内部因素,环境因素是外部客观因素。访谈对象认为博士生主体性因素是参与跨学科研究的意识和态度的前提;在博士生培养过程中,跨学科元素的设计和融入是跨学科培养的保障。此外,导师对跨学科研究的态度也极大地影响着博士生对跨学科研究的态度;高校的跨学科政策和研究氛围对于打破学科藩篱和学科"仓筒"的意义重大。

(1) 博士生主体因素:跨学科研究的背景和动机

博士生的跨学科背景和研究兴趣是确保学生参与跨学科研究的必要条件。世界著名高校多在本科和硕士阶段开设跨学科的课程和项目,使学生在学习和研究初期

就能了解跨学科研究的益处,有利于其在博士阶段消除对跨学科研究的顾虑,培养其从事跨学科研究的热情。受访的博士生对跨学科研究有好奇心,喜欢与不同的研究领域和方向的研究者交流,认为参加跨学科研究扩大了知识视野;从事跨学科研究的动机是能够在团队中建立学术网络,可以培养综合能力和职业胜任力。

（2）跨学科培养过程要素

从跨学科招生讲,如果招生时只在本学科领域内招收优秀学生,就从一开始限制了博士生候选人的范围。理想的做法是要招收多学科或者是相近领域(研究领域area 而不是 discipline)。所招收的博士生将来在学习和研究中是一个合作的团体(community),类似前文中界定的"团群",与团队的概念又是和而不同。招生理念不仅限于招收单一地学科领域而是多样,这种开放的招生策略,为学生提供了跨学科学习的团体和环境,尤其是对没有机会参加团队研究的学生(如:人文社科的博士生)而言,不同学科的学生能够激发学生从不同的学科角度思考问题。

1）跨学科课程作用重大

单一课程学习容易使学生囿于一个思想框架,研究问题的某些方面可能会被忽略。博士生参加跨学科课程的重要性表现在学生在学习过程中会意识到不同学科知识之间的差距;通过课程学习可以弥补这种差距,并且能够进一步促进对跨学科学习的理解。跨学科课程合作将学生聚集在一起,使他们能够探索和讨论多种观点。随着讨论中思维模式的统一、多角度讨论问题,研究的范围将比只有一个视角更深。

2）课程设置方式

首先,与传统博士培养不同,博士生培养委员会要求学生学习更多的学分(over-credit),包括选修跨学科课程。此外,得克萨斯大学奥斯汀分校的博士生培养实施个性化选课,委员会根据研究目的不同给与指导。但是,这会造成学生需要学习的课程过多,也会增加学生就学的成本和退学的可能性。有效的跨学科课程应根据学生研究目的不同,采取个性化设置,指导委员会给予博士生恰如其分的指导。如 A 博士生的论文委员会与其共同确定语言、计算机和心理三个系的课程,为其在理论、研究方法等方面做好准备。B 博士指出,核心课程旨在为学生构建神经科学领域的多元化理论视角,这些深度整合的学术观点显著超越了单一学科入门级课程的知识范畴。通过系统整合多维度知识,核心课程不仅形成了跨学科研究的主题框架,更突破了传统神经科学的学科边界。这种以知识广度为基础的教学,能够有效拓展博士生"知识宽度"。其次,通过跨学科课程的学习,博士生能够根据研究方向和兴趣建立与本学科教师和实验室的联系,同时也可以与其他院系和学科教师建立学习联系,在选择论文指导委员会时,就可以更容易地找到指导教师。通过这个方式可以解决在传统博士培养中,博士生找跨学科导师难的问题。课程设置的网络化为学生提供丰富的学习资源和及时的互动。学生在课堂上几乎人手一台笔记本电脑,打开该课程的网页,可直接在上面做笔记,也可在网页上留下问题,一般由助教在课后予以解答。在线课程为学生提供虚拟的跨学科交流空间,使不同学科的博士生能够在交流中产生合作。

(3) 跨学科学术训练和能力培养

跨学科研究不仅为学生提供多学科的研究视野,而且可以借鉴其他领域的研究方法解决复杂的问题。在学术训练过程中,学生的研究超越本学科界限,培养了其批判性思维。此外,跨学科交流也培养了学生的沟通技巧,提高其使用有效方式传达学术思想的能力。所以,跨学科研究学术训练的主要目的是培养博士生形成跨学科思维,并为其在学术和非学术领域内就业做好准备。C博士指出:"导师鼓励我们把相关和相近学科的理论应用到研究中,参加跨学科研究项目、论坛,参与跨学科研究项目提升团队合作的协作能力,同时也有助于提高博士生对跨学科研究的认同感。"

(4) 跨学科导师指导和建立跨学科研究网络

博士研究的关键是为知识生产做出原始性创新。跨学科研究要求博士生能够深入"整合多个领域的知识、技术和专业知识"。由于博士生导师可以来自于不同院系和业界,所以建立跨学科论文指导委员会有助于学生获得不同领域导师的指导。案例中显示博士生论文指导委员会成员由跨学科、跨院系和跨界的高素质导师组成。

为了利于跨学科研究整合学习,学生可以根据研究兴趣自发组成合作网络(collaborative networks),这些合作网络对博士生跨学科身份认同的形成影响巨大。博士生D说:"我一直与另一个博士生一起参加每月心理语言学家的会议讨论,这些研究者来自各个院系。这些合作跨越多个部门和机构界限的跨学科项目,缩小为一个更加亲密的合作网络团体。我们能够和那些不了解我们学科的研究者交流,然后合作就自然的发生了。"因此,促进跨学科合作网络的建设策略可以培养博士生的技能和识别当前和将来跨学科研究的主题,有助于跨学科身份认同。在交流中,博士生与研究者通过交流隐性知识(tacit knowledge)和非正式的知识交流,可以建立有助于跨学科身份认同的和专业发展的学术共同体。

根据笔者的访谈,在前文分析的基础上提出博士生跨学科培养模型。博士生在不同培养阶段的每一个过程中都能够建立个人和隐形团群,进行跨学科研究和学习。基于上述分析,得克萨斯大学奥斯汀分校博士生跨学科培养模型初步构建,如图4-3所示。

图4-3 得克萨斯大学奥斯汀博士生个人团群和隐性团群跨学科培养模型

4.1.3 世界一流大学跨学科博士生培养特征研究

博士生教育是学历教育的最高层次,体现大学人才培养的高度,代表着一个国家的人才培养水平。博士生作为高层次创新人才的典型代表,是未来创造高深知识和科学研发事业的生力军,是推动"双一流"建设任务中的一支重要力量,其培养质量就是"双一流"建设的重要目标。[188]2017年2月,中共中央国务院印发《关于加强和改进新形势下高校思想政治工作的意见》,该《意见》明确提出要形成"教书育人、科研育人、实践育人、管理育人、服务育人、文化育人、组织育人"的长效机制,[189]科学研究作为现代大学的职能之一,其本身也具有育人功能。在我国建设世界一流大学过程中,各个高校开始关注跨学科研究和跨学科人才培养,通过跨学科研究培养博士生的跨学科视野、团队协作精神和职业胜任力。科学研究是培养拔尖创新博士生的重要途径,而博士生跨学科培养是世界著名大学创新型人才培养的重要途径。本节从人才培养角度出发,剖析博士生在世界一流大学中的跨学科科研体验,总结和提炼其跨学科培养的科研特征,以期为我国建设世界一流大学博士生跨学科培养提供建议参考。

1. 研究对象和方法

博士生是世界一流大学建设和科学研究的参与者和重要力量,是当今学术水平创新的动力源泉,也是未来学术研究的引领者。本文通过分析国内顶尖大学在读博士生在世界一流大学访学的跨学科科研体验,挖掘世界一流大学博士生跨学科培养的要素和特征。

2016年2月15日至2019年6月26日,清华大学"研究生教育"微信公众号"访学归来"栏目共推送了33位博士生的访学经验文章。这些博士生访学时间跨度从2015年4月至2019年6月,访问大学包括美国的哈佛大学、耶鲁大学、康奈尔大学、加州大学伯克利分校、佐治亚理工学院、美国得克萨斯州农工大学、英国的剑桥大学、诺丁汉大学、利兹大学、普渡大学、加拿大的多伦多大学、佛罗里达大学等世界一流大学。他们访学科研体验时间为4个月至1年不等,对于世界一流大学或学科具有直观切身的体会。本文通过内容分析法,关注在博士生视角下的世界一流大学中跨学科的科研经历和感悟。

2. 研究结论

通过对博士生跨学科科研体验的文本分析,从建立学术共同体、学术交流、培养方式和导师指导四个维度,总结和提炼出世界一流大学博士生科研特征包括:建立跨学科学术共同体、跨学科正式和非正式交流、跨学科团队研究培养和导师跨学科背景和指导,具体分析如下。

（1）建立跨学科学术共同体：在学术交流中激发思想的碰撞

学术共同体这一概念最早是在 20 世纪由英国哲学家迈克尔·波兰尼（Michael Polanyi）提出来的，布朗依在《科学的自治》一文中，首次使用了"学术共同体"这个概念。他把全社会从事科学研究的科学家作为一个具有共同信念、共同价值、共同规范的社会群体，以区别于一般的社会群体与社会组织，这样一个群体就称之为学术共同体。而库恩则认为，学术共同体是由一些有专长的实际工作者组成，他们由他们所受教育和训练中的共同因素结合在一起。[190] 跨学科学术共同体是指为解决现实复杂问题而开展的跨越学科边界研究，是在整合学科知识、学科研究范式基础上的创新研究，以打破学科之间的界限，推动各学科之间的融合。

通过对 33 位访学博士生访学经验文章的文本分析，发现有近 60% 的博士生在访学期间体会到跨学科学术共同体使他们在学习中受益匪浅。

1）跨学科学术共同体互动的国际性

博士生 E 写道："访学期间，我与外方导师、李约瑟研究所的教授及其研究团队，以及来自世界各地的学者们展开了深入的学术交流。我曾就我的研究内容进行了 100 分钟的英文专题汇报，并听取了各个教授和学者提出的建议。李约瑟研究所拥有一大批国际知名的学者，又因其丰富的藏书、资料以及活跃的学术气氛，吸引了来自世界各地从事东亚，尤其是中国历史、科技、文化、社会等各方面研究的学者。此外，李约瑟研究所和剑桥大学东亚系、科学史系的关系也十分密切，每个学期初，我们都会收到这三个单位研讨课的课程表，学者们互相交流，受益匪浅。李约瑟研究所会不定期的邀请剑桥本地或由外地来到剑桥的知名学者来做讲座。李约瑟所的学者也会参加其他机构的研讨会，我本人就多次去东亚系和科学史系讨论。也许是有意安排，三个机构的研讨会时间相互错开，这样大家都不会错过精彩的报告。其中有关于古代典籍乐记的研究，也有关于蒙古文明的讨论，还有关于长城文化的分析，内容丰富、精彩纷呈。"[191]

2）跨学科学术共同体交流的跨组织机构性和多样化

博士生 F 指出："用组会进行跨学科交流。在材料学院，我们的日常是每周二的咖啡会、周三的组会、周四的报告。咖啡会由材料学院自己举办，每周二早上 10 点会有材料学院的老师或者学生做两个报告，以学术研究为主，另有部分涉及实验安全、人生经历等。周三的组会是课题组内部讨论会，通过汇报研究进展，与导师和组内成员讨论，推动研究进度、启发研究思路。周四的报告则为研究生必修课，由学校邀请其他院校的杰出科研工作者来作报告，涉及各个专业的不同研究领域，真正做到了跨专业、跨院校的交流。"

3）学术合作的开放态度创造了跨学科合作的气氛

博士生 G 指出："在美国访学期间，我不仅和我自己的导师讨论论文选题和写作，还可以自由地和学院其他相关领域的老师讨论研究课题。他们努力寻求自己的资源来帮助我，共同推进学术的进步。我的导师常常催促我在组会上汇报研究进展，其他几位老师则单独约定见面,不断商讨选题精细化之后的研究方向和理论基础。我和其他几位老师的相识也受到了国外导师的帮助,他亲自写邮件告诉几位老师我的研究方向和可能遇到的研究困难,请求他们给予我帮助,我对此非常感激。国外的组会在人员参与和形式上也更加开放,一个老师的组会不仅仅包括自己的学生、访问学者,其他老师也可以自愿参与。我在组会中就遇到了至少四位老师来分享自己的研究、寻求合作。组会不仅仅是分享研究成果,也更新每个人的近况和信息,并分享到公共账号上,每个人都可以看到其他人的研究进展,并且可以给予评价和回复。而国内的组会的形式则开放性较低,除非在同一个课题组,一般没有去其他老师组会上分享研究成果的习惯。"[192]

(2)跨学科正式和非正式交流:多种形式交流促进知识整合

除了在学术共同体中交流,博士生访学还体验到了跨学科交流形式的多样:在正式和非正式的交流中促进新想法的产生。文本分析发现,33位访学博士生的访学对扩展视野和打破学科壁垒皆有裨益,同时能更清晰地认识到跨学科交流的价值。在访学期间,交流群体来源多样,包括国外导师、国外其他学者、课题组其他博士生等,而且交流的内容广泛。

1)正式交流

课堂教学讨论培养学生多元思维方式和跨文化的思维模式。博士生H说:"学生在课堂上会有很多机会参与到小组讨论中,与不同文化背景的同学多交流,同时也和不同专业的同学进行交叉学科的交流,在这个过程中,往往能感受到不同国家的人不同的思维方式。英国教育鼓励创造性思维,因此学生往往会被要求以不同的思维方式来考虑问题。刚开始很多人会感到很难适应,但是慢慢地便会喜欢上这种多元的思考方式,这也使得毕业生在国际社会中更具竞争力。"[193]

2)非正式交流

非正式交流为博士生提供跨学科思想碰撞的机会和多元文化冲击,获得能够广泛进行跨学科交流的机会。世界一流大学招收了全世界优秀的博士生,他们的科研水平较高、研究背景和研究方向各异,且乐于分享。博士生I说:"除了正式的报告,日常的午餐会也是我们交流的好场所。李约瑟在剑桥大学罗宾逊学院内,有时我们会去罗宾逊学院的食堂。有时大家也会约好,各自带上拿手的饭菜在研究所举办午餐会。来自不同国家、不同地区的学者一起生活,感受着多元文化,这远比书本上来得更生动。"[194]

3)学术活动搭建跨学科学习和交流平台

有的博士生并没有参与某个学术共同体,但在研究中会自然地与不同学者交流,随时加入跨学科交流和研究的团群之中。在访学中,博士生们有机会听取世界一流专家学者的讲座或报告,扩大学术视野。学校定期会邀请世界顶尖专家或学者做报告,博士生们可以广泛地了解各位专家学者的研究前沿,扩展自己的科研视野。在这个过程中,不同学科和领域地研究者在学术活动中建立了学术网络,为今后在研究中建立合作关系奠定了基础。

博士生 J 说:"得克萨斯农业工程大学(Texas A&M University)很重视跨学科教育,学校有很多学术活动和讲座都是多学科之间交叉的,不同专业的同学都能够参加并进行交流讨论,令我印象最深刻的是有一次组会,我们课题组竟然来了几个化学系和材料系的同学旁听,这在国内实验室是从未发生过的。"[195]另一位博士 K 说:"佐治亚理工学院(Georgia Institute of Technology,简称 Georgia Tech)的工业与系统工程系(H. Milton Stewart School of Industrial & Systems Engineering,简称 ISyE)的系内讲座、学术交流活动很多,包括 ISyE Seminar(来访学者的讲座)、DOS Seminar(系内老师、学生的讲座,由导师资助)、Statistics Seminar(统计方向的讲座)、SCL Course(供应链相关短期课程)。访学期间,我参加了多次系内讲座活动,有幸听到了其他来访知名学者的讲座,包括 Clemson 大学、Princeton 大学、MIT、Florida 大学、Stanford 等大学的教授。而通过参加 DOS Seminar,也了解了系内不同研究方向的老师同学的最新研究进展,拓宽了研究视野,了解了研究前沿。我所在的办公室专为访问学者设立,也促进了不同国家、不同学校访问学者之间的交流。"[196]

(3) 跨学科的团队研究培养:培养学生的跨学科能力

团队合作的作用强大。首先,跨学科团队合作可以鼓励博士生在新的领域内探索,不仅关注个人研究,更会以整体的角度看问题。其次,在知识的整合中拓展知识的广度和深度,提高博士生的创造力。再次,在团队合作中培养博士生的交流能力,提高跨学科研究中克服学科冲突障碍的能力。最后,团队研究为学生就业做好准备。对博士生培养的要求不仅限于对特定学科和专业领域深入理解和独立研究的能力,因为目前的就业市场越来越注重与不同学科、不同地域的研究者共同工作的能力。

访学的博士生中理科和工科学生大多参与了国外导师的研究课题组,体验了团队研究和培养的过程。博士生参与跨学科研究中心的研究,体验团队配合和团队协作提高课题的完成率。博士生 L 介绍说:"我的研究方向是养老建筑设计,本次访问的 Health Systems and Design Center 属于 TAMU 建筑学院,是全美最负盛名的医疗健康类建筑环境设计研究中心。这里十分注重跨学科合作研究,不仅限于建筑学院内学科(城市规划、建筑、景观设计、建筑技术)的密切合作,更拓展到建筑学与其他学科(如经济学、公共健康学、心理学、教育学)的交流与合作。中心十分注重拓展研究生眼界和培养其与同行交流的习惯与能力。访学的第二周,我便跟随中心德高望重的国外教授,与一行十几名研究生赴奥兰多参加了全美规模最大的 Health Care Design 会议。在会议中,我了解到了最新的医疗健康建筑设计研究进展,并认识结交了养老建筑环境研究领域中几位最为活跃的研究者。听过报告之后,我印象最深刻的是美国医疗建筑和研究与设计实践的紧密结合——设计团队积极采用最新的学术研究成果,并与研究团队配合、通过多样的使用后评估手段进一步检验其有效性,这种循环反复论证的设计研究方法在国内设计项目中是很少见的。"[197]

第二,在跨学科团队研究的项目组中,朋辈的帮助和压力促使博士生更加努力。博士生 M 说:"老师还安排他组里的一个学生和我合作,一起读文章,一起讨论问题。平时遇到的疑点难点,经过讨论之后很快就变得清晰起来。现在觉得,一个人的工作效率太低了,想问题很容易走进误区,走进死胡同。之前在国内大多数时间确实是一个人在做科研,除了和导师讨论问题外,几乎很少和其他同学有深入的交流。偶尔有短暂的交流,也基本都停留在介绍概念上。像这般深入细致的交流,大家共同学习、共同进步,确实是件幸福的事。因此,回来之后我一定也要找一个科研伙伴,争取一块读文章,一块钻研问题。"[198]

(4) 导师跨学科背景和指导:为博士生提供跨学科视野

导师是博士生科研的领路人,国外导师重视跨学科领域合作。博士生 N 介绍:"在访学的博士生中,我与导师 Z 的关系密切。在澳大利亚的学习和研究给了我特殊的体验。我前往的研究单位是隶属于澳大利亚联邦政府的研究组织,与大学的不同之处在于 CSIRO 很重视跨领域的合作。国外指导导师 Z 和另一位导师 Y 分属不同的课题组,分别从事二氧化碳捕集的实验与理论研究,这次短期访学得到了两位导师的支持。"[199] 国外导师大多具有跨学科背景和乐于与博士生资源共享。博士生 P 说:"我在利兹大学的合作导师 W 教授虽处于交通系,但其本身具备心理学博士学位,从心理学等社会科学的角度来研究交通参与者的行为,给了我很多启示。英国整体的精细化程度较高,比如博士生的双(多)导师制度,博士生数量少而精,可以根据课题需求选择相应方向的导师,从而在不同研究方向均可得到充分的指导。我在利兹的访问也得益于此种科研氛围,在到利兹之后,导师 W 教授很快便安排我在组内进行了一次学术报告,介绍我的博士课题及在利兹的研究规划,而后根据我的课题需求,帮我联系了另一位副教授 X,一同指导我在利兹的科研。我的博士课题主题为驾驶员分心,涉及汽车、交通及心理学等多学科,我本身具备汽车工程专业背景,导师 W 教授具备心理学及交通背景,而 X 副教授则具备很强的汽车控制及心理学建模背景,与两位导师的合作极大地补充了我所缺少的心理学及交通背景知识,从而极大促进了我在利兹的研究工作。利兹大学与附近的谢菲尔德大学、约克大学组成白玫瑰大学联盟,主要在社会科学领域共享师资、试验工具,并定期举办社会科学学术交流会议,并且三所高校老师发表的前沿论文,在正式期刊出版前均会提前共享在白玫瑰大学联盟系统中,可供三所大学的师生最快掌握这些前沿的研究,从而极大地促进了三所大学在社会科学方面的研究。"[200]

4.2 DJT 模式:院系合作跨学科培养博士生的成果

4.2.1 DJT 模式的内涵和运行模式

1. DJT 模式的内涵

院系合作跨学科模式(The Department JointTraining Model,DJT)是指高等教育机构院系之间合作进行博士生跨学科培养的模式,由博士生学科院系(the home department)与跨学科培养项目所在的院系合作培养(见图4-4)。DJT模式适合两个或以上院系合作,属于博士生跨学科显性团群的培养模式。

Borrego M. 和 Newswander L. K. 通过对 129 项人文学科、科学和工程学科的跨学科研究成功案例比较,发现评估跨学科研究生学习成果的维度包括学科基础、知识整合、团队合作、沟通能力和批判性意识。[201]科学和工程学科领域都认为跨学科人才培养均重视学科基础、沟通和建立共同点;人文学科通过批判意识(critical awareness)实现知识整合,而工程和科学学科则是通过团队合作实现知识整合。换句话说,人文学科强调孤独的(solitary)智力技能,而科学和工程学强调人际关系技巧。尽管如此,这两种学科的研究方法之间可以相互补充,也有相似之处。具体而言,批判意识和思维可以创造性地解决工程和科学问题,可以将团队研究作为提高人文学科学生综合技能的手段;也可以将跨学科研究人文科学的视角应用于科学和工程学,为工程和科学跨学科提供研究的深度;同时,科学和工程团队的经验为了人文学科教育跨学科研究提供潜在的资源。所以,将人文专业的跨学科教育引入跨学科研究团队培养模式是有益的实践。

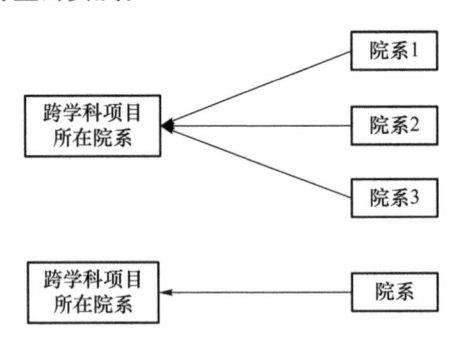

图 4-4 DJT 模式院系合作培养示意图

2. DJT 模式的运行模型

DJT 模式是以问题为导向的跨学科研究,其培养目标明确,是培养博士生能够解决实际问题的能力。在博士生进入项目的早期阶段,要参与本学科和跨学科项目的双重学术训练。在培养过程中,博士生不仅要与本学科所在院系和跨学科博士生培养院系建立联系,学习必修课程,而且要分别达到博士生所在院系和跨学科项目博士毕业的要求。所以,在第一年的博士生培养中着重关注课程的学习和知识的融合。对学生跨学科学习从以下三个方面评价:第一,有良好的学科基础、学科理论、研究方法和交流方式;第二,提高学生对跨学科的理解,学生要理解研究领域的扩展、研究视野和解决问题方法的融合;第三,考虑本学科局限性研究,学生要有批判性的意识。

与 EI 嵌入一体模式相比较,DJT 模式在制度上有根本的变化,即不仅只是通过课程和导师指导培养博士生,高校在规制性表现为设立博士生跨学科培训项目,给予参加跨学科项目的博士生奖学金以激发其学习动力。DJT 模式在实施中规范性程度较高,体现在传统博士生培养基础上的结构化培养是由跨学院联合进行的。在文化-认知层面,博士生对跨学科研究有了深入了解并获得了跨学科研究的体验,增加了对跨学科博士生培养的认同度,为今后继续从事跨学科研究或者在跨学科环境中工作打下了良好的基础,所以,DJT 模式文化-认知的层面明显优于 EI 嵌入一体模式。

4.2.2 显性团群和实体团群

威斯康星大学麦迪逊分校教育学院的教育研究中心(Wisconsin center of Education research,WCER)于 2005 年开始设立跨学科培养项目(Interdisciplinary Training Program,ITP),每年约录取 25 个学生,此项目为博士生提供专门化的学术、职业和经济支持与资助,是为人文学科博士生的职业生涯发展设计的项目。ITP 可以作为 DJT 模式的代表,它也体现了博士生跨学科培养的显性团群和实体团群的特点。

1. 培养理念

ITP 项目旨在培养新一代杰出的研究者,由威斯康星大学麦迪逊分校教育学院的教育科学研究所资助。ITP 项目成员来自于经济学系、政治科学系、心理学系和社会福利系(social welfare)、社会学系、教育领导和政策分析专业,教育教育政策研究和教育心理学专业的教师和博士生。ITP 项目成员参加每周研讨会,使用社会科学的因果推断的研究方法（causal inference）开展研究；此项目为博士生提供实习（internship），培养学生进行转化研究（translational research）。

2. 招生标准

高质量博士培训项目的关键因素就是要招收优秀学生。ITP招收具有科学研究追求的优秀申请者。项目对学生的资助条件是：学术成绩卓越、精通量化研究、在申请资料中要表明自己的研究成果并对教育的实际问题有兴趣。前提是申请人必须是已经被上述项目合作院系录取的全职博士研究生。ITP招收采取灵活的录取方式，对申请者的录取有三个标准。

第一，新入学的学生（Entry-level students）。申请者目前可以不是威斯康星大学麦迪逊分校在读的学生，但是必须是该校已经录取的学生，并且是美国公民。这些院系和专业包括前文中提到的经济学系、政治科学系、心理学系和社会福利系（social welfare）、社会学系、教育系的教育领导和政策分析专业，教育政策研究和教育心理学专业。申请的学生可以告知ITP指导委员会自己的研究兴趣，也可以单独通知所在院系招生办公室的教师；学生所在院系要给ITP指导委员会提供申请者的材料作为录取参考；没有申请学生所在院系的认可，申请材料不予考虑。

第二，一年级研究生。ITP项目参与院系的一年级新生可以提前告知所在院系他（她）们的研究兴趣。申请材料包括：提交纸制材料说明是否会采用因果推断研究方法；导师推荐信；在过去学年所学的课程和分数；由申请者所在院系提供的创新研究档案。

第三，高级学生（已经开始博士学位论文写作，在两年内即将毕业的申请者）。在ITP项目参与院系就读的博士生可以给ITP指导委员会发邮件申请ITP资助，同时需要提供的资料包括：用一页纸描述的博士论文研究计划；申请者的博士论文是否关注教育政策相关问题，研究方法是否会采用因果推断方法；导师推荐信；在威斯康星大学麦迪逊分校所学课程成绩单；申请者的简历；写作范文等。

3. 项目组成的培养要素

（1）ITP项目灵活的课程体系

ITP项目规定刚进入校门的学生培养时间是5年，对于高级研究者因其水平不同，选修的课程不同。从ITP开设课程上看，课程体系包括研究方法和跨学科课程、研讨会和实习。其中，统计学课程都是在博士生所在的院系学习，采用网络学习，加上每周的研讨会，通过各种形式如工作坊、研讨会建立跨学科研究共同体（见表4-4）。

表 4-4 ITP 项目课程设计

学 年	课程类型	秋 季	春 季
第1年	研究方法和统计学课程;	统计学/计量经济学(博士生所在院系上课)	研究方法(博士生所在院系上课)
	跨学科研究研讨会;转化研究工作坊(每学期有工作坊)	√	√
	跨学科和学科课程	ITP 课程;教育政策(跨学科课程)	
第2年	实验设计和测量课程	实验设计(所有的学生修一门以上的课程)	测量课程(所有的学生修一门以上的课程)
	跨学科研究研讨会;转化研究工作坊(每学期有工作坊)	√	√
	跨学科和学科课程		ITP 课程;信息教育政策
第3年	研究实习课	秋季和春季:教育科学研究实习课	
	跨学科研究研讨会;转化研究工作坊(每学期有工作坊)	√	
	跨学科和学科课程	教育背景课程或学科课程(所有学生要修至少2门本学科以外的课程)	
第4年	高级统计学(所有学生必修)	高级统计学	高级统计学
	跨学科研究研讨会;转化研究工作坊(每学期有工作坊)	√	√
	跨学科和学科课程	教育背景课程或学科课程(所有学生要修至少2门本学科以外的课程)	
第5年	博士论文研究	√	
	跨学科研究研讨会;转化研究工作坊(每学期有工作坊)	√	

资料来源:https://itp.wceruw.org/coursework-overview/

(2) 实习环节

ITP 运用转化研究方法为学生提供学术训练,学生在与教育实践者和政策制定者交流和学习中培养解决问题的能力,研究成果也可以应用到实际教育实践中。从

ITP 的课程表可以看出,转化研究(translational research)贯穿在实习、课程学习、研讨会和工作坊之中,以多种方式培养学生的转化研究能力。转化研究能力是培养学生萌发发展新思想的能力;培养学生成功地参与到研究团体(团群或群组)中的能力。为了能够有效地参与转化研究,博士生要与不同人群(如政策制定者、教育实践者、教师、行政管理者和支持系统的员工等)进行有效地沟通。

转化研究行为可以有如下几种形式:

① 第一种形式是为政策制定者和教育实践者合作进行转化科学研究。通过对研究问题的文献回顾,以非学术的形式进行评价或者开发和改进调查工具。

② 对特定实践问题进行相关的原创研究,并以非学术的形式呈现此研究内容。例如:帮助设计或评估新课程、设计评估方法和对学校或学区的新学科政策进行评估。

③ 通过研究设计、政策或实践,将教育研究"推向市场"。此设计可以与决策者或从业者(积极参与)合作进行市场开发。

4. ITP 项目支持体系

(1) 跨学科研究文化环境

首先,ITP 教师对跨学科研究有极大兴趣,教师们对学生实施严格的学术训练,帮助学生解决教育的应用问题。每位教师都是某一研究领域的专家,同时教师的研究兴趣与 ITP 项目契合。参与项目教学的教师不仅是高素质的社会科学和教育学者,而且在跨学科研究实践上也有经验。在威斯康星大学麦迪逊分校,跨学科的可渗透性强:教师可以在多个院系担任教职,也有跨学院担任教职;在课程教学中,Cross-listed courses 课程非常普通。Cross-listed courses 是指同一个课程在一个以上的院系授课,课程的名称和要求在每个院系都相同,这种修课方式为不同学科的学生提供共同进行跨学科学习的机会。该校的研究生经常与不同院系的教师一起工作和进行科学研究。其次,许多参与 ITP 项目的院系都实行了集群聘任制(cluster hire initiatives)。"集群"是指独立于任何学术机构或行政组织的虚拟软体组织,其目的是为不同学科教师的合作研究提供平台,以此推动学校跨学科研究与教学的发展。[202]集群聘任制为跨学科团队的教师提供新的岗位,增加了跨学科研究和教学的可能性。这些跨学科促进措施为该校的跨学科研究提供了强有力的支持环境和动力。

(2) 对学生专业发展的支持

参加 ITP 项目的学生能够获得专业发展的机会:ITP 成员有机会参与专业会议、学术会议和加入学术网络;在学习期间,学生可以获得最多 2 000 美金的资助作为参加会议的费用或者参与研究的基金。此外,学生还可以从所在院系得到参加跨学科会议的资助。参与ITP的学生在跨学科培养中还可以建立学术网络,为博士生今后在学术生涯中做跨学科研究合作提供基础。教育科学研究院为所有ITP成员提供办公室,配备高水平统计软件和信息处理工具,为博士生科研提供资源和硬件设施。尽管博士生在本院系有办公室,ITP为博士生提供的公共交流场所可以促进不同学科学生建立学术网络。

(3) 对ITP项目资助和评估

ITP项目是学生获得博士资格前的一个跨学科培训项目(pre-doctoral training programs),ITP的学生要想取得ITP项目资助和证书,就要完成如下任务:首先,学生要完成所在学科院系的博士生培养要求,包括课程学习、综合考试和资格考试(qualifying exams)或者硕士毕业论文、博士开题和博士论文撰写。这些都是以本学科研究理论和方法为基础的。同时,ITP学生还要完成ITP的课程学习和项目实习,包括ITP提供的跨学科课程、教育政策研究中使用随意控制实验方法(randomized control trials),举行ITP的研讨会和提供本学科以外的研究方法,以及统计训练和实习。如果学生能够完成培养要求,ITP项目的学生可以获得学费减免、医疗保险以及每年3万美金的资助。

5. ITP项目的特征

第一,在培养的各个环节中均体现了"团群"概念。从各个院系录取的学生组成了显性团群。学生有机会从个人团群进入显性团群学习,为学生跨学科研究和教育提供了实体形式。第二,大学在灵活招生的同时,更加关注学生的原始创新能力。申请材料包括院系提供学生的创新档案作为参考。第三,注重跨学科能力培养和转化研究能力。此项目在博士生培养早期就为其提供参与跨学科研究的机会。注重用理论和实践结合转化研究的方法解决现实问题。第四,类似于博士生预培训项目(pre-doctoral training programs),ITP项目培养优势是博士生在传统的博士培养院系中学习,同时还能够参加其他院系的跨学科培养项目。这种方式有助于博士生与本院系(home departments)保持联系,使博士生从事跨学科研究的风险降低。这种培养方式使传统培养模式与跨学科培养同时进行,不仅可以激发学生从不同的视角审视本学科领域知识框架与其他学科的差异,还能够在博士生研究生培养的早期就能够体验跨学科研究的益处,为今后从事跨学科研究和学者的培养打下基础。第五,博士生获得资助是项目实施的关键因素之一。博士生能够参与此项目的原因首先是对跨学科研究的兴趣。此项目为学生提供资助使其能够心无旁骛地做研究。在资助的评估中,学生能够获得奖学金的重要条件是完成跨学科研究课程和实习等各项培养要求,这种激励机制保证了ITP高质量地实施。

4.3 DTC 模式：团队研究跨学科学位项目

4.3.1 DTC 模式内涵和运行模式

团队研究跨学科模式(Degree and Team-based Combined Model,DTC)的理论基础是融合理论和共同点理论。博士生通过参加跨学科学位项目进行团队培养,项目要解决的难点是博士生如何进行知识融合和处理学科与跨学科知识的关系。基于此,模式设计关注博士生知识融合的方式。DTC 设计理念是为博士生提供知识融合的机会,在知识融合中找到共同点,产生合作成果和培养博士生的跨学科能力。DTC 模式是博士生跨学科研究的学位项目,在规制性上是通过跨院系、跨学校和跨国家的组织形式进行显性团群和实体团群培养;有的项目依托跨学科研究中心和平台,使跨学科博士生培养制度化程度提高。规范性体现在 DTC 模式是对博士生进行结构化和团队培养,在培养中重视学科知识的深度融合,并通过完善的管理(委员会制)培养博士生的跨学科能力、思维和原创能力。在文化-认知层面,DTC 模式的整个培养过程都在跨学科环境中进行的,在潜移默化的培养过程中加深博士生和博士生导师对跨学科研究的认同感。

本文作者在得克萨斯大学奥斯汀访学时,有幸访谈了得克萨斯大学教育学院教育文化研究项目(The Cultural Studies in Education program,CSE)创始人之一 Angela Valenzuela 教授,她详细地介绍了 CSE 跨学科项目,该项目是人文社科博士生跨学科团队培养的典型案例。CSE 由 Doug Foley、SofíaVillenas 和 Angela Valenzuela 在 2004 年共同创立。CSE 的博士生在研究中遇到的问题涉及教育研究中的社会文化、哲学和历史、教育政治、城市学校教育、批判教育学和全球化等学科交叉性问题。教师引导学生运用批判性的文化和社会理论、研究叙事、定性和人种志方法,从广泛的角度研究教育问题。Angela Valenzuela 教授介绍,CSE 项目是极具有包容性的,鼓励学生从多个概念框架中探索跨学科知识,并将研究的重点放在教育问题之中;同时也对美国和其他地区的种族、族裔、性别、阶级和性取向多样性进行批判性研究。CSE 项目招收的学生需要具有三到四年公立学校教学经验(最好在美国的城市环境下,或具有几年教育专业经验的人士)。

从培养方式看,CSE 项目采用博士生专业课程学习和论文写作做为评估方法。开设课程包括基础课程、研究方法课程,之后在导师指导下研究和实习。从博士生就业考虑，CSE 项目鼓励博士生跨学科和跨学院选择课程，以扩大博士生的知识广度。博士生修够毕业所需的学分就参加可以答辩。博士生可以在 CSE 项目中得到不同领域教师的指导，毕业后大多在美国高校的教育学院找到教职。在访谈中，大部分毕业生认为 CSE 项目的竞争力在于卓越的师资和对学生就业提供的极大帮助。例如：Aurora Chang 是芝加哥洛约拉大学课程与教学助理教授，她认为 CSE 学位的宝贵之处是为她成为一名大学教师做好了准备，在得克萨斯奥斯汀分校就读期间建立的同事、朋友和学术网络对今后的工作非常重要。

4.3.2 显性团群和实体团群——卡内基梅隆大学的跨学科教育

在高等教育机构中，显性团群和实体团群是最容易识别的跨学科培养方式。显性团群和实体团群多是通过跨学科培训项目和学位项目进行博士生跨学科培养。本节以卡内基梅隆大学的计算生物跨学科博士项目和清华大学-伯克利深圳学院交叉学科博士项目为例，详细解读这两个项目的培养流程。

1. 卡内基梅隆大学的跨学科教育

卡内基梅隆大学设有学士、硕士、博士跨学科项目，本科阶段设立跨学科培养项目的专业跨度特别大，有些项目是由两个不同学院联合创办的，旨在使学生在大学学习过程中探索学科之间的内在联系。卡内基梅隆大学提供的跨学科项目包括本科跨学科项目 12 个、硕士跨学科项目 23 个、博士跨学科项目 4 个，还有针对军队培养军官的跨学科博士项目 3 个。有的培养项目名称上没有明显的跨学科表述，但是由两个以上的学院共同参与培养项目或者学位项目（见表 4-5，表 4-6 和表 4-7）。

表 4-5　卡内基梅隆大学本科跨学科项目

学位层次	名　　称
本科 （12 个）	计算机与艺术学院跨学院学士学位项目 The Bachelor of Computer Science and Arts（B. C. S. A.）
	计算机与生物跨学院学士学位项目 The Bachelor of Computational Biology（B. S. in Computational Biology）
	计算机金融跨学院学士学位项目 The Bachelor of Computational Finance（B. S. C. F.）
	经济学学士学位（卡内基梅隆大学商学院与人文社会学院联合培养项目） Economics（B. S. or B. A. in Economics）
	健康学专业跨学科项目 Health Professions Program（HPP）

续表 4-5

学位层次	名　称
本科 （12 个）	人机交互的第二学位 Human Computer Interaction（HCI）（secondary major）
	人文与艺术学院跨学院学士学位项目 The Bachelor of Humanities and Arts（BHA）Intercollege Degree
	与艺术学院交叉的学科学士学位项目(X 代表任何与艺术学院交叉的学科，B 代表学士) BXA Intercollege Degree Programs
	人文学者项目（4 年跨学科，融合艺术与科学学科） Humanities Scholars Program
	设计、艺术和科技网络学士学位项目 IDeATe（辅修专业） Integrative Design，Arts and Technology Network：（minors and concentrations）
	音乐与技术学院跨学院学士学位项目（由音乐学院、计算机科学学院和电子和计算机工程学院共同设立）The Bachelor of Music and Technology
	科学与艺术学院跨学院学士学位项目 The Bachelor of Science and Arts（BSA）Intercollege Degree program

注：BXA 项目是卡内基梅隆大学 BHA、BSA(Bachelor of Science and Arts Program，理科与艺术学士学位，简称 BSA)以及 BCSA(Bachelor of Computer Science and Arts Program，计算机科学与艺术学士学位，简称 BCSA)的总称。

资料来源：https://www.cmu.edu/academics/interdisciplinary-programs.html

表 4-6　卡内基梅隆大学硕士跨学科项目

学位层次	分　类	名　称
硕士 16 个	工程、科学、信息、技术和医学	认知神经基础中心（CNBC）跨学科研究生培训项目 Center for the Neural Basis of Cognition（CNBC）Graduate Training Programs
		计算机与生物跨学院硕士学位 The Master of Computational Biology(M. S.)
		计算机金融跨学院硕士学位 The Master of Computational Finance(B. S. C. F.)
		能源科学、技术和政策硕士学位项目 The Master of Energy Science，Technology and Policy（EST&P）Program
		信息网络研究院硕士学位 The Master of Information Networking Institute Degrees
		信息网络硕士学位 The Master of Information Networking(M. S. I. N.)

续表 4-6

学位层次	分 类	名 称
硕士 16 个	工程、科学、信息、技术和医学	信息安全硕士学位 The Master of Information Security(M. S. I. S.)
		信息系统管理硕士学位 The Master of Information Systems Management(M. I. S. M.)
		信息技术硕士学位 The Master of Information Technology (M. S. I. T.)
		信息技术硕士学位——信息安全 The Master of Information Technology-Information Security(M. S. I. T. -IS)
		信息技术硕士学位——信息安全(双学位) The Master of Information Technology-Information Security(Kobe M. S. I. T. -IS) Dual Degree
		软件管理硕士学位——硅谷校区 The Master of Software Management (M. S. SM)-Silicon Valley
		产品和服务融合创新硕士学位 The Master of Integrated Innovation for Products & Services(M. I. I. PS)
		医学科学家培训硕士项目(与匹兹堡大学联合创办) The Master of Medical Scientist Training Program (M. S. T. P.) (with University of Pittsburgh)
		移动和信息安全跨学科培训项目——匹兹堡校区和硅谷校区 Mobility and information security programs(M. S. I. T. MOB)-Bicoastal delivery
		技术风险企业科学硕士学位——匹兹堡校区和硅谷校区 Master of Science in Technology Ventures(MSTV) degree-Bicoastal delivery
	艺术、设计、音乐和娱乐	艺术管理硕士学位(卡内基大学人文社会学院共同举办) Master of Arts Management(MAM)
		娱乐产业管理硕士学位 Master of Entertainment Industry Management(MEIM)
		娱乐科技硕士学位 Master of Entertainment Technology(M. E. T.)
		设计硕士学位 Master of Design(MDes)
		音乐和技术硕士学位 Master of Music and Technology
		产品设计硕士学位 Master of Product Design

资料来源：https://www.cmu.edu/academics/interdisciplinary-programs.html

表4-7 卡内基梅隆大学博士跨学科项目

学位层次	名 称
博士	计算生物跨学科博士学位（与匹兹堡大学合办）Computational Biology（CPCB）（with University of Pittsburgh）
	联合机器学习博士学位项目；Joint Machine Learning PhD Programs
	创业、创新和技术博士项目；Ph. D. Programs in Entrepreneurship, Innovation & Technology（SETChange Ph. D. & TCE Ph. D.）
	跨学科教育研究项目；Program in Interdisciplinary Education Research（PIER）

资料来源：https://www.cmu.edu/academics/interdisciplinary-programs.html

以创业、创新和技术博士学位项目为例，此项目的教师来自于4个不同专业：工程学院的工程和公共政策专业（Engineering and Public Policy，科技和社会的交叉解决问题）、人文社会文学院社会和决定科学系（Department of Social and Decision Sciences，在公共和私营部门做出重要决策时，将社会科学研究与所需的实践技能相结合）。参与项目的两个专业学院包括公共政策和管理学院（H. John Heinz III School of Public Policy and Management）、商学院（David A. Tepper School of Business）。作为商业经营者和技术组织管理者，大学承诺为学生提供独特的职业培训及创新项目；与创业中心、社会创新研究院合作设立产品发展的硕士项目，不同学科的研究者、教师和业界导师共同为博士生提供范围最广泛的学术共同体。参与此跨学科项目的教师的共同目标是为该校学生提供知识和智力框架，以应对技术变革及提高学生创新和创业能力。

如表4-8所列，该校四个博士生跨学科项目或学位的特点为：第一，跨学院和跨机构合作培养博士生彻底打破了学科的界限。创业、创新和技术博士项目是整合人文社会学院、公共政策学院、管理学院、商学院和工学院等学院的资源进行博士生跨学科培养。第二，项目关注学生的能力培养，如学术演讲能力和教学能力，培养学生的教学水平，为其今后从事教师工作打下基础；博士生不仅是研究者，更是知识的传播者，所以语言表达能力的培养必不可缺。第三，院系教师和学生是跨专业的，为博士生建立最为广泛的跨学科学术共同体。第四，为博士生提供资助是学习的重要保证，博士学位和博士培训项目对博士生资助与学生的学业表现直接相关，这大大提升了博士生的学习动力。第五，从毕业要求讲，跨学科博士学位项目如果是两个院系的合作项目，博士生的毕业要求是不仅达到博士所在院系的要求，同时还要达到跨学科院系的毕业标准。如统计学和机器学习联合博士项目、机器学习和公共政策联合博士项目、神经计算与机器学习联合博士项目。在评估和资助博士生的时候，卡内基梅隆大学与匹兹堡大学计算生物跨学科合作博士项目需要博士生达到两个大学的项目要求，才能得到资助。

表 4-8 卡内基梅隆大学的跨学科博士学位比较

博士学位/项目名称	联合机器学习博士学位项目(Joint Machine Learning PhD Programs)：统计学和机器学习联合博士项目、机器学习和公共政策联合博士项目、神经计算与机器学习联合博士项目	计算生物跨学科博士学位(与匹兹堡大学合办)(Computational Biology (CPCB), with University of Pittsburgh)	创业、创新和技术博士培训项目（Ph. D. Programs in Entrepreneurship, Innovation & Technology（SETChange Ph. D. & TCE Ph. D.）	跨学科教育研究项目(Program in Interdisciplinary Education Research)
跨学科理念	机器学习(ML)是人工智能(AI)研究和实践的一个领域，通过跨学科课程、实践应用和前沿研究，了解使用现在存储的大量数据的最有效方法应对社会的重大挑战；统计学和机器学习联合博士项目为提高学生的专业能力，帮助学生为顶尖大学或行业的计算机和统计部门的学术生涯做好准备；机器学习和公共政策联合博士项目由机器学习和公共政策、信息系统和管理学院)联合项目，学生获得开发新的最先进的机器学习技术所需的技能，并将这些技术成功应用于现实世界的政策领域；神经计算与机器学习联合博士项目培养学生将机器学习的理论应用到神经科学的领域	卡内基梅隆大学与匹兹堡大学合作博士项目计算生物学（CPCB）课程提供跨学科培训，博士生使用定量和计算方法来解决生命、物理、工程和计算机科学界面的科学问题，体现为跨学科课程、跨校合作、团队研究	申请审核制；SETChange Ph. D. 该博士项目利用了卡内基梅隆大学对跨学科教育的承诺，整合四个学院的专业专业知识；跨学院（人文和社会科学学院的社会与决策科学系，H. John Heinz III 公共政策与管理学院，David A. Tepper 商学院和工程学院和卡内基理工学院的公共政策系）和TCE Ph. D 跨机构和跨国家（与葡萄牙著名大学合作)培养的理念	PIER 是由卡内基梅隆大学和教育科学研究所资助的跨学科博士生早期培养项目，基于认知和发展心理学、统计学、人机交互教学技术，教育政策和经济学的前沿理论和方法，运用这些技能，使博士生熟悉和解决美国教育面临的许多基本问题
学科领域和专业	机器学习算法和基础、统计学、复杂性理论、优化和数据挖掘	数学、工程学、物理学、化学、语言技术；机器学习；信息学；分子生物学；药理学；神经科学；免疫学；细胞生物学；生理学	经济学，历史，统计学，组织行为，企业创业，企业战略和工程	认知和发展心理学，统计学，人机交互教学技术，教育政策和经济学

续表 4-8

招生	申请审核制；为全职博士生提供 5 年学习的学费和助学金；学生要在数学和计算机编程方面成绩优秀	申请审核制；CPCB 项目希望招收具有跨学科背景的学生或多学科背景	申请审核制；提供 3 年学习的学费和助学金，之后是做助教获得资助；学生在申请时，要考虑研究兴趣和职业发展；申请：人文和社会科学学院的社会与决策科学系，H. John Heinz III 公共政策与管理学院，David A. Tepper 商学院和工程学院和卡内基理工学院的公共政策系，四个学院的博士生都可以申请	申请者必须注册要卡内基梅隆大学的博士学位项目
课程	① 门必修核心课程，数据分析课程和 1 门选修课程（跨学科课程），在博士的前两年修为课程；② 每学期 48 个单元，博士生还可以根据研究的需要与导师协商跨学科选课	① 课程的设置理念既包括核心课程为博士生提供计算生物专业的基础，有包括选修课程提供跨学科的知识，从知识层次上体现了知识的宽度和广度的结合；② 学生必须完成 72 学分/216 单元的课程，以部分满足完成学位论文研究的要求；其中，必须通过正式的课程修 27 学分/81 单元，包括五门核心课程，一门专业选修课，一门生命科学选修课（专门针对专业领域）和一门公开选修课	① SETChange Ph. D. 第一年，学生学习两个学期的微观经济学理论课程和统计方法课程；第二年，学生学习创业和技术变革的经济学，学习设计调查和实地考察课程，通过课程群进行授课② TCE Ph. D 第一年的课程再葡萄牙和里斯本学习，第二年学生到卡内基梅隆大学的匹兹堡校区学习，与 SETChange Ph. D 学习课程相同	项目学习的第一、二年，跨学科研究委员会根据博士生所在院系的要求，博士生参与教育研究，课程学习包括博士生本院系的课程和 PIER 核心课程，同时在项目学习的 1~3 年中，为学生提供额外的课程和个性化的研究体验以满足 PIER 培养
导师指导	导师的选择从入学就开始，之后可以双方互选导师；论文指导必须包括项目合作双方院系的老师，或者被双方院系共同聘用的老师指导	① 学科教师来自卡内基梅隆大学和匹兹堡大学的十位核心教师成员；② 研究中心教师，目前有来自 20 多个不同院系的 26 位合作研究教师，16 名博士后研究员和 17 名研究员；③ 附属教师，目前有超过 200 名的附属教职人员	TCE Ph. D. 项目导师是由多学科和院系的导师指导和 TCE Ph. D 跨校和三个合作机构的导师指导	PIER 导师的主要职责是作为新学生提供的科学、组织、教育和社会方面的非正式个人信息来源，提醒学生参加解各种活动，给研究生生活提供一般指导，在 PIER 新生第一年期间提供面对面帮助

续表 4-8

团队研究或建立学术团体	联合项目的院系的博士和教师业界的领导人以及外部的组跨学科学术团体	项目分为四个方向建立研究团队：细胞和系统建模、计算结构生物学、生物图像信息学和计算基因组学；新生在一年和一年半的时间进入研究小组，进行实验室的轮转	① 研讨会：研讨会结合学术研究人员和从业人员的观点；它为教师和研究生提供定期为企业家，商业领袖和政策制定者交流的论坛； ② 招收国外合作大学的优秀博士生，与国外研究者形成国际化的研究团队	① 通过欢迎活动，职业发展和学术网络工作坊建立 PIER 学术网络； ② 专业发展研讨会，每年座谈会和学生专业研讨会和演讲嘉宾； ③ 两周一次的"棕袋子研讨会(Brown Bag Series)"从多学科的视野研究
实习	① 培养会议演讲的技能：再博士第二年或第三年学生要求做至少 30 分钟的演讲，邀请委员会的教师参与和评价，学生要参加每学期两次的工作坊学习演讲技能； ② 要求博士生从第二年开始做两学期的助教提高教学水平		要求博士生至少担任两学期的助教提高教学水平	第三年，学生获得有关基于课堂和学校系统的实地经验。学生参与综合和跨学科项目体验 PIER 团队研究，研究成果可以以公共演讲和会议演讲或出版的形式呈现
论文委员会组成	① 博士开题的时间不迟于第四年； ② 委员会应由学生及其导师共同决定组装，并由博士项目主任批准；它必须包括：至少包括项目合作方的教师；至少包括一名项目核心或附属教师；委员会至少包括一个卡内基梅隆大学以外的成员；委员会共有包括委员会主席的，至少四名成员	委员会应该由至少四名教师组成，委员会成员之一应该是该项目的外部成员，另外两位来自于这两所大学；学位论文指导委员会的成员也可以是学生综合考试委员会的成员；学生和导师可以选择一个全新的委员会；论文委员会的组成可能因各种原因而随时间而变化	学生还需要研究领域内完成两个学期的学习；每个学生与他或她的教师委员会一起制定研究计划	学位论文答辩委员会必须至少包括 PIER 指导委员的一名成员，再加上其他教师（通常，但不一定是卡内基梅隆大学的教师），委员会的成员是对教育科学研究的贡献者，增加委员会学学科知识的广度
毕业要求和答辩	① 完成课程学习； ② 熟练掌握教学、会议演示和研究技能方面的技能； ③ 成功通过博士论文公开答辩； ④ 要达到博士所在院系的要求和跨学科学习院系的毕业要求	① 修完至少 40 学分/120 学分（每学期 9 学分/27 学分）； ② 在第二年春季学期开始学位论文研究的学生可以在四年内完成博士研究； ③ 所有学生都必须参加课程研讨会和 CPCB 课程，期刊俱乐部，专题讨论会或研讨会	① 第三学期末的资格考试，第二年要提交开题报告； ② 第三年后开始完成毕业论文写作	① 通过学生的自我评估，PIER 指导委员会评估和研究生本专业院系的评估； ② 博士生要自己申请安排答辩时间，保证 PIER 项目的主任和副主任能够参加答辩

续表 4-8

| 资助 | 机器学习为每个全日制博士学位提供为期全 5 年的学费和津贴支持；ML 承诺假设学生在每个学期结束时向学生报告的课程取得了令人满意的进展提供的资助 | 所有注册学生都获得全额经济支持，包括全额学费和津贴 | SETChange 博士生项目在第一到第三年为学生提供资助，之后学生通过做助教获得资助 | PIER 的博士生在本院系和此项目良好表现的全日制学生可以获得 3 年资助，每年 30 000 美元的津贴，每年最多 2 000 美元的研究和旅行预算；博士生的本专业院系额外收到 10 500 美元，部分支付学费、健康保险和/或其他正常研究生学费的费用；如果博士生在第四和第五年依然表现良好，可以继续获得资助 |

资料来源：https://www.cmu.edu/academics/interdisciplinary-programs.html

2. 卡内基梅隆大学的计算生物跨学科博士项目

(1) 卡内基梅隆大学的计算生物跨学科博士项目简介

卡内基梅隆大学与匹兹堡大学计算生物专业合作博士项目（The Joint CMU-Pitt Ph.D. Program in Computational Biology，CPCB），旨在解决生命、物理、工程和计算机交叉领域的前沿问题。博士生由卡内基梅隆大学和匹兹堡大学计算机科学和生物医学研究机构的教师共同指导，此外还有 25 个核心院系和 65 个附属院系的教师和研究者参与此项目。

从学科发展历史来看，卡内基梅隆大学于 1989 年授予第一个计算生物学专业本科学位。1999 年，其科学学院获得默克公司基金会（the Merck Company Foundation），为本科生和研究生提供资助，有助于促进跨学科合作项目的发展，创建计算生物学和化学课程。默克公司基金会的资助条件是学生必须注册其计算机科学和生物医学中的一个传统博士学位。2001 年 3 月，匹兹堡大学医学院通过健康科学高级副校长的提议，建立了计算生物学和生物信息学中心（the Center for Computational Biology and Bioinformatics，CCBB）。该中心负责推广和传播计算生物学研究成果，整合匹兹堡大学相关领域资源解决关键生物学邻域问题。在建立 CCBB 的基础上，在匹兹堡大学医学院于 2004 年 10 月创建计算生物学系（DCB），提高跨学科教师团队合作，又于 2005 年建立计算生物学博士学位专业。

2007 年，卡内基梅隆大学经过多年的发展和努力建立了计算生物学中心（The Ray and Stephanie Lane Center for Computational Biology，LCCB），利用机器学习扩大对复杂生物系统的研究。该中心研究重点是开发计算工具和创建生物医学的预测模型，包括自动化实验设计和数据采集。2009 年，CPCB 项目被选为全国十大计划之一,作为 NIBIB-HHMI 接口计划(奖项 T32-EB009403)的一部分,获得美国全国健康协会研究资助(NIH Research Training Grant 32)和培训资助。

(2) 培养理念和目标

CPCB 博士项目设计突出学科融合、创新和专业发展的办学理念,致力于探索"跨校-跨学科"强势学科合作的培养模式。通过课程设置、学科建设及科学研究方面的创新实践,CPCB 为学生提供强化的跨学科教育,使用计算和数学方法以及生命和物理科学基本原理识别和解决未来生物问题,使优秀学生成为领域内的领导者,在学术界、工业界和两者以外的领域开启成功的职业生涯(见图 4-5)。

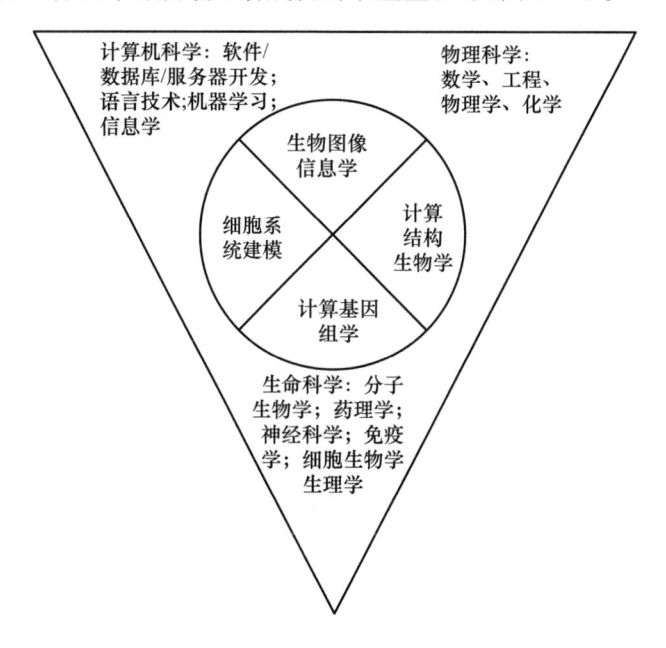

图 4-5 计算机生物学包括的学科领域

资料来源:http://www.compbio.cmu.edu/about-cpcb/

3. CPCB 项目的培养过程

CPCB 项目的培养流程如图 4-6 所示。

图 4-6 CPCB 项目培养流程示意图

（1）CPCB 招收来自不同背景的学生

CPCB 招收包括生命科学、计算机科学、物理科学、数学、统计学或工程专业的学生。CPCB 项目招收具有跨学科背景（如具有计算生物学或生物信息学的本科（或硕士）学位）或多学科背景的学生，（如学生具有生物学和定量科学中的双专业或专业和辅修背景）。如果本科直博的学生申请入学，可以根据学生需要和兴趣量身定制补习课程。

（2）CPCB 的培养关键环节

CPCB 项目的第一年包括：课程学习、实验室轮转、CPCB 课程、科学伦理培训、项目系列研讨会。

1）课　程

学生通常会在第一学期学习两到三门核心课程，并且进行"有限的"研究（如导师直接接受博士生进入研究小组学习或通过实验室轮转进入研究小组）。在第二学期，学生通常需要完成核心课程的学习，包括三门或更多课程（占用学生50％～75％的时间），其他时间用于科学研究。学生将在以后的学期学习选修课和研究课。学科背景有局限性的学生（如生物学、计算机科学或物理科学背景的学生）可能会延迟修完核心课程。因为这些学生需要学完 CPCB 项目的基础课程以后，再完成第三和第四学期剩余核心课程和选修课程的学习（以及至少50％的研究），以帮助弥合由于学科背景不足带来的知识差距。

2）实验室轮转

CPCB 项目导师是由80多名来自两所大学具有跨学科背景的教师团队组成，充足的资金为研究团队做前沿项目提供了保障。导师与学生双向选择，导师可以给所选择博士生撰写欢迎博士生入组的邀请信，被录取的博士生可以与项目指导老师相互选择。因此，学生可能会收到不同导师发出的一封或多封邀请信，欢迎他们加研究小组和在实验室轮转。如果博士生在入学后未收到加入研究小组的邀请，通常会在各个实验室进行三次研究轮换。在每次轮换期间，学生和教师将共同研究项目，以确定双方是否有共同兴趣和是否相匹配。博士生每次参与实验室轮换的持续时间至少为几周，轮转的总共持续大约1～1.5年的时间，学生与导师在实验室轮转的过程中进行互选。轮转期的确切开始和结束日期将由主任和副主任确定，并在秋季学期开始前向学生公布。

3）CPCB 课程

CPCB 课程旨在培养学生科学研究数据和科学演讲的能力。每个学期，每个学生将提交一篇科学文章，主题是介绍计算生物学的方法论和实际应用。CPCB 课程通常是周一下午四点以研讨的形式进行，整个项目的博士生都参加研讨。CPCB 课程包括两种形式：期刊文章展示（Paper presentation）和研究展示（Research presentation）。期刊文章展示时间是25分钟，演讲人要理解文章的研究背景和研究细节,为其他学生能够深入了解文章提供帮助;研究展示时间也是 25 分钟,课程的分数计算方法为,参与论文和研究演讲的博士生出勤、讨论和测验占 50%,展示内容的质量占 50%;如果博士生不参与研究展示,则要 100%出勤。

4) 科学伦理培训

道德行为和科学诚信是科学研究的一个重要方面。学生将被要求参加科学道德课程,该课程旨在帮助学生理解道德行为意义,学习两所大学相关学术诚信和研究诚信政策(即学术诚信指南和研究诚信政策)。

5) 项目系列研讨会(Program Seminar Series)

参加该项目的学生要在整个培养过程(5 年)中参加系列研讨会。如学生的研究与研讨会冲突,项目主任可酌情免修此课程。

(3) 后续几年博士生培养

第一年修完所有核心课程的学生将从随后几年中需要完成的课程委员会要求的必修课程名单中选出三门选修课程,包括一门生命科学选修课、一门专业选修课(取决于研究领域)和一门公开选修课(可以从任何选修课名单中选出)。没有修完核心课程的学生将在第二年完成(同时参加额外的选修课程)。此外,期刊俱乐部(Journal Club)为教师、博士后或博士生提供可以共同分享的有价值和有意义的期刊文章,或者邀请其他院系的教师做报告。第一年和第二年所有博士生都要参加期刊俱乐部活动。

(4) CPCB 跨学科研究生培养的课程模块

CPCB 课程旨在为学术界和工业界塑造计算生物学下一代领导者。CPCB 跨学科博士培养的课程包括核心主修课和选修课,为学生研究提供课程培训,打下学科学习的基础。此外,研讨会贯穿在博士生培养全过程,随时为不同学科研究者提供有效交流的机会。项目还为学生提供四个专业领域(细胞和系统建模、计算结构生物学、生物图像信息学和计算基因组学)的选修课程;此外,CPCB 项目还设有期刊俱乐部(journal clubs)活动、科学伦理(scientific ethics)和科学诚信课程(scientific integrity courses)。

CPCB 项目的核心课程(core courses)旨在为博士生深入到专门研究领域之前提供强大的计算生物学背景。核心课程共有五门,包括当前计算生物学最前沿的发展概述(三门课程:计算基因组学、计算结构生物学和细胞和系统建模),计算机科学的基本方法(机器学习)和"湿"实验室科学(计算生物学家的实验室研究方法)。选修课程包括生命科学或物理科学基础概念(如分子生物学、生物物理学和细胞生物学或同等课程)、定量方法(如算法和统计方法等)的培训。学生根据专业领域选择的专业课程,CPCB 项目还提供该专业领域的高级跨学科培训,以及开放选修课程(open elective)。课程设置理念既包括核心课程,为博士生提供计算生物专业基础,又包括选修课程,提供跨学科知识,从知识层次上体现了知识深度和广度的结合。

学生必须完成72学分/216单元的课程,以部分满足完成学位论文的研究要求。其中,必须通过正式课程修满27学分/81单元,包括五门核心课程、一门专业选修课、一门生命科学选修课(专门针对专业领域)和一门公开选修课。开放选修课程可以从任何课程中选择。此外,所有学生都应完成经批准的道德课程,并应参加秋季和春季的 CPCB 研讨会系列。所有一年级和二年级学生都应该参加秋季和春季的期刊俱乐部课程(见表4-9),其余学分将通过全日制课程完成。

表4-9 CPCB 跨学科博士培养的课程设计

学年	第一年	第二年	第一年和第二年之间	第三年	第四年到毕业
秋季课程模块	① 细胞和系统建模 ② 计算结构生物学导论 ③ 实验室研究方法 ④ CPCB 课程 ⑤ 研讨会	① CPCB 课程 ② 研讨会 ③ 生命科学选修课(16种选修课)	夏季课程:伦理学	研讨会	研讨会
春季课程模块	① 基因组学 ② 实验室研究方法 ③ CPCB 课程 ④ 研讨会	① CPCB 课程 ② 研讨会 ③ 专业选修课(生物图像信息学;分4个方向:细胞和系统建模;计算基因组学;计算结构生物学)		① 研讨会 ② 公开选修课	研讨会

资料来源:http://www.compbio.cmu.edu/about-cpcb/

(5) 综合考试(the Comprehensive Examination)和开题(the thesis proposal)

学生应该在课程第七学期结束(第二年学习结束)时申请开题答辩,鼓励学生在第五学期或更早的时候开题确定研究方向,以确保其有足够时间进行论文写作。毕业论文委员会成立并提供建议和监督学生进度。博士生在开题之前必须完成核心课程的学习,GPA 成绩至少3.0的学生才能通过资格考试并通过论文开题获得博士资格。

(6) 论文委员会的组成

学生和其导师共同决定论文委员会成员,该委员会应该由至少四名教师组成,其中至少有三名成员必须来自该项目教师,必须有至少一名来自匹斯堡大学和来自卡内基梅隆大学的教师。委员会成员之一是该项目的外部成员,最好是来自卡内基梅隆大学和匹兹堡大学以外的另一所大学。

(7) 博士学位论文答辩和和学位授予

博士生答辩要求为:学生进行全日制研究,并要求修完至少40学分/120学分

(每学期9学分/27学分),才能满足学位论文答辩标准。所有学生都必须参加课程研讨会和CPCB课程,以及学位论文委员会指定的任何期刊俱乐部、专题讨论会或计划会议。博士论文最终口试答辩是由博士委员会主持进行的,候选人的答辩通常会向公众开放。在最终审议期间,只有博士委员会成员可以在场,并可以对候选人通过与否进行投票。由博士委员会所有成员签署的报告发送给CPCB项目主任。如果委员会的决定不一致,该案件将提交董事会解决。

博士生将从匹兹堡大学(Pitt)或卡内基梅隆大学(CMU)获得博士学位,具体获得的学位取决于学生论文导师所在的大学。在CMU内,该项目的行政管理是计算生物学系,学位由计算机科学学院授予。在匹兹堡大学,该项目的行政管理是计算与系统生物学系、医学院,学位授予学校是医学院或艺术与科学学院,取决于学生论文导师主要隶属的院系。

4. CPCB项目的运行机制

(1) 两校无缝隙互动管理模式

CPCB项目建立了一套完整和有效的管理机制,促进两校在两个校区无缝连接和互动。其对管理负责任的态度,保障了学生和教师能够原则一致地指导项目运行(见图4-7)。

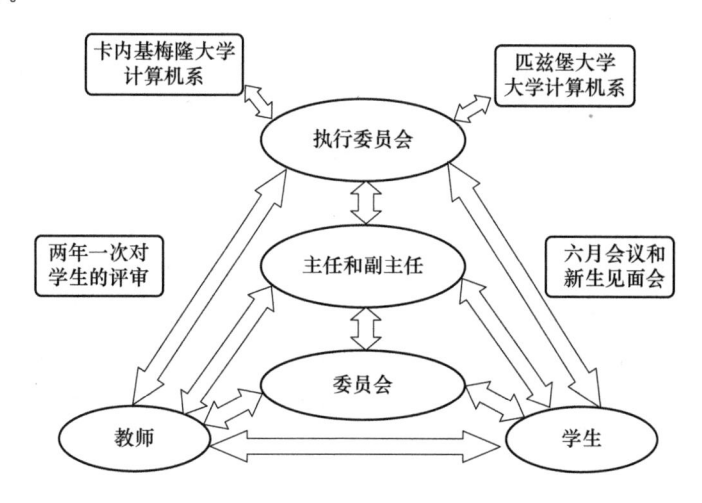

图4-7 CPCB项目的管理图

资料来源:http://www.compbio.cmu.edu/about-cpcb/

卡内基梅隆大学与匹兹堡大学计算机生物系共同管理CPCB项目。两位项目负责人Drs. Faeder和Schwartz共同负责项目各个方面运作,他们管理的执行委员会是最终决策机构,并监督招生委员会和课程委员会。方案管理人员由招募的两名学生和教育管理人员Joseph C. Ayoob博士(来自匹兹堡大学)、Joshua Kangas博士

(来自卡内基梅隆大学)组成;两名项目协调员为 Ms. Kelly Gentille(来自匹兹堡大学)和 Ms. Nicole Stenger(来自卡内基梅隆大学)。

(2) 采取委员会管理模式

实行委员会领导下的主任和副主任负责制,负责内部日常管理工作。为了保证项目高效运行,CPCB 项目建立了六个专业化委员会,每个委员会都由两所大学共同组成,委员会成员的任期是两年或三年,轮流担任,委员会的角色和作用见图 4-8。

1) 课程委员会

课程委员会的重要作用在于确保为博士生提供计算机生物领域的前沿课程。课程委员会负责修订和调整课程设置,并为课程主任和副主任提供有关课程修改或增补的建议,课程主任和副主任在实施课程变更之前要寻求执行委员会批准。课程委员会主席分别由来自两所大学的教师担任,委员会成员包括四位专业领域的教师代表和两位博士生,批准专业选修课或生命科学选修课的内容。经董事会批准后可以任命其他学生成员加入委员会,学生成为课程设置的参与者和决定者,这反映了项目的设计以学生为中心,真正地把学生研究和培养的体验反馈给委员会。

2) 招生委员会

招生委员会主席分别由来自两所大学的教师担任,其中包括两个主席(每所大学一名),委员会成员两校各占一半,由总共六名教师组成(每所大学三名)。招生委员会的职责是招收高素质学生及相关事宜,如对申请人进行评估。教师通常会在招生委员会任职三年,之后将任命新的教师担任;委员会通常会在当年 12 月的第二或第三周举行会议,对申请人进行第一次审查,并在次年 1 月再次进行最后审查。在申请截止日期后不久,招生委员会的首要任务是对候选人进行及时和仔细的评估,并确定要面试的候选人名单。

3) 执行委员会

为保障项目开发和管理在两所大学目标和宗旨的一致性,执行委员会由来自两所大学的相同数量的教师组成,包括两名主任、副主任以及八名教职员。该委员会至少每年举行一次会议,但会根据需要举行额外的会议。此外,如果不需要面对面解决问题时,执行委员会成员有时会通过电子邮件或电话会议讨论和或决定。

4) CPCB 博士生课程委员会

CPCB 博士生课程委员会负责为一年级和二年级学生组织课程,包括期刊俱乐部(Journal Club)、学生研讨会(Student Seminar)和 Meta School。

期刊俱乐部是一种学术活动,通常由博士生和研究生组织。在这样的活动中,参与者会定期聚集,讨论最近的学术论文、研究成果或特定领域的文献。

所有的博士后、博士和硕士参加学生研讨会,研讨会向整个研究方向和团队开放,参会的人员轮流做展示报告,并与报告人分享研究的文献和成果。在这个过程中,学生不仅锻炼学术演讲的能力,而且建立学术网络(network),为研究的顺利进行搭建了合作的平台。

CPCB 项目的 Meta School 为学生提供有关专业发展的系列研讨会和讲座。Meta School 旨在帮助学生为将来的学术生涯取得成功做好准备，为其提供额外的学习机会，以补充学生在研究培训以外所不能获取的知识和能力。Meta School 涉及的主题包括：计算生物发展的大趋势；如何在工业界工作；非传统科学职业，以及如何为就业做好准备的建议和实践。因为博士生从入学阶段就要开始为竞争博士后职位、奖学金、研究助手，教师职位以及寻求工业和其他领域的工作做好准备，CPCB Meta School 为学生提供了一个良好的开端。

5）系列研讨会委员会。系列研讨会委员会负责选择和组织研讨会。该委员会通常每年举行两次会议，时间是在 8 月的第一周和 4 月的第一周。不同学科的教师和跨学科研究小组的博士生就不同专题进行研讨，这是跨学科研究者交流对话最好的渠道。

6）CPCB 项目教师会议（the CPCB Program Faculty meetings）。除了这些专业委员会之外，所有参与项目的教师都参加每年两次在秋季和春季学期结束时举行的 CPCB 计划学院会议。学院会议的目的是讨论各个委员会或其他附属机构发展存在的问题。教师会议对所有博士生进行逐一讨论评估，每个学期结束时给每个学生发送评估函。

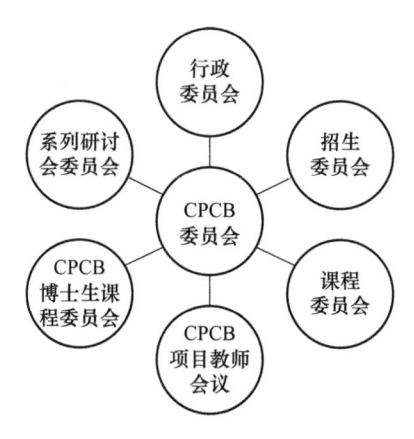

图 4-8 CPCB 委员会示意图

（3）多院系和多学科的合作培养

匹兹堡大学的计算机生物系建立于 2005 年，位于匹兹堡大学大学的生物医学中心（Biomedical Science Tower 3，BST3），其设计目的就是促进跨学科研究，中心有 50 个研究小组，基础科学系包括结构生物学、神经生物学和计算机生物学，研究中心包括蛋白质组学、药物发现、疫苗开发、组织工程和纳米技术。

在人员组织方面，采取多元化的研究人员构成。学科教师是来自卡内基梅隆大学和匹兹堡大学的数十位核心教师成员。卡内基梅隆大学生物计算机系和匹兹堡大学生物医学中心研究中心专用大楼开展跨学科研究，研究中心为这些教师提供专门的实验室。研究中心目前有来自20多个不同院系的26位合作研究教师,16名博士后研究员和17名研究者。此外,来自于世界各国大学与研究机构的超过800名附属教师参与到资助项目,并可获得资助机会、学术活动、课程及有关仪器设备的使用权。

5. 卡内基梅隆大学的计算生物跨学科博士项目特征

(1) 体现跨学科博士培养的高级阶段——跨校和跨系的培养

卡内基梅隆大学计算生物跨学科博士项目的组织形式体现资源整合的办学方式,是跨学科博士培养的高级形式——采用跨校和跨系的培养模式。项目利用两校优质的教师资源和学生资源,建立资源共享机制及跨学科学术共同体。同时,在管理上要求保持两校培养标准的一致性,博士生的培养质量也尽可能达到一致。

(2) 重视课程训练

首先,生源背景的多样化所带来的问题是学生的学科基础各异。此项目为本科直博的学生提供个性化的课程。其次,课程的设置包括核心课程和选修课程,兼顾学生学科基础和跨学科知识的平衡。特别是要求博士生参加期刊俱乐部和系列研讨会,为整个项目领域内和以外的学生和学者做展示并记入学分之中,这种方式在给博士生压力的同时也锻炼其学术演讲能力。

(3) 项目委员会制

招生委员会、课程委员会、行政委员会、研讨会委员会、教师委员会的组合建立了完善的管理体制,使项目的运行制度化。项目委员会鼓励学生参加课程委员会,关注学生反馈和改进跨学科研究体验,培养博士生的学术演讲能力和教学能力,对学生和教师评估,从博士生培养的内部保证培养质量时时处于监督之中。

(4) 注重对学生和教师的管理

① 重视新生入学教育。在每年的六月和八月,执行委员会邀请刚入学的博士新生参加活动,在活动中,新生与项目中的教师、博士后和博士生讨论他们的研究并进行娱乐活动。在这期间,新的研究生结识了该系的成员,每个人都有机会了解每个实验室的最新研究发现。在活动中,通过团队组建活动(team building activities)、研究对话(research talks)和海报展示(posters sessions)与CPCB项目的教师和博士生进行充分地交流。

② 一年两次(秋季和春季)的学生评估(Biannual Student Review)。评估由项目执行委员会和教师负责,在新生入学就开始,其中包括对学生的知识、技能和专业实践进行评估。保证在博士生培养过程中,执行委员会和教师通过内部的监督机制评价博士生的研究和培养质量。

4.3.3 显性团群和实体团群——清华大学-伯克利深圳学院交叉学科博士项目分析

清华大学-伯克利深圳学院交叉学科博士项目学科设置包括环境科学与新能源技术(Environment Science and New Energy Technology)、数据科学和信息技术(Data Science and Information Technology)和精准医学与公共健康(Precision Medicine and Health care)。环境科学与新能源技术基于能源、环境等工科大交叉和深度融合的基本理念,横跨大系统和基础材料器件两个方向。基于文理工商学科的大交叉和深度融合的基本理念,横跨信息系统和基础机电材料两个方向,应对当前时代数据爆炸和信息技术对社会、经济生活等各方面的渗透。精准医学与公共健康基于理、工、医学科的大交叉和深度融合的基本理念,横跨基础科学和工程系统两个方向,应对中国和世界人口老龄化的挑战。本研究通过对清华大学-伯克利深圳学院交叉学科博士项目的培养理念、培养过程(招生选拔、培养的重要节点和评价体系等方面)和创新点的介绍、分析,全面地展示此项目的培养特征。

1. 培养理念

清华大学-伯克利深圳学院交叉学科博士项目基于学科交叉和深度融合的基本理念,依托清华大学和伯克利加州大学的综合学科优势,已开设环境科学与新能源技术、数据科学和信息技术、精准医学与公共健康三个跨学科专业,下设18个实验室。在知识层面,注重学科基础知识培养为课程设置的基础,确保学生既有明确的培养领域,又能从交叉学科项目中获益;在学生能力和素质培养方面,实现"为革命性技术研究和创新性人才培养提供独特的全球化环境,构建创新的学科交叉人才培养体系"。

2. 课程设置体现跨学科(多学科)交叉融合

课程体系体现了前沿性和灵活性。学院创新性地提出三个基础研究方向与3个交叉学科专业应用层面相结合的模式,衍生出9个培养领域。第一学期开始时,学生须与导师(组)探讨并选择一个本专业的研究领域作为其主要培养领域。所选领域将决定学生选择相应属性的专科课程。在纵向的交叉学科的专业基础之上横向设置以基础学科为研究方向的课程体系,形成交错的培养领域,打破了传统学科的课程体系和学科壁垒,可以有效促进交叉学科的学习与知识融合,同时以基础学科为轴,强调了各培养领域的基础知识体系,更易于激发学生的领域归属感、方向认同感和学科碰撞,既保证学生能够拓展跨学科知识的广度,同时又能深度掌握基础知识,做到在某一领域"专而精"。9个培养领域见表4-10。

表 4-10 学科专业—研究方向—培养领域说明

方向(T) \ 专业(D)	专业1:环境科学与新能源技术	专业2:数据科学和信息技术	专业3:精准医学与公共健康
方向1:物理-化学	领域 D1T1	领域 D2T1	领域 D3T1
方向2:数学-数据	领域 D1T2	领域 D2T2	领域 D3T2
方向3:生命-医学	领域 D1T3	领域 D2T3	领域 D3T3

资料来源:清华大学博士生培养典型学科案例

根据表4-10,学院所有课程按照3个方向梳理,并分别在9个领域定义课程的主要培养领域或交叉培养领域属性。随着学院教师队伍的发展壮大,课程体系也不断丰富完善。2018年审核通过新开课共计17门,涉及公共必修课以及多个研究方向的专业课程。截至目前,学院共开设85门课,除部分公共必修课以外,全部为英文授课。

学院借鉴伯克利加州大学顶点课程(Capstone)的设置,依托由行业领袖及业界精英组成的学院产业顾问委员会,结合深圳市丰富的企业资源,为学生开设独特的"创新训练营"课程,旨在为学生提供良好的企业导师指导与团队支持,参与企业发展中面临的实践课题研究或者参与跨学科创新挑战赛等,尝试提出解决区域和全球性重大工程技术和科学研究课题的新思路。2018年7月,学院推荐10名学生参加亚太创新学院(APIA)主办的国际创新加速营,所在的3支创业团队均进入前10名,其中源于学院传感器与微系统实验室创意的 Heart Signal 项目获得了 APIA 项目路演决赛第一名的成绩,并获得直接参加深创杯决赛和上海海峡两岸创业大赛决赛的资格。

3. 采用团队研究培养的模式

清华大学-伯克利深圳学院交叉学科博士项目是多主体合作培养的方式,体现了跨学科培养、与产业界联合和跨校合作培养的特点。首先,清华大学-伯克利深圳学院交叉学科博士项目为不同学科博士生搭建了跨学科交流平台,以非组织的形式构建学术共同体。其次,通过面向深圳市战略性新兴产业,开展课程设置、学科规划、科学研究和产学研合作,培养学生应用知识解决实际问题的能力。最后,清华大学和伯克利加州大学联合培养模式,充分发挥了两个国际著名高校的教育优势,强强联合保证博士生跨学科项目的培养质量。其具体培养过程如下。

(1)培养基本流程

此项目是全英文项目,因此,要求博士生有较高的英语应用和综合能力。博士生由清华大学和伯克利加州大学两校教授组成的导师组共同指导,论文研究工作在两校完成。培养方案要求通过学位论文答辩并审查合格后,可获得清华大学博士毕业证书和学位证书以及伯克利加州大学学习证明。入学前只具有学士学位的博士生的修业年限一般为4～5年；入学前具有硕士学位的博士生的修业年限一般为3～4年。主要时间节点和相关环节说明见图4-9。

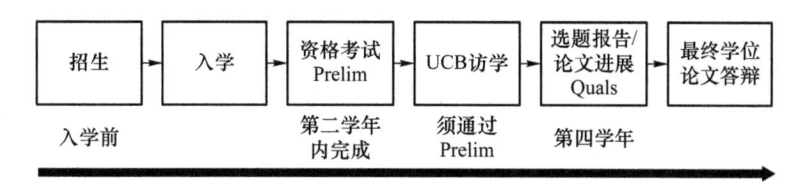

```
招生 → 入学 → 资格考试Prelim → UCB访学 → 选题报告/论文进展Quals → 最终学位论文答辩

入学前              第二学年    须通过      第四学年
                    内完成      Prelim
```

图 4-9　清华大学-伯克利深圳学院交叉学科博士项目主要培养环节及时间节点说明

资料来源：清华大学博士生培养典型学科案例

从图4-10可以看出，与现阶段我国通行的博士生培养环节设计普遍比较精细相比，学生要经过课程学习（1～2年）、资格考试、开题、社会实践、最终学术报告、论文评审、论文答辩等7个环节，这些环节体现了博士生培养全过程管理的理念（如清华大学博士生培养流程）。清华大学-伯克利深圳学院交叉学科博士项目体现出与国际接轨，参考了加利福尼亚大学伯克利分校的博士生跨学科项目的培养流程，又设计了符合自身项目的特点三个环节培养方式。在培养过程中，减少计划性的控制节点，将更多的自主权和发展空间留给导师与学生，是教育教学管理工作中"少即是多"理念的又一个例证。在跨学科团队中，给予博士候选人（Ph.D. Candidate）充分的学术空间和探索勇气，在某一个特定的小领域内培养其拓展人类知识新疆域的信心和能力。

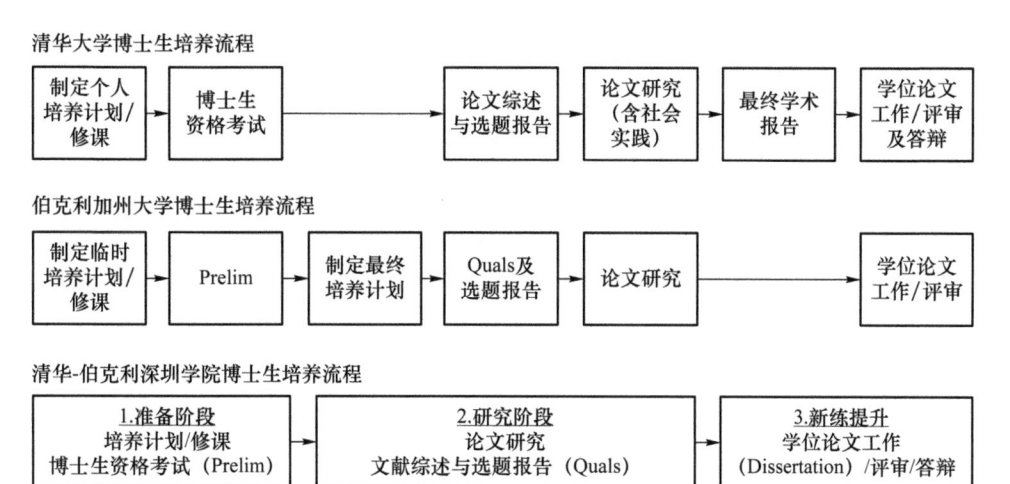

清华大学博士生培养流程
```
制定个人培养计划/修课 → 博士生资格考试 → 论文综述与选题报告 → 论文研究（含社会实践） → 最终学术报告 → 学位论文工作/评审及答辩
```

伯克利加州大学博士生培养流程
```
制定临时培养计划/修课 → Prelim → 制定最终培养计划 → Quals及选题报告 → 论文研究 → 学位论文工作/评审
```

清华-伯克利深圳学院博士生培养流程
```
1.准备阶段 培养计划/修课 博士生资格考试（Prelim） → 2.研究阶段 论文研究 文献综述与选题报告（Quals） → 3.训练提升 学位论文工作（Dissertation）/评审/答辩
```

图 4-10　清华大学与伯克利加州大学及学院博士生培养流程比较

资料来源：清华大学博士生培养典型学科案例

(2) 团队跨学科培养要素

学院不断修正和完善博士生培养体系,从课程设置、资格考试到论文指导等方面,逐步形成独特的跨学科团队培养模式。

1) 招生理念确保跨学科性

项目以研究方向而不是以学科专业招生,2018年,学院按照"物理-化学""数学-数据"和"生命-医学"三个研究方向(track)对申请者进行审核,主要目的是打破传统的学科壁垒,充分保障交叉学科在招生上的科学性、合理性和灵活性。

2) 高水平、国际化师资和导师组指导

导师组包含1位清华大学教授和1位伯克利加州大学教授,在师资的组成上体现国际化。学院按照清华大学教师的选聘规范,结合伯克利加州大学的成功经验,从招聘岗位确定、候选人申请、简历筛选到校园面试、录用审批,建立起一套完善的、与国际接轨的高标准人才选聘流程。在实际操作层面,两校教授全程参与,面向全球范围引才,严格审核,确保招聘人才的高水准。项目的指导教师是由清华大学教师和伯克利加州大学兼聘教师共同担任。其中,中国科学院和中国工程院院士、美国国家工程院院士、新西兰皇家科学院院士、国家级人才、国家级青年人才、深圳市海外高层次人才等高层次人才比例达到100%。学院还邀请工业界导师加入,特别是围绕战略性新兴产业开展科学研究和产学研合作,建立协同创新国际体系,为深圳以及中国国内的综合创新生态体系注入国际元素。

3) 跨校合作培养形成国际化的跨学科团队

合作是解决当今世界面临的复杂问题的关键,清华大学-伯克利深圳学院交叉学科博士项目就是利用美国伯克利大学成熟的博士生跨学科培养经验及其优势教育资源,共同培养博士生。在培养的过程中,国外导师与清华博士生和导师自然而然地形成合作关系进行跨学科研究,这种方式有利于博士生拓展国际视野。

4. 与产业界合作联合培养

(1) 学院突出"产业伙伴关系"

2015年10月20日,设立产业顾问委员会(Industrial Advisory Board,IAB)作为企业界导师对博士生进行联合指导,在学生成长和发展的各个环节体现"产-学-研"融合。通过设置创新训练营等实践课程,为学生提供良好的企业实践环境和创新创业平台,从而为解决区域和全球性重大课题输送高素质人才。

培养中体现"产业合作"的联合培养的理念。学院联合各方资源组建深圳市诺奖实验室"深圳盖姆石墨烯研究中心"。2018年,学院教师承担了国家科技部重点研发计划课题、国家自然项目、深圳市学科布局项目、市孔雀技术创新项目。教师团队首次获批广东省珠江人才计划创新团队项目资助,学院师生发表了一批高水平的论文。在科教融合理念的指引下,学院充分利用交叉学科特色科研优势,构建了将优秀科研成果转化为优质教学资源、体现科研育人的理念、科技创新与人才培养有机结合的"科教融合"育人体系,实现了以高水平科学研究支撑高质量高等教育、培养具有科研创新能力高水平人才的目标。

5. 形成人才培养模式的创新点

该项目的人才培养创新点集中体现在如下三点:一是在培养中不仅仅是遵循传统的培养模式,而是在培养中和课程的设置中体现π型培养模式,既拥有广博的知识(相当于π的水平线),又具有本专业领域和相关专业领域的知识(相当于π的垂直线),在跨学科的研究背景下,博士生的培养课程注重知识深度和广度的学习。二是国际化培养模式。在博士生结构化的培养过程中,要求博士生进行一年期的伯克利加州大学访学。这种联合培养的模式也是世界许多大学使用的培养方式,帮助博士生在国外的高校体验不同的研究和扩大国际视野。三是项目论文研究工作在清华大学和伯克利加州大学两地完成。完成培养的全过程后可获得清华大学博士毕业证书和学位证书以及伯克利加州大学的学习证明,体现了国际化培养的优势。

6. 非正式活动构建跨学科学术共同体

(1) 国内学术交流活动

学院鼓励学生积极参加各类学术活动,并为学生提供学院学术活动、学术讲座和国际研讨会。由学院组织的重大活动,学生需要全部参加。如学院一年一度的"思享会",为期3天左右,包括一系列科研成果汇报、学生学术报告评比、学院发展规划论坛等,要求全体教授和学生参加;另外,学生每学期至少参加8次A类学术讲座,并做每次不少于300字的总结。最终的学术报告包含每次学术活动的总结以及出勤记录,并于每学期末一并提交给教学办公室备案。这些学术活动能够极大地丰富和拓展学生的跨学科学术视野,在交流中促进知识的融合,激发学术志趣和提升科研工作热情和能力。

(2) 国外国际合作

首先,学院为学生提供独特的国际化培养环境。这体现在学院博士项目所有课程均为全英文授课,伯克利的教授通过现场或远程的方式开展教学;所有学生在学期间都有至少一年在伯克利进行交换学习的机会;项目实行博士生双导师制,由清华大学和伯克利加州大学两校教授组成的导师组共同指导,论文研究工作在清华大学和加州伯克利大学两地完成。

(3) 学院与全球多个国家和地区的高等院校保持着全校性的研究和教育方面的交流关系

首先,学院与多个国际一流院校教授合作,邀请相关学科专家学者担任学院访问教授,并在学院开设短期课程,同时参与学院实验室创建、项目研究、学生指导及人才培养等环节。其次,学院的教师和博士生出境交流频繁,与此同时,学院博士研究生国际访学交流频次也逐年增多。国际交流的学术氛围为拓宽博士生学术视野、增强国际交流能力、提高研究和创新能力、培养具有国际竞争力的学者提供了有力支撑。此外,学院于2018年成立国际顾问委员会(External Advisory Board,EAB),并于同年3月举行EAB第一次全体会议。TBSI国际顾问委员会八名创始成员都来自相关领域的权威专家,包括美国麻省理工学院前校长埃里克·格里姆森(Eric Grimson)、伯克利加州大学电子工程与计算机科学系的荣休教授、美国工程院院士、美国国家科学奖章获得者胡正明(Chenming Hu)等。EAB围绕学院在交叉学科建设、国际化进程和产业界合作中面临的挑战等议题,贡献着来自世界顶尖大学的解决方案,通过委员会的努力,进一步加强国际合作,为我国高等教育改革创新探索新路。

7. 多元化的考核评价

(1) 考核内容多围度

1) 资格考试

博士生通过一年左右的课程学习,将交叉学科录取的不同背景学生的基础知识补齐,并申请参加博士生资格考试(Preliminary Exam,Prelim)。Prelim每年进行两次,学生需通过由本领域和非本领域两个领域的考试后才可记为通过。一般采取笔试加面试的方式,考察学生是否在本领域具有坚实的基础,在跨学科领域具有宽广的知识准备。通过资格考试后,才能开始进行研究和论文撰写工作。

2) 选题报告与论文工作进展考试

通过了Prelim考试的学生开始在导师组的指导下开展论文研究工作,其中包括至少一年期的伯克利加州大学访学,在跨学科研究和国际化的氛围中培养创新性思维和创造力。选题报告与论文进展考试委员共4位,至少包含1位伯克利方教授;学生需申请参加选题报告与论文工作进展考试(Qualifying Exam,Quals),汇报论文选题、研究进展,并获得学术评价。通过Quals考试的博士生成为博士学位候选人。

3) 学位论文

论文评阅人包括国内外专家共5位,并要求全部返回论文评阅意见;论文答辩委员会由5~7人组成,包含"选题报告与论文工作进展"的答辩委员会委员和学院学术指导委员会(Academic Advisory Committee,AAC)委员,且包含相应学科学位分委员会成员或交叉学科工作委员会委员。上述学术共同体(导师组、"选题报告与论文工作进展"的答辩委员会委员和学院学术指导委员会)针对博士生的学术成果整体报告及科研素养、发展潜力、学位论文的创新价值和学术贡献等进行综合评估,形成一份详细的有深度有引证的评估报告,确保其学术水平满足甚至高于交叉学科和相关学科的学术标准。

(2) 考核评价制度的内化

在博士生考核评价上,要充分尊重本学院导师在学位评定环节中的作用,也要尊重导师组成员作为学术共同体对学位申请者的学术评价,确保学院交叉学科的毕业生学术水平达到或接近国际一流学校的要求。参与项目的博士生的研究阶段一般为2~3年时间,研究成果是否达到毕业标准,导师组具有最终决定权。博士学位申请者的学术水平评价由导师组、选题报告与论文进展考试委员会、论文评阅人以及论文答辩委员会共同完成。

博士生外部质量保证体系包括:盲审制度、国外评审制度和国家论文抽检制度。目前,我国高校广泛采用博士论文"盲审"制度,博士生学业评价存在过度依赖盲审的倾向。过渡依赖外部评审(有的高校博士论文全部外审)缺乏学术自信和学者信任的基础,不利于学术共同体的发展。随着我国博士生导师队伍水平的不断提升,学术共同体逐渐形成,学术评价将更加细致、具体和准确。博士学位获得者作为学术圈的新成员,其学术贡献与其导师的学术声誉是紧密关联的,因此,博士学术水平评价采用以导师为核心的全面评价是一个必然趋势。

(3)"以人为本"的学术评价体系

清华大学-伯克利深圳学院交叉学科博士项目是利用清华大学和伯克利加州大学跨机构和跨国的博士生跨学科培养项目,充分利用两校的优质资源和生源国际化的培养模式,为学生提供自由和发展的学术氛围。学术评价"以人为本",不以发表论文篇数为指标,充分尊重导师组成员以及其他国内外学者作为学术共同体内部对博士学位申请者的学术评价。与传统的以发表论文篇数为指标或者引用数等为指标的学术评价体系相比,项目尝试采用更强调创新成果的学术评价体系,充分尊重包括导师组成员以及其他国内外学者构成的学术共同体的作用,对博士学位申请者的学术评价更加细致、具体和准确,体现"以人为本"的精神。

4.4 其他非典型模式

除了前文介绍的三种典型模式以外,博士生跨学科培养中还存在非典型模式,包括自主设计跨学科博士项目和虚拟团群博士培养。尽管研究者对国内跨学科博士生培养做了尽可能详细的梳理和分析,但是未来还有可能出现新的博士生跨学科培养模式。因为博士研究生教育处在不断发展和变化之中,随着社会和经济的需求,博士生跨学科培养模式也会随之做出回应。

4.4.1 个人显性团群

1. 自主设计跨学科博士项目介绍

在跨学科项目中,学生的体验是至关重要的。因此,在跨学科研究中要关注学生的体验和经历[113]。在美国存在大量的自主设计跨学科博士项目（self-designed individualized interdisciplinary PhD programs）或者个性化跨学科博士项目（individualized interdisciplinary PhD programs）（见表4-11）。自主设计跨学科博士项目由大学研究生院管理和培养。与普通的跨学科研究培养项目不同，自主设计博士生跨学科项目给予学生最大的跨学科研究自由，学生体验不同于前文所讲的博士生跨学科培养模式。此项目以学生的兴趣为基础建立个性化学术培养项目，大多要求两个或更多院系的教师合作培养博士生。自主设计项目需要学生自己选择委员会成员，自己设计整个学习计划，自己规划资格考试，并提交博士论文计划书。

表4-11 自主设计的跨学科博士项目

大学名称	项目名称	特点
博林格林州立大学（Bowling green state University）	跨学科研究（Interdisciplinary Studies）	博士生需要被一个博士项目录取，但是学生所关注的博士培养项目在其所在的院系的培养要求；学生需要集合至少两个院系的教师组成指导委员会，完成在博士培养的整个过程
阿拉巴马大学（The University of Alabama）	跨学科研究博士（Interdisciplinary Studies PhD）	大学的学位项目不能满足学生的需求，因而此项目与研究生院共同组织，集合至少现存的两个院系的教师组成指导委员会
密苏里大学堪萨斯分校（University of Missouri-Kansas City）	跨学科研究博士生研究（Interdisciplinary PhD-Studies）	博士生至少要参加和被两个以上的博士培养项目，并且申请被批准和录取，然后与研究生院共同建立项目和指导委员会
华盛顿大学（University of Washington）	个性博士项目（Individual PhD Program）	项目设立是因为现有的博士培养项目不能够满足"特别有能力"学生的需要；通过研究生院管理这类小项目，包括跨两个以上的学科的自主设计项目；要求学生在跨学科录取前就要组织好指导委员会

资料来源：Gardner S K. A Jack-of-All-Trades And A Master of Some of Them: Successful Students in nterdisciplinary PhD Programs. Issues In Integrative Studies, 2011(29): 84-117.

2. 得克萨斯大学奥斯汀分校的跨学科特设博士项目简介

本节以得克萨斯大学奥斯汀分校的跨学科特设博士项目（an Ad Hoc Interdisciplinary Program）为例说明此类项目的培养流程。

（1）跨学科特设博士项目的提出申请和审核批准

如果学生对特设跨学科博士项目感兴趣，可以与所在院系提出申请，院系的招生协调员和导师（admission coordinators or graduate advisors）协商邀请相关邻域的教授组成特设委员会。导师与委员会主席和其他成员召集会议,商定学生培养项目的有关事宜,如博士生毕业论文的主题、资格考试的时间和其他要求。如果委员会的所有成员和博士生所在院系的研究生学习委员会(the Graduate Studies Committee,GSC)同意博士生的研究计划,导师会把特设跨学科博士项目的申请表——《特设跨学科博士项目申请表》(Application for Ad Hoc Interdisciplinary Doctoral Program form)递交给研究生院,在申请表中要说明以下内容:跨学科论文题目、指导教师说明博士生研究计划的必要性和获得博士候选人资格需要满足条件。

(2) 博士生获得候选人资格

博士生获得特设跨学科博士项目的批准,并不意味着其获得候选人资格。博士生需要通过其所在的院系和特设委员会规定的所有考试后,才能获得博士生候选人资格,其导师依照正常的程序向委员会提交候选资格申请。之后,特设委员会将解散。与所有博士学位一样,博士生论文是监督将由论文委员会负责监督论文写作和最终的答辩。在圆满完成论文和最终答辩后,博士生所在部门的研究生学习委员会必须证明博士生达到授予学位的要求,并建议获得博士学位。

3. 自主设计跨学科博士项目的特点

(1) 自主设计跨学科博士项目充分尊重学生的研究兴趣

学生跨学科研究兴趣和志趣是克服跨学科研究中的挑战的关键因素。自主设计跨学科博士项目是"以学生为中心"的培养理念,发挥学生的学习主动性。自主设计跨学科博士项目充分体现了博士生培养中的个性化培养方式,在培养中充分尊重学生的研究兴趣和需求;在项目的设计过程中,充分体现"显性团群和个人团群"的设计理念,从项目设计的名称很容易识别。所以,此项目为个体博士生体验跨学科研究提供了极大的空间。

(2) 自主设计跨学科博士项目的博士生面临院系归属感的挑战

博士生项目一般包括与学位要求相关的程序,包括项目标、课程要求、综合考试时间和程序、答辩要求和论文指导委员会等。因为博士项目的培养目的受到大学研究院机构、研究文化和大学定位的影响,博士生的毕业条件也因校而异。与培养传统的跨学科博士项目相比,自主设计跨学科博士项目需要学生付出更多的精力和时间,学生要自己承担培养过程中的责任,这无疑对学生提出了挑战。首先,博士生在项目建立前要做好充分准备。有些自主设计的跨学科博士项目要求学生自己组织委员会,制定学习计划和毕业论文的说明书(类似于 proposal),其中自我指导的过程(self-directed process)会一直持续到项目开始。所以,博士生会感觉"拼凑在一起"而且没有"学术网络"和"归属感"。其次,自主设计跨学科博士项目对大学机构合作的密切度要求高。机构和院系的支持是自主设计跨学科博士项目的重要保障。

（3）自主设计跨学科博士项目的局限性

因为自主设计跨学科博士项目是以学生的研究兴趣为出发点而设立的，所以在实际操作中，学生面临巨大的挑战，项目培养质量在很大程度上受制于学生的认知水平、自我判断以及对学科发展规律的把握。自主设计跨学科博士项目缺乏制度化地支持和保障，难以保证博士生的培养质量。

4.4.2 个人隐性团群

个人隐性团群是指传统博士项目中，因博士生并不是依赖于学校提供跨学科课程，而是根据研究和需要主动学习其他学科课程，或者自学其他领域知识，可以把这种特殊的跨学科方式称为"自我跨学科化"模式。在这种模式中，导师的引领、研究需要和学生对知识的渴望是博士生跨学科学习的重要因素。导师在指导和鼓励学生做跨学科研究，但是学生在培养中是"单打独斗"，学习上不成体系。

以下是对北京北京航空航天大学生物医学工程学院某院长进行的访谈，了解他在跨学科学习和研究道路上的成长和感悟。

"我本身是某著名大学的力学专业，又学习医学，之后组建医学工程学院。我从北京某著名大学力学专业毕业后，进入四川大学在华西医学院学医学，心脏瓣膜研究，我的导师是工程学家，也从事心脏瓣膜研究，我的导师以及他的导师，这两位导师建议我参加插入临床本科班学习，就是你们所说的进入跨学科'隐性团群'的课程培养。在北京某著名大学就读时，没有学习过工科，所以，导师们就让我进入机械系学习画法几何、制图等课程。如果学习专业课，一门课30学时，10门课就是300学时。文科专业的如历史专业和英语专业，就是相差300学时，这意味着每天花一个小时学习，300天可以跨一个专业。所以，根据需要可以自己学习，老师提供教科书，在业余时间学习。我的《细胞生物学》是马桶上学会的。最近的人工智能的学习也是一样，我学习了人工智能简史，不了解就花时间自学，如果每天有一小时的时间学习，几年就会跨几个学科，而且越跨越容易，因为学科之间有联系。历史上，达芬奇、牛顿，都是跨学科的人才。所以，对知识的渴望是跨学科学习的基础。"

根据访谈人自己的成长经历，他认为是否设立博士生跨学科项目应该根据实际需要灵活而定，高校没有必要强制设立博士跨学科生项目。博士跨学科生项目设立的一种方式是，如果两个学院做项目合作得很好，院系就可以联合设立一个跨学科项目。项目设立帮助博士生导师指导学生，其他院系教授可以指导博士生。另一种方式是，如果博士生导师仅仅是因为指导学生做跨学科研究，需要跨学科领域的专家，就没有必要设立一个博士生跨学科项目。导师可以在项目合作者中找到相应学科的导师给予博士生指导。访谈人强调博士生导师跨学科思维是对学生的引领作用。如果导师无跨学科意识就不可能支持学生做跨学科研究。

另外，在博士生培养中，学校要制定规章制度，对跨学科培养方式、校外博士生管理和产生的研究成果的归属问题做出相应的规定。高校的管理模式和政策环境应对这种培养方式采取包容的态度。访谈人还指出,一流研究型大学都是大学具有天然的跨学科环境,鼓励博士生从事跨学科研究。

4.4.3 虚拟团群

随着信息和交流技术的迅速发展,如网络、邮件、宽带、物联网等,使不在同一地区、国家的人可以相互交流。技术发展使虚拟团体(The virtual community)不断增加,通过互联网的支持,虚拟团体同样也具有面对面交流的特点。在线虚拟团体也能给成员提供学术、社会和情感上的支持;与面对面交流不同的是成员的互动依赖于技术、网络和虚拟网络平台等。

虚拟团群也广泛存在于高等教育机构之中,由于跨学科研究者有可能是跨机构、跨地域和国家的合作,在网络和虚拟空间的交流就成为必需方式。同样,高等教育跨学科研究者中心"虚拟中心"除了承担科学研究的任务以外,还进行研究生和博士生培养,体现研究与培养相结合的模式。例如:麻省理工学院的计算机系统生物学创新工程(Computational and Systems Biology Initiatives,简称CSBi)就是一个虚拟跨学科组织。它的"虚"首先表现在它没有自己专门的研究队伍、试验设备和工作场所等研发资源;其次表现是在各个学术组织的核心研发资源是借助于信息技术这根无形的纽带相联结;最后,它是围绕特定目标、基于成员共同兴趣连接起来的一个组织边界模糊的动态联合体。

CSBi 的重要的教育功能是培养计算机系统生物学(Computational and Systems Biology,CSB)博士生。博士生作为 MIT 的科研主力军参与跨学科研究。CSBi 希望招收在本科学过计算机科学、生物学、数学和生物化学的申请者,为其提供助研、助教作为奖学金。CSBi 的博士教育也遵循结构化的培养模式,包括课程、实验室轮转等。通过核心课程学习博士生掌握学科基础知识;在不同的院系实验室轮转,为博士生提供与不同导师合作和学习不同研究方法的机会。CSBi 拟定自己感兴趣研究主题、教学实习和社会实践,为学生提供助教工作培养和与不同院系学者交流和沟通的机会。在管理机构上,CSBi 并不是松散的组织,如博士研究生委员会主席会参与团队的管理工作。

虚拟组织内部成员之间的文化差异增加了知识转移的难度,一个成功的虚拟组织的运行在很大程度上得益于组织内部实现知识共享机制。[203]为了保证跨学科研究和教育实施,CSBi 建立了实验和教育一体化的平台,如教育功能是为研究生提供实验课和为计算机课程提供数据和设备帮助。通过技术平台,研究者就打破了学科之间的壁垒,实现了隐性知识(Tacit Knowledge)和显性知识(Explicit knowledge)的横向交流和纵向交流。以这个技术平台为载体的虚拟跨学科组织的研究者可以跨越地域界限,在虚拟的空间进行合作研究。

4.5 结　语

本章详细地分析了国内外高校不同类型的团群培养方式和特征。

首先,对国内某大学"研究生教育"微信公众号"访学归来"栏目共推送的 33 位博士生访问世界一流大学的访学经验文章,利用内容分析法,从中国博士生的视角,解读国外一流大学博士生培养的跨学科元素。对国内和国外博士生培养的分析发现,从博士招生、课程、导师指导(导师的跨学科背景)、为博士生提供跨学科的交流环境等,跨学科培养的要素已融入到博士生培养的各个环节之中,使博士生自然地适应跨学科学习和研究。另一方面,分析 EI 嵌入一体模式的内涵和运行方式。笔者利用在美国得克萨斯大学奥斯汀分校访学的机会,对该校博士生进行访谈,运用扎根理论对该校博士生个人团群和隐形团群培养过程做深入分析,解读在传统博士生培养基础上融入跨学科培养元素的方式。

其次,本章详细介绍院系合作跨学科培养博士生的成果 DJT 模式。以威斯康星大学麦迪逊分校教育学院跨学科博士培养项目为例,分析此项目的特点:要求参与跨学科项目的博士生一定要完成本专业和跨学科项目的培养规定。这个项目为博士生提供跨学科团队研究机会,但是要求学生要有更多的投入和资助才能完成培养计划。

最后,分析了以团队研究为特色的学位项目的高级模式 DTC 模式。卡内基梅隆大学的计算生物跨学科博士学位项目、清华大学-伯克利深圳学院交叉学科博士项目和威斯康星大学麦迪逊分校教育学院跨学科博士培养项目,代表了博士跨学科显性团群培养方式和特征。卡内基梅隆大学计算生物跨学科博士学位项目和清华大学-伯克利深圳学院交叉学科博士项目,在形式上体现了跨学科、跨学科机构和跨国家合作培养的案例,从管理和培养过程上体现美国博士结构化的特征;清华大学-伯克利深圳学院交叉学科博士项目是在中国大学的实践案例。此外,本章还关注非典型博士生跨学科培养模式,一是基于博士生的研究兴趣自主设计跨学科博士项目;二是虚拟团群成为国外大学博士生培养新模式。

本章通过对 EI 嵌入一体模式、DJT 模式和 DTC 模式三种博士生跨学科培养模式的分析发现,三种模式在组织形式上由简单到复杂,体现了博士生跨学科培养不同的发展阶段;培养对象也是由一般博士生到要解决特定复杂研究问题的跨学科团队;培养机构也是由同一学校内部到进行跨校合作的博士生跨学科培养项目。这三种模式体现了在知识生产模式变化的时代,科学研究和知识融合的推进过程中博士生培养方式的变革。所以,目前中国大学正在进行的博士生培养改革,在实施中可以根据不同学校的情况"因校而异"选择相应的模式。

第 5 章
中国博士生跨学科培养形态分析

5.1 中国高校跨学科博士生培养面临的问题

根据2016—2017年全国第四次博士研究生培养调研和已有的文献分析，我国高校跨学科研究存在的问题如下。

1. 高校组织结构存在学科壁垒

在全球复杂的跨学科环境背景下，传统博士项目被批评的原因是毕业生培养未能具有满足社会需求的能力。传统博士学位基于学科认同，以学生结构化培养、学习体验、教师雇佣、院系组织和财政拨款为基础。但是，传统学科体系不容易参与到跨学科合作和知识创造之中，因为传统博士生项目培养的是"过于专业化和以学科为基础的研究者，而这样的研究者很难适应与工业界合作"[204]。

中国的高校也存在类似情况，院系划分使得学科设置固化，教师要有确定的学科归属才具有所在学科的资源使用权、招生名额和核算工作量。[205]因为没有跨学科研究平台和机构就无法使其制度化，制度的壁垒已经成为博士生跨学科培养的障碍。目前，我国高校的科学研究还是以单一学科为基础，高校跨学科研究组织和机构还没有完全建立，跨学科研究合作和资源无法分享，这直接影响到博士生的跨学科培养。

2. 学校行政管理体制限制了跨学科师资力量的统筹

我国大学的行政组织一般分为学校和学院两个层级，学院一般是按照学科性质划分，在这种管理体制下，跨学科研究和教学受到学科门类、一级学科、二级学科的分类影响，以及教师编制、生源归属学院、经费等各方面影响，发展仍受到限制。因为学科门类的划分界限清晰，教师编制固定在所属院系，教师都归属于学院直接领导、组织和考核；学生考核、评价和毕业都是归所录取的院系，导致博士生参与跨学科研究和学习的途径受阻。与国外大学的宽口径学科划分相比，中国大学的院系划分过细。目前我国是借鉴苏联的体制，这在建国和工业化初期是十分有必要的，但现在已经完成工业化的过程，所以，学校行政管理体制应根据当今社会和经济发展要求而改变，为博士生跨学科培养提供有利的外部环境。

3. 导师指导方式单一制的弊端

我国研究生培养导师制正在逐步由单一导师制向一主多辅的导师多元化制度转变。在跨学科背景下，传统导师制正面临严峻的挑战。在单一制中，导师在某一学科或领域是专家，专业知识基础深厚。与导师组和跨学科导师组培养模式相比，单一导师指导跨学科的知识和思维受到了一定的限制，在知识的广度上有所欠缺，不利于开阔学生的视野。导师对博士生学习和研究的指导是至关重要的，其作用体现在能够对博士生的研究给予支持，提供研究可用的资源，使其能够实现在学科中的社会化。所以，导师指导为博士生进行高水平的研究指引方向。但是，鉴于目前高校对跨学科研究支持政策不完善，很多教师畏惧从事跨学科研究的负面影响，如教师很难得到其他院系的聘任、研究的资助和朋辈的认可。同样，导师有可能不能够为博士生从事跨学科研究提供相关的学术资源，博士生选择论文委员会成员时也有可能找不到跨学科导师。

4. 跨学科课程设置结构失衡

在现行的博士生课程中，大量课程是专业课和研究方法课程，跨学科课程设置比例较少。对于没有参加跨学科项目或学位的博士生而言，其没有机会通过课程学习接触跨学科知识，也不能通过跨学科课程学习建立跨学科学术共同体。而世界一流大学在课程设置上，注重为博士生提供跨学科必修课、选修课和各种实践课程作为跨学科课程的补充。

5. 面临跨学科研究挑战和认同的危机

随着科技的发展，知识量不断增加，学生必须掌握越来越多的信息，这对知识的专业化程度要求更高。如果博士生有跨学科兴趣，就需要学习不止一个学科的知识，或者需要与本学科之外的研究人员合作。学生面临的挑战就是必须努力学习和掌握多学科的相关知识和研究方法，以及应对跨学科培养中的学科认同危机和学科文化冲突。中国高校缺乏跨学科的研究氛围，导师从事跨学科研究的成果很难得到学科同行的认可，与传统学科教学和研究的教师相比，从事跨学科教学与研究的教师在项目申请、评奖、晋升及学术声誉等方面都存在挑战和压力。

综上，尽管教师和博士生有积极参与跨学科研究的意愿，但是，内生动力的作用主要受限于研究型大学基于学科建构的传统院系组织架构。学科之间森严的组织壁垒阻碍了研究型大学跨学科活动的开展。[206]因此，如何破解组织障碍是我国高校推行跨学科博士生教育的关键之一。

5.2 中国优秀博士生跨学科培养案例分析

本节通过对 2016—2017 年全国博士生教育调研报告中各校优秀博士培养案例的分析，归纳了博士生跨学科培养的路径，主要包括导师引领型和自我探索型，这两种类型的特点如表 5-1 所列。

表 5-1 中国高校优秀博士生跨学科培养类型和途径

大学代码	姓名	专业	导师引导型	自我探索型	团队研究培养	支持体系
大学1	博士生A	天文学与天体物理	导师组精心培养,对学生的科研工作进展投入精力并给与及时反馈	积极参加各种与研究相关的学术会议;发表高水平论文;优博获得者	参与多个国家自然基金,学科平台支持	大学在学生的心理健康方面完善的支持体系
大学2	博士生B	无机化学		导师帮学生选题之后,要给学生足够的空间和驱动力去探索	在团队研究中成长,从本科阶段参加团队研究;参加美国加州理工学院应用物理系 Amnon Yariv 教授课题组、在美国斯坦福大学生物工程系 Stephen Quake 教授课题组	得益于化学学院宽松的学术氛围和鼓励交叉的学风,致力于打破学科壁垒,促进学科交叉融合,这些都为其随后的科研工作打下了很好的基础,到其他大学的实验室完成研究
大学3	博士生C	当代文学	导师在关键时刻的引领		建立研究团队、组织研究工作时,都会敞开大门,根据学生的能力和兴趣,带领学生参与到科研工作之中	中文系宽松自由的学术氛围中,各位老师不拘师门之别,均可以与学生探讨问题、答疑解惑
大学4	博士生D	精密仪器及机械	导师榜样的力量		团队精神、团队成员相互帮助、锐意进取、自强不息的创新精神	
大学4	博士生E	航空宇航科学与技术	导师严格、系统的科学训练,阅读大量篇文献			国外跨学科培养的经历:法国巴黎 ESTACA 工程师学院学习,在国外的学习国内是没有的软件。老师很多是来自 AIRBUS、ONERA 等法国顶尖研究机构的学者,同学也是来自全世界各地

续表 5-1

大学代码	姓名	专业	导师引导型	自我探索型	团队研究培养	支持体系
大学5	博士生E	企业管理	经管学院独特的中外兼修的"双导师制"；	该生本科期间辅修过计算机科学，这使她在研究计算机技术与市场营销跨学科融合研究领域更有底气		邀请国内领先的研究型学者和外籍专家学者来院进行学术交流和短期讲学 设立学生成长基金
大学6	博士生F	生物医学工程	导师学术水平高，提倡 CIT（合作 Collaboration、创新 Innovation、转化 Translation）"三位一体"的培养理念		团队协作能力强，充分体现了跨学科知识结构互补、多种技能的交叉融合等特点；导师团队十分注重培养学生的创造、想象和思考能力，通过日常组会、学术报告、头脑风暴研讨会等形式碰撞出很多酷炫的想法	从事交叉学科和研究团队具有国际化的培养环境；学科平台水平高
大学7	博士生G	数学与信息技术	多导师联合培养		研究的方向不仅有基础理论，还有实用化的工程中心、重点实验室等可开展工程研发的培养与学习，为学生研究方向提供更多的可能性	数学学院开设多学科交叉的课程群，能够很好地为博士生提供多方面的知识和视野

资料来源：中国博士研究生教育的典型案例. 2022.4，北京：科学出版社

1. 导师引领型

导师引领型是指导师和博士生共同构成的显性团群和隐性团群。根据新制度主义理论，导师引领型表现为博士生参与跨学科项目研究的规制性和规范性较强，在文化-认知层面上对跨学科研究认同度高。导师引领型的特点是导师是博士生的学术引路人，对博士生跨学科研究的引领和支持作用重大，可以说，导师引领型是目前中国博士生跨学科培养的主要形式之一。从优秀博士生的案例中可以发现，导师对博士生跨学科培养的引领作用有两种形式。第一种是导师组或者多导师联合培养隐性团群。根据项目制课题要求，博士生导师邀请跨学科的研究人员进行合作，在项目研

究中博士生自然而然地参与跨学科研究和培养,但这种形式是动态的和不稳定的。第二种形式是跨学科显性团群团队研究培养。如果跨学科团队研究方向与博士生自身研究方向一致,团队研究可以为博士生研究提供平台和资金支持,这是形成相对稳定合作的基础。如有些高校建立跨学科研究中心,在优秀博士案例中也反复提到博士生通过参与国家科研项目和学科平台得到跨学科研究的支持。综上所述,因为博士生的培养不局限于博士生导师的指导,可以充分利用所有不同学科导师和研究者合作进行联合培养,对提高博士生科研水平和能力起到了关键作用,优秀博士生得益于多导师联合培养下的多学科交叉优势。

2. 自我探索型

自我探索型博士生培养属于个人隐性团群,其形式规制性和规范性较弱,在文化-认知层面上对跨学科研究认同度较高。在自我探索型中,博士生的研究是多学科交叉研究,学科的界限越来越模糊,多学科研究和跨学科研究能够提高博士生研究的成熟度和空间。从优秀博士生案例看,有的博士生在博士学习阶段能够不断根据自身研究的需要自学其他学科知识;有的博士生主动申请到合作大学的实验室交流研究,并在跨学科研究中获益,这不仅表现在博士生在在读阶段就发表了高等级的文章和获得奖学金,而且在后来的工作中也获奖无数,这都归功于博士生培养阶段的多学科和跨学科培养和训练。团队研究在跨学科博士生培养中成为主流模式(显性团群)。优秀博士生案例显示,团队研究能够解决用单一学科不能解决的某一个具体问题,因此需要多学科人才聚集进行学科融合和知识融合。博士生在团队研究中不断成长,得益于本科和博士阶段的团队研究中获得学科交叉融合能力、克服困难和抗压能力。

在制度上,高校为博士生提供跨学科研究的支持体系。如高校为学生提供心理卫生咨询机构和平台。案例分析发现,心理因素也是跨学科研究中影响博士生自我效能感发挥的重要因素。因为与传统的博士生培养相比,博士生在跨学科研究遇到的困难和挫折更多,需要其不懈地努力学习跨学科知识、研究范式和学科文化,而且付出更多的研究时间和精力。所以,高校为博士生提供宽松的学术氛围和鼓励交叉的学风可以促进学科交叉融合。

综上所述,优秀博士生跨学科培养案例中体现了不同的团群类型,既有个人团群又有团队团群和显性团群,所以,高校要从内在因素和外在环境激发博士生参与跨学科研究的志趣。为学生创造跨学科研究环境和文化是各个高校要深入思考的问题。高校既要从外部环境为博士生提供跨学科研究和培养的保障,提供跨学科学习课程和跨学科项目和培训、学术沙龙、提供前沿交叉研究项目申报课题,又要从政策上保障对博士生跨学科研究促进、支持和奖励,为博士生跨学科研究提供良好的学术生态。

5.3 中国博士生跨学科培养形态分析

5.3.1 被调研高校博士生跨学科培养实践

本节通过对 2016—2017 年全国博士生教育调研报告中各校博士培养报告的分析，总结了被调研高校博士生跨学科培养的特征和路径如下。

1. 个人团群和隐性团群

（1）跨学科课程是博士生跨学科培养的开端

被调研高校在培养模式上采用 EI 嵌入一体模式，采用个人团群和隐性团群培养路径实施培养。高校要求博士生跨学科选课，提供多导师和导师组指导，为博士生提供在课堂上交流合作的机会，这集中体现了博士生跨学科培养中，通过学习跨学科课程、跨学科导师指导和建立跨学科交流的学术氛围，如北京航空航天大学、华东政法大学、重庆大学。华东政法大学允许博士研究生在完成培养方案的基础上跨学科、专业、跨培养层次选课或旁听，引导其参加跨学科的学术讲座，形成有利于多学科交叉、融合的良好学术氛围。

（2）导师的跨学科思维引导作用

例如，西南政法大学从改变导师指导方式入手，建立跨校和建立跨校、跨学科导师联合培养指导博士研究生制度，探索博士研究生学术资源共享路径。中山大学树立"导师第一责任人"的观念，在研究生培养中充分发挥导师的核心作用，同时鼓励导师组集体培养，养成跨学科思维的自觉性，提高研究创新能力。

（3）营造跨学科学术氛围

高校鼓励博士生进行跨学科学术交流。跨学科交流是激发博士生学术创造力的重要途径，博士生应努力提升在交叉学科领域开展科研工作的能力。清华大学于2002 年创办了博士生论坛，论坛由学生自己组织，师生共同参与。博士生论坛持续举办了 500 期，各院系师生广泛参与，有效促进了跨学科的学术交流。

2. 显性团群和实体团群

（1）各高校打造跨学科学术共同体

博士生跨学科培养模式体现在高校博士生培养采用跨学科显性团群和实体团群。被调研高校专门成立跨学科研究院或平台，如北京大学设立了前沿交叉学科研究院，武汉大学成立了多个跨学科人才培养试验班、中国科学技术大学实施的基于国家科研平台的跨学科高水平博士培养体系的探索与实践、宁波大学"2011海洋协同创新中心"平台,建立了学科交叉融合的研究生协同培养"特区"。

(2) 中国高校与著名高校跨校合作实施博士生跨学科培养

复旦大学与西湖大学跨学科联合培养博士研究生整合教育和研究资源,具有显性和实体团群的培养特征。同样,南京大学设立博士生跨学科培养资金,启动了博士研究生跨学科科研创新项目,通过设立跨学科项目培养博士生实施显性团群培养。因此,中国高校跨学科博士生培养出现以博士学位项目实施跨学科团队培养的DTC模式,这说明博士生培养与世界博士生教育正在接轨。

(3) 各高校建立跨学科研究组织

高校成立跨学科研究院,依托跨学科研究中心,实施导师组指导,支持跨学科和跨专业联合培养,从规制性上为跨学科研究提供保障。例如,北京大学2005年成立前沿交叉学科研究院,目前研究院下设10个跨学科研究中心;华东师范大学于2009年5月成立"华东师范大学科学与技术跨学科高等研究院";中国科学技术大学实现了大学教书育人与国家实验室、大科学装置、大科学平台、大科学工程及中科院研究所科学研究的优势互补,为培养高层次人才提供了新范式。此外,高校专门成立跨学科或交叉学科学位评定委员会,打破长期以来形成的学术分委员会人为分割学科设置的弊端,如清华大学、华东师范大学、复旦大学等。

(4) 各高校聚焦博士生跨学科培养的具体环节,实施个性化培养

例如,西安交通大学设立了以学科交叉融合为特征的博士生交叉培养项目,并实施个性化跨学科人才培养计划。首先,培养单位制订个性化的培养计划,实施博士生培养专项计划,鼓励由不同学科门类的导师合作培养博士研究生,多学科导师共同参与开题、中期考核、学位论文评审与答辩等全过程。浙江大学为学科交叉与重大项目提供预研基金,设置了多个博士、硕士学位授权点,这些自主设置的学科具有鲜明的交叉学科特色;在招生中,实施学科交叉研究生培养专项计划。天津大学实施多种博士生跨学科培养举措:修改了学制;增加选修课学分和跨学科课程比重;组建交叉导师团队;遴选交叉优质生源;推动跨学科、跨院校学术交流和建设交叉科研平台。

5.3.2 被调研高校的未来博士生跨学科培养的发展规划

被调研高校的博士生培养报告明确阐述了今后博士生培养的发展愿景和规划,具体观点如下。

(1) 高校博士生跨学科培养的路径已经形成

从对各个高校调研的文本中看,国内著名高校已经设置了跨学科课程、跨学科导师组,建立了跨学科研究中心和平台,有的高校已经设立了博士生跨学科学位项目。各个高校的发展历程基本与国外高校博士生跨学科培养一致,即从设立跨学科课程

和导师指导的隐性团群发展到显性团群,再到设立博士生跨学科项目和跨学科培养中心。高校博士生跨学科培养今后的发展规划也体现这一发展路径,如中国农业大学研究生交叉人才培养专项,建立从跨学科课程设置到组建跨学科门类、跨学科导师团队的培养路径。

(2)高校建立的博士生培养路径有显性团群和实体团群

高校在博士生跨学科教育的发展中,建立跨学科、跨机构的研究生协同育人机制,实施境外联合培养计划项目,体现了资源整合的理念,博士生跨学科培养的定位是跨机构和国际化的发展趋势。如浙江大学、四川大学、西南大学都加强了联合培养力度。

(3)博士生跨学科团队培养正在兴起

高校面向重大项目开展学科交叉人才培养。各校面对国家重大项目建立科研团队,包括清华大学、浙江大学、中国科学技术大学等。具体来讲,清华大学通过学科交叉培养,增强博士研究生创新能力。面向国家重大战略、人类重大问题和新兴产业创新,充分发挥综合性大学多学科优势,重点推动了发展中国家研究博士研究生项目、工程博士培养项目、临床医学与动力工程和工程热物理交叉学科、临床医学和力学交叉学科博士研究生培养试点工作,增强了研究生跨学科研究方法和思维方式的训练,促进了学科交叉融合。

5.3.3 研究结论

综上所述,本章详细地分析了被调研高校博士生跨学科培养实践,总结如下:

第一,个人团群和隐性团群大量存在于中国高校博士生跨学科培养中,如各校设立跨学科课程、跨学科导师联合指导制度和跨学科氛围。少数高校设立跨学科博士培养项目,体现了显性团群和实体团群的培养特征。被调研高校建立跨学科研究中心;跨校、跨国合作设立博士生跨学科学位项目(西湖大学和浙江大学跨学科博士学位项目);博士生跨学科团队培养正在兴起,参与国家重大科研项目。中国大学博士生跨学科培养模式特点包括:EI嵌入一体模式大量存在于博士生跨学科团群培养中;DTC模式少量存在;DJT模式、虚拟团群培养模式和自我设计模式在中国博士生跨学科团群培养中未见到。

第二,从被调研高校的文本分析中看出,博士生团群跨学科培养的规制性体现在各校开设跨学科课程居多,只有少数高校已经设立博士生跨学科培养项目。高校博士生跨学科培养的规范性也处于起步阶段,只有少数高校在培养过程中把跨学科培养融入到培养的各个环节之中;多数高校刚刚把博士生跨学科培养提到议事日程或者今后工作计划(愿景)中,这体现了规制性在逐步增强。所以,今后博士生跨学科团群培养的提升空间很大。在文化-认知层面,许多高校都已经充分认识到了博士生跨学科培养的重要性——是博士生培养模式改革的途径之一,但其规制性要素和规范性要素没有得到充分发展,因此在文化-认知层面没有完全建立国外大学博士生跨学科培养的良好学术氛围。从被调研高校博士生培养报告中发现,各个高校能够积极进行组织机构的变革,并相继成立了跨学科研究院和中心,从招生、培养和答辩等各个环节规范博士生跨学科培养过程。

5.4 42所建设世界一流高校跨学科实践和人才培养策略

2018年8月月,教育部、财政部和国家发改委联合印发的《关于高等学校加快"双一流"建设的指导意见》明确提出,"双一流"建设高校要创新学科组织模式,围绕重大项目和重大研究问题组建学科,瞄准国家重大战略和学科前沿发展方向,依托科技创新平台、研究中心整合多学科人才团队资源,组建交叉学科,促进哲学社会科学、自然科学、工程技术之间的交叉融合。[207] 42所高校先后制定"世界一流大学建设方案",在建设方案中,着重强调跨学科研究和教育,本研究基于42所高校的文本,分析了中国一流高校发展跨学科研究的路径、特征和发展可提升的空间。

5.4.1 中国一流高校跨学科研究的策略和发展路径

中国高校跨学科研究和教育虽然还处于起步阶段,但随着中国建设世界一流大学进程地加速发展,更多高校把跨学科研究和教育作为学校发展的长期规划。高等教育中跨学科研究活动的盛行被比作"跨学科军备竞赛"(Interdisciplinary arms race)。因为发展跨学科研究不仅可以增强高校有效回应国家治理和经济社会发展重大现实问题的能力,而且跨学科研究过程本身也能激发学科交叉和孵化出新兴学科。本节通过对中国42所一流高校建设文本进行分析,发现各校均把跨学科研究和教育放在重要的地位,高校把跨学科研究渗入到教学、研究和社会服务这三方面,各校根据自身情况制定跨学科研究策略和实施路径。分析还发现,博士生跨学科团群培养的表现形式为个人团群和隐形团群(EI嵌入一体式)是各校实施跨学科研究和教育的普遍形式;显性博士生跨学科团群培养已经开始实施;跨学科团队研究成为趋势。

1. 博士生跨学科团群培养的表现形式

(1) 大量存在个人团群和隐形团群(EI嵌入一体式)

① 42所高校都设置了跨学科课程,但课程名称不尽相同。各校为本科生设置的跨学科课程采用通识教育+学院专业教育结合的育人体系,以促进通识教育与专业教育的相互支撑、相互渗透、相互转化、相互交融;加强通识教育的顶层设计,完善

通识课程体系的构建,推进通识类核心课程建设。如北京师范大学、中国海洋大学、西安交通大学、武汉大学、南京大学、浙江大学、西安交通大学。北京理工大学构建"通识-大类专业基础-专业＋X;中山大学推进通识教育与宽口径的专业教育有机结合,构建以"宽厚基础"与"促进融通"为特色的"大理科""大工科""大文科"三大基础课支撑平台,促进跨学科专业的研究性教学,提高学生运用多学科知识解决复杂问题的能力。

② 从课程的运行机制上看,体现了跨文化、跨层次、跨学科、跨校选课机制,有的高校实现了本、硕、博培养一体化的课程设置,通识教育与国际接轨。如厦门大学加强专业课程体系建设,打造跨学科、宽视野的通识课程群,以学科大类、学部设置专业核心课程群,鼓励开设前沿性、研究性、实践性、综合性课程和交叉学科课程,实施跨学科试验班计划,按照一级学科、学科群设置研究生课程计划,全面推进本科课程、本科和研究生课程互开互选。

③ 各校建设一批优质在线开放课程。慕课已经成为通识教育学习的重要方式。如重庆大学和山东大学积极开发在线课程,建设优质慕课。

(2) 显性博士生跨学科团群培养形式已经开始实施

① 各校实施跨学科培养的模式和路径,如设立跨学科培养项目。人民大学实施跨学科复合型拔尖创新人才培养,建立了经济学与数学-哲学-政治学-经济学综合实验班、高礼互联网金融实验班等跨学科双学位培养项目。探索建立"项目导向跨学科研学融合"拔尖创新人才培养模式,依托重点研究基地、重点实验室及研究中心,设立"项目导向跨学科研学融合"培养项目。中央民族大学也设立了交叉学科复合人才培养项目。

② 各校构建学科交叉人才培养平台和基地,搭建学科交叉融合平台,着力打造以交叉学科为重点的人才培养模式,促进创新型、复合型人才培养,并搭建多学科交叉的学术交流平台。如哈尔滨工业大学通过多元化投入方式,建立健全研究生学术交流机制,建设好"学科学术论坛""名师讲坛""暑期学校",搭建多层次、多学科学术交流平台,创新学术研讨方式。

③ 各校设立跨学科导师组和跨学科学科委员会。跨学科导师组是进行研究生跨学科培养的必要条件,此外,有的高校还成立了跨学科学科委员会,包括跨学科课程委员会、跨学科研究生培养指导委员会和跨学科学位评定分委员会,给予跨学科研究生培养的制度上保证。以学科群为基础制定交叉学科研究生培养方案,设立跨学科导师组,设立交叉学科研究生培养指导委员会和交叉学科学位评定分委员会。建立学术学位和专业学位研究生导师分类评聘和考核制度,支持跨学科建立导师团队。如厦门大学和云南大学。

④ 部分高校在招生制度对跨学科生源的倾斜,保证跨学科生源的数量和质量。如西北工业大学利用申请-考核制,形成优秀生源向优秀导师倾斜的良性机制,特别是对优秀、特色和新兴交叉学科以及优秀青年教师和优秀团队的招生以特殊资助。

(3) 跨学科团队研究成为趋势

各校跨学科研究的形式大都呈现出团队研究趋势。首先，跨学科团队研究面向学术前沿，承担国家重大需求，项目整合学校优势学科，鼓励建设形式多样的跨学科合作和交流的创新团队。通过多学科和多形式的交叉融合，支持创新团队建设，承担重大科学项目。如南京大学根据学科前沿和国家重大需求，利用跨学科机制和跨学科项目创新创建新兴团队，提升国家协同创新中心、国家重点实验室和省部级科技平台竞争力。其次，跨学科团队进行交叉学科人才引进与培养，促进校内跨学科教学科研合作与协同创新，完成对创新团队的学术评价和跨学科成员的激励措施。最后，跨学科团队研究有国际化趋势。如西北工业大学建立促进吐纳优秀青年的人才快速成长机制，培养跨学科和跨邻域的创新团队。以全球为载体，深化国际交流合作，建设国际联和研究机构激励校交叉融合，建立国家实验室。

2. 制度化建设

(1) 规制性体现在跨学科研究的顶层设计

学科和学科群建设是大学整体建设的基础，提升学科建设水平是建设一流大学的主题之一。各校在学科建设目标上都以学科群建设为重点，坚持学科方向是根本、人才队伍是关键、学科平台是保障、人才培养是核心。学科间的交叉融合也能为学科自身发展提供可持续的动力，保持学科活力。通过明确学科定位，凝练特色学科方向，打造高层次人才梯队；通过构建高水平校级公共平台及新兴交叉学科平台，保障人才培养、科学研究、学科建设三位一体可持续发展。世界一流大学的建设方案中，绝大多数高校都制定了拟建学科群计划。

首先，在学科总体布局上，各校把培育新兴交叉学科放到战略位置，围绕国家重大战略需求、国家重大基础和重点项目，以及科技发展前沿，以大项目为牵引，强化需求导向、问题导向，加强顶层设计和组织协调，推动学科深度交叉融合。其次，在发展的路径上，各高校采取的方式也不同，有的高校依靠跨学科平台、跨学科专项，采取学校直管、实体平台、虚拟整合等培育方式进行学科和学科群建设。在学科融合的推动下，文理医科大融合，依托理、工、农医的基础和优势，全面推进人文社会科学的交叉融合。

(2) 在规范性上，建立跨学科研究实体组织

为了减少跨学科研究合作的障碍，各校建立跨学科研究实体组织，目的是促进研究者的有效交流。根据高校自身情况，采取多样化的跨学科研究实体组织形式，虽然名称各不相同，但是主体功能相同。如文本中提及的各校的跨学科研究实体组织——前沿交叉科学研究院（北京大学、北京理工大学）、前沿交叉科学研究院中心（哈尔滨工业大学）、国际交叉科学研究院（北京航空航天大学）、交叉学科创新研究中心（东北大学）、跨学科研究中心（东南大学）等综合性交叉研究平台都积极进行机制

创新,探索学科间交叉研究管理机制。此外,各校拟建立的协同创新中心是推动跨学科研究发展的重要途径。协同创新中心是一种更为复杂的组织方式,其关键在于形成跨学科一级学科和跨学科机构的创新模式。[208]协同中心的作用是推动跨学科研究的实体化发展,在制度上确立了跨学科研究的地位。如厦门大学打造前沿交叉重大平台;加强重大项目和重大平台培育,力争在化学与能源、生命科学与医学、海洋与生态、材料与智能制造等领域新增若干国家级科技创新平台;推进各级各类协同创新中心建设,加强国际协同创新,鼓励教师牵头组织或参与全球性或区域性重大科学计划和科学工程。

(3) 在文化-认知层面,建立灵活的管理模式

各校建立良好的跨学科研究生态基础和研究环境。为了促进跨学科研究和教育发展,各高校加大教师队伍建设的投入,尤其对影响教师跨学科研究的单一聘任制度进行改革,并采取灵活和多样的科研管理激励机制。各校实施师资队伍建设和人事制度改革的突破。长期存在于跨学科研究的障碍是各个院系教师的学科从属关系,这阻碍了教师跨学科的认知和本学科以外的研究活动。在学科范围内,对跨学科教师的聘任、评估都会产生问题。跨学科教师聘用制度的改革表明了大学组织行为制度的重大变化。研究者在不同院系的聘用方式改变了知识活动内在学科和院系的纽带关系和直接的隶属关系。所以,有近一半的高校建立跨学院教师双聘制、多聘机制,鼓励并支持院系之间、院系与研究院之间的双聘制或联聘制吸引优秀人才,优化人力资源配置,促进学科交叉,促进大团队建设,全面提升学校核心竞争力。通过明确双聘制教师的学科归属、重大成果双向统计、研究生招生指标单列等方式,充分调动各方积极性,鼓励院系支持教师的柔性流动。如北京航空航天大学、西北工业大学、新疆大学、东北大学、哈尔滨工业大学、上海交通大学、浙江大学、中国农业大学、中南大学等。

构建跨学科研究的有效组织模式首先需要有效管理体制的支撑,即要构建有效的制度环境来促进或引导我国高校跨学科研究的发展。各个高校以不同形式创新科研体制,如东南大学的创新科研导向与成果激励机制。进一步探索建立不同类型、不同级别、不同形式的新型科研机构,新型研究机构有全职管理人员、根据合同聘任的项目研究人员、辅助技术人员、博士后以及校内专任教师等组成,校内专任教师可以来自不同的院系。由这种形式组成的跨学科的研究中心、研究院和团队,管理方式灵活。

5.4.2 中国一流高校跨学科实践特征分析

从中国高校跨学科研究的实践可以看出 42 所高校跨学科研究和教育的发展趋势及路径特征。

1. 满足国家发展需求是跨学科研究的外在动力

国家层面对跨学科研究的支持是这一领域早期发展的主要驱动力。高校推动跨学科发展的战略目标与外部动力，均紧密围绕国家重大战略需求，重点关注能够提升国际竞争力的重点领域。这种通过建立跨学科平台（如实验室、研究中心）促进研究的模式，与二战后美国联邦政府资助国家实验室推动跨学科发展的路径高度一致。国家政策和资助是跨学科研究的重要保障，体现了国家发展和提高科技竞争力的意志。

2. 跨学科研究具有专门的组织空间和载体，且具有多种表现形式

国内学者对跨学科研究组织模式的分类主要有如下几种：有的学者将其划分为跨学科学院（学系）、跨学科研究院与研究中心、学科群、跨学科计划（项目组）、跨学科重点实验室、跨学科工程研究中心（科学园）、学科交叉研究会（协会）等七种；有的学者将其划分为跨学科计划、跨学科课题组、跨学科实验室和跨学科研究中心等四种；有的学者将其划分为跨学科课题组、跨学科研究中心、大学研究院等三种；有的学者将其划分为课题组和大学研究院两类。[209]如浙江大学提出建立跨学科、跨单位的虚实结合的交叉研究机构。

相比于传统院系，研究中心更适合作为发展跨学科研究的载体。传统院系本身就是单一学科不断发展的产物，一旦形成高度制度化的管理结构，对跨学科研究将造成制度上的阻碍，在科层化的管理结构下，不同学科界限分明，学科之间竞争多于合作。相比之下，跨学科研究中心的灵活性更高，可以直接聚焦于国家治理和经济社会发展中的重大现实需求，资源投入的边际收益更高。国外著名大学的跨学科研究中心承担着前沿研究和研究生培养的责任，如美国斯坦福大学的 Bio-X 计划"关注生物科技和人类健康；斯坦福伍兹环境研究所（Stanford Woods Institute for The Environment）致力于通过应对当前和未来的环境问题和挑战，建设一个环境无害和可持续的世界。

此外，各校拟建不同形式的跨学科研究实体和虚体。因为线上和线下、正式和非正式的交流都可以促进跨学科研究的开展，在高等教育机构建立研究所、研究中心使研究者能够灵活和开放地进行交流，从而更加容易地改变机构的研究文化。一旦跨学科研究文化建立，研究中心和研究机构会吸引更多志趣相投的研究者合作进行研究，营造一个支持和开放的研究环境。

3. 团队研究是跨学科研究创新的主要手段

团队研究已经成为跨学科研究最主要的形式。在跨学科研究中特别注重跨学科

团队建设,国际跨学科研究趋势是建立跨学科学术共同体。跨学科平台建设是为了解决学术团队在建设和发展中面临的体制和机制障碍。只要有一个平台能够让不同学科的研究者汇聚在一起,他们就会相互激发、彼此合作,努力产出高质量的成果。国内的跨院系、跨学校和国际合作机构组成了跨学科的学术共同体。

4. 改变跨学科教师的聘任制度

许多高校把跨学科教师的聘任作为人事制度改革的重点。要促进跨学科研究的持续发展,高校需要采取策略改变新教师的聘任和晋升制度,保证提供给教师跨学科工作的动力,并消除跨学科研究中的实际风险,促进跨学科学术活动制度化。因此,各校在教师聘任、教职和晋升、成果激励机制上实施跨院系双聘制,完善科研成果激励机制,鼓励学科间的交叉融合,从制度上对教师跨学科研究绩效和价值给予肯定。反映在聘用机制方面,即高校实行灵活的用人管理机制,这是保证跨学科研究团队顺利组建的必要条件之一。"系双聘制"是目前国内外高校采用较多的一种聘任方式,它是指一名教师同时受聘于校内的两个学术单位(两个系、学院)或者一个系(或学院)和一个研究机构,但是只有一个行政归属的聘任方式。职务晋升等人事管理在原院系进行,但他们的科学研究又是动态组合的,以跨学科研究项目为联系纽带组织在一起,呈现灵活的网络式矩阵结构。

同样,国外的高校设立跨学科教师的终身教职和晋升标准,从制度上体现教师参与跨学科研究的价值,说明了高校对教师跨学科活动的制度化。如密西根技术大学(Michigan Technological University)教师和学校管理者成立了一个全校范围内的聘任委员会招收跨学科研究者。委员会的成员由学校各学科和研究中心各派一名代表组成,他们共同决定与高校发展目标相一致的跨学科研究主题。经委员会审查和面试后,确定新录用教师的工作部门,进一步明确新教师由多个院系参与评估和终生教职的审核。该校的教务长指出:各个院系都要积极地参加新教师跨学科研究的评定,教师聘任的过程是各个院系应以合作伙伴的身份参与选择和录用优秀教师的过程。[210]所以,教师跨学科聘任制度化是保证教师进行跨学科研究和教学的保障,体现了教师聘任是由全校而不是单一的学科和院系决定的,这个政策极大地促进了高校跨学科文化建设。

5. 跨学科研究与人才培养有机地结合

首先,博士生培养的起点是从招生开始的,多个高校在招生中转变理念,实施"大类培养",这说明高校在招生环节注重跨学科的培养理念。只招收单一学科学生的做法就从一开始就限制了候选人的范围。"大类培养"招收的学生可以是相近的领域,能够促进不同学科的学生交流和激发创新思想。其次,成功的跨学科研究者要能够与其他领域的研究者有效地交流和合作,这种能力可以通过培养获得。研究者的学科知识是跨学科研究的基础,而其他学科和领域的知识培养是成为跨学科研究者的必要条件。建立学科创新人才培养平台和学科交叉研究生创新培养基地,强调以"学科群"或"导师组"的团队培养模式是跨学科研究持续发展的重要因素。

从各个高校的跨学科实践和策略中可以看到,成功的学术组织模型要求大学能够在跨学科研究领域提供教师职位设置,建立跨系跨学科的长期聘用晋升评价机制。通过灵活分配教学单元鼓励跨学科教学团队,支持研究生从事跨学科领域的学习。高校提供跨学科的导师团队,允许研究单位结构化的分配收入和研究基金,以使跨学科研究中心和项目获得相关的资助。这些策略可以使现存的学术组织形式和激励结构发生转变,同时其制度变革的成本是较低的。

6. 博士生跨学科培养制度化的表现

(1) 博士生跨学科团群培养规制性的强度增加

这一点体现在各校通过建立学科群进行学科融合,从而把博士生跨学科培养置于学科建设之中。在招生制度上对跨学科人才有所倾斜,提供跨学科课程、设立跨学科导师组和跨学科委员会等政策促进跨学科研究和教育发展。

(2) 博士生培养的规范性呈现出多样性

在宏观层面,高校通过建立跨学科研究中心和研究院(显性团群和实体团群)为跨学科研究提供实体空间;在微观层面,高校加大对跨学科研究团队的资助。

(3) 各校拟建立跨学科博士生培训和培养项目

在文化-认知层面,许多高校都已经充分认识到了博士生跨学科培养的重要性,它是博士生培养模式改革的途径之一。各校搭建多学科交叉平台(学科学术论坛和学术沙龙等),鼓励教师和博士生参与交流和合作研究。

5.5 结 语

针对于博士生跨学科培养的实际情况,对被调研高校博士生培养报告的文本分析发现,中国博士生跨学科培养存在大量个人团群和隐性团群;少数高校设立跨学科博士项目并依托跨学科研究中心和平台培养博士生,体现显性团群和实体团群的培养模式,其中有些高校采用跨校和跨国联合培养博士生的模式。

高校面向重大项目的科学研究开展学科交叉人才培养,成立专门的跨学科研究院或平台作为载体培养博士生;在评估上,高校成立专门的跨学科或交叉学科学位评定委员会,进行以跨学科课程为起点鼓励博士生跨学科学习的课程改革,并制定个性化跨学科人才培养计划和鼓励博士生跨学科学术交流。同样,对42所建设世界一流高校跨学科实践和人才培养文本的分析发现,部分高校在招生制度上对跨学科生源的倾斜,保证了跨学科生源的数量和质量;拟设立跨学科培养项目,构建学科交叉人才培养平台和基地,设立跨学科导师组和跨学科学科委员会,从制度上保障跨学科人才培养制度的有效实施。由此可见,中国高校从政策设计的顶层开始深入和大规模地发展博士生跨学科教育。

第 6 章
中国博士生跨学科团群培养模式实证研究

通过对国内外大学博士生跨学科团群培养分析,本研究总结了博士生跨学科教育面临的障碍和挑战。通过对国内调研高校的跨学科博士培养报告的解读,提炼出博士生跨学科培养的关键要素,并结合中国高校的实际情况,发现在中国博士生培养中也同样存在嵌入式、显性团群和实体团群培养模式。本章根据全国博士生教育调查问卷的数据,首先对调研高校的博士生跨学科教育进行描述性分析,然后利用相关性检验和结构方程建模,分析了博士生跨学科培养嵌入式、显性团群和高融合、低融合模式中影响博士生跨学科思维和创新力的因素。

6.1 被调研高校跨学科博士生培养描述性分析

6.1.1 数据收集和描述

本研究采用2016—2017年全国博士生质量调研组编制的《博士生教育质量情况调查问卷》。本研究的数据来自全国12个省市35所高校的博士生问卷调查,共回收问卷5 124份,剔除无效问卷,回收实际有效问卷4 432份,问卷有效率为84.5%。被试博士生来自于北京大学、清华大学、中国人民大学、北京航空航天大学等35所高校,覆盖哲学、经济学、法学、教育学、文学等12个学科门类。

数据显示,近一半博士生本身具有跨学科背景或博士所学专业具有跨学科经历。有超过60%的博士生本科、硕士和博士阶段并不就读于同一所学校,这说明博士生的学缘结构具有开放性。有51.1%的博士生无跨学科背景,有22.7%和17.5%的博士生有跨二级和一级学科的背景,有跨门类背景的博士生占8.7%,这说明有跨学科背景的博士生有自然的环境参与跨学科学习,而且说明学生进行跨学科培养和跨学科研究已具有很好的个体条件。

6.1.2 博士生跨学科培养培养路径分析

1. 参与跨学科学位项目和撰写跨学科学位论文

博士生学习期间的跨学科培养路径包括参与跨学科学位项目和撰写跨学科学位论文。遗憾的是绝大多数博士生在读期间没有参与跨学科学位项目和撰写跨学科学位论文的经历。其中,没有接受跨学科培养路径的博士生占70.1%。不同学科门类或类别跨学科培养路径表现不同(见图6-1)。社科和人文学科的博士生参与撰写跨学科学位论文和参与跨学科项目比理、工、农、医学科的博士生的比例要高。从不同学科看,参与跨学科学位项目的博士生中,人文类占44.2%,社科类占39%,工科类占15.7%,理科类占21.9%,医学类占14.1%,农学类占23.7%。撰写跨学科学位论文的博士生中,人文类占24.1%,社科类占22.6%,工科类占10.8%,理科类占8.4%,医学类占8.1%,农学类占15.8%。由此可见,参与跨学科培养方式与博士生的学科类型差异有关。人文和社科类的博士生跨学科的经历最多,因为人文和社会科学面对的社会事实和社会现象具有复杂性和综合性的特征,这就决定了从单学科研究角度考虑问题往往是不全面的和有缺陷的,需要不同学科研究者合作才能得到科学的结论。

双一流建设高校和其他高校在博士生跨学科培养上的比例相差不大,没有体现出国内顶尖高校的优势。双一流建设高校和其他高校没有参与跨学科培养路径的博士生分别占72.6%和68.9%,卡方检验P=0.001,存在显著差异。在所列跨学科培养路径中,其他高校博士生参与跨学科学位项目占27.8%,双一流建设高校博士生占23.8%。其他高校和双一流建设高校博士生撰写跨学科学位论文的比例也相差不多,分别占14.5%和14.4%。以上数据表明,跨学科的博士生培养还没有在博士生培养中广泛运用,博士生跨学科培养模式是有待探索和值得关注的领域,改进空间也很大。

不同学科跨学科培养路径

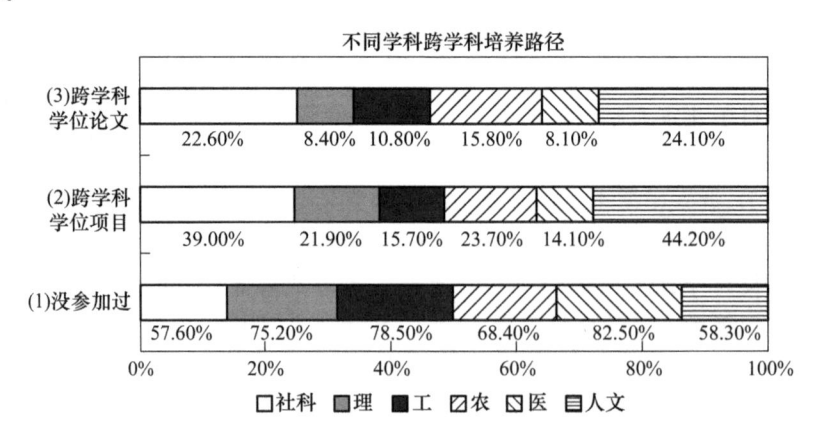

路径	社科	理	工	农	医	人文
(3)跨学科学位论文	22.60%	8.40%	10.80%	15.80%	8.10%	24.10%
(2)跨学科学位项目	39.00%	21.90%	15.70%	23.70%	14.10%	44.20%
(1)没参加过	57.60%	75.20%	78.50%	68.40%	82.50%	58.30%

图6-1 不同学科博士生参加跨学科培养路径

2. 跨学科培养方式——依据导师背景或专门平台项目

博士生跨学科培养方式包括导师具有跨学科背景、选择学习跨学科知识、专门的跨学科平台和参与项目培养。在调查的样本中(多选题),没有接受跨学科培养方式的研究博士生占46.4%;接受过跨学科培养方式的博士生中,导师具有跨学科背景和选学跨学科知识培养经历各占近30%;通过跨学科项目培养的博士生占25.7%,通过跨学科平台培养的博士研究生占20%。双一流建设高校学生接受过跨学科培养方式的博士生的整体比重反而逊于其他高校,卡方检验P=0.011,存在显著差异。双一流建设高校学生在选学跨学科知识方面明显优于其他高校,这与其多是综合性高校或偏综合性高校有关，学生容易获得多学科的知识整合。双一流建设高校为学生提供更多的跨学科路径和更浓厚的跨学科学术氛围，但是从整体上讲，双一流建设高校学生接受过跨学科培养方式的博士生比重低于其他高校，这是因为普通高校整体实力不如双一流高校，有强烈的发展愿望，着力通过跨学科研究和教育寻找发展机会，赢得先机（见图6-2和表6-1）。

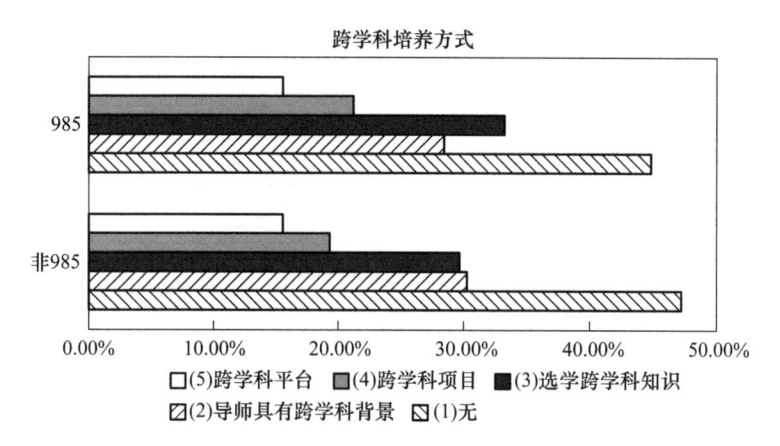

图6-2 博士生跨学科培养方式（不同类型的高校）

表6-1 博士生接受跨学科培养方式比较（不同类型的高校）

	双一流高校占比/%	非双一流高校占比/%
无跨学科培养经历	47.0	44.7
导师具有跨学科背景	30.1	28.4
选学跨学科知识	29.5	33.1
跨学科项目	19.4	21.3
跨学科平台	15.7	15.5

3. 接受跨学科培养程度——跨一级学科或学科门类

博士生中接受过跨学科培养的占59.8%，但跨学科培养程度仍在一级学科内部较多。跨一级学科与跨门类的基本持平，学科拓展程度不足。在相同一级学科跨不同二级学科或多个学科方向、在相同学科门类跨不同一级学科和跨学科门类各占31.1%、12.4%和15.2%。从不同学科门类或类别看，人文社科跨一级学科或门类的相对较多，但仍以在一级学科内跨二级学科或多个学科方向的为主。医科无跨学科经历的博士生占比最多，为53.9%，在相同一级学科中跨二级学科的人文学科、社科学科和理科占比排在前三位，分别为36.8%、35.5%和33.6%，是跨学科占比最多的形式。在相同一级学科中，跨同一级学科参与跨学科培养的比重占前三位的是社科（20.4%）、人文学科（19.3%）和工科（15.5%）。理科、医科和农科的跨学科培养比重小于人文社科和工科,说明这三个学科跨学科的发展空间巨大(见图6-3)。

从不同学校类型看,双一流建设高校实现跨学科程度的比重大于其他高校。在相同学科门类,跨不同一级学科和跨学科门类上,双一流建设高校的比重高于其他高校。综合来看,双一流建设高校跨学科培养程度明显高于其他高校(见表6-2和图6-4)。

跨学科培养程度

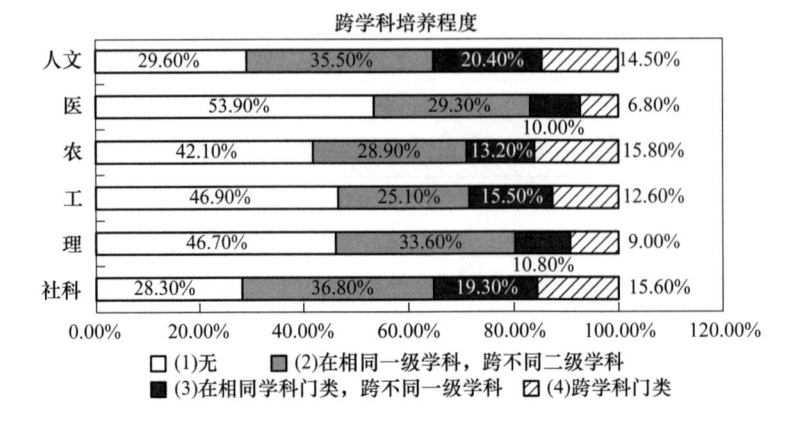

学科	(1)无	(2)在相同一级学科,跨不同二级学科	(3)在相同学科门类,跨不同一级学科	(4)跨学科门类
人文	29.60%	35.50%	20.40%	14.50%
医	53.90%	29.30%	10.00%	6.80%
农	42.10%	28.90%	13.20%	15.80%
工	46.90%	25.10%	15.50%	12.60%
理	46.70%	33.60%	10.80%	9.00%
社科	28.30%	36.80%	19.30%	15.60%

图6-3 博士生接受跨学科培养程度

表6-2 博士生接受跨学科培养程度(不同类型的高校)

博士研究生接受跨学科培养程度	其他高校	双一流建设高校
无	41.40%	40.00%
在相同一级学科,跨不同二级学科	32.20%	30.10%
在相同学科门类,跨不同一级学科	14.70%	16.80%
跨学科门类	11.80%	13.10%

跨学科培养程度

	(4)跨学科门类	(3)在相同学科门类,跨不同一级学科	(2)在相同一级学科,跨不同二级学科	(1)无
985	13.10%	16.80%	30.10%	40.00%
非985	11.80%	14.70%	32.20%	41.40%

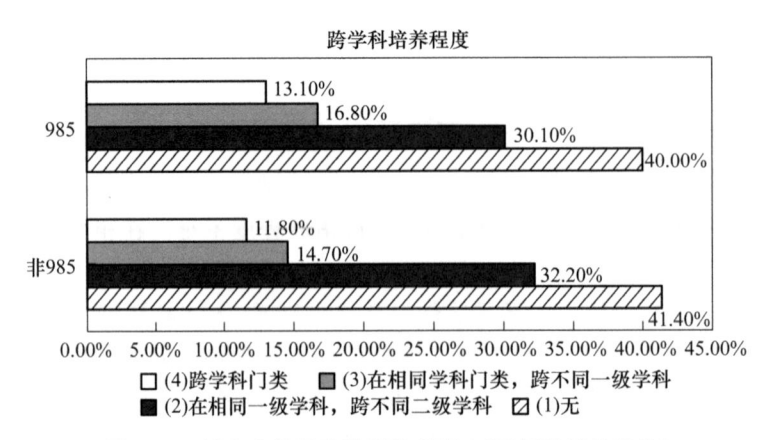

图6-4 博士生接受跨学科培养程度(不同类型的高校)

(注:本节图表数据均来源于博士研究生问卷调查)

6.2 博士生跨学科培养与创新能力关系的实证研究

6.2.1 博士生跨学科培养与创新能力关系的整体模型

1. 研究设计

(1) 问卷的结构效度

本研究首先用探索性因素分析的方法考察问卷的结构效度。因素分析结果见表22,结果显示,经正交旋转后特征值大于1的有9个因素,可解释的方差为累计方差69.199%,该问卷的Cronbach α系数为0.950,经过探索性因素分析,该问卷KMO值为0.954,适合做因子分析,根据主成分分析及碎石图分离出9个因素,分别为学术志趣、心理因素、科教结合、学术共同体、导师指导方式、跨学科培养、课程、创新能力。综上所述,该问卷的结构效度良好,符合测量学要求。

(2) 研究对象

本研究的研究对象为在读博士生,本次调查发放博士生教育调研问卷5 124份。将回收的问卷用spss23.0软件录入后进行筛选,剔除无效问卷,剔除标准如下:①回答缺失10%以上的数据;②回答明显不认真,不严肃者。经过剔除后,有效被试4 332人,问卷有效率为84.5%。问卷项目的缺失值采用均值替换。被试主要来自于北京航空航天大学、北京大学等35所高校,覆盖人文、理科、工科、农科、医科、社会科学等学科门类(见表6-3)。

表6-3 研究对象分布情况

变量	类别	人数	比例/%	总计/人
性别	男	2 538	58.6	4 332
	女	1 794	44.1	
学校类型	其他高校	2 233	51.5	4 332
	双一流高校	2 099	48.5	
学科类型	社会科学	1 164	26.9	4 332
	理科	619	14.3	
	工科	1 489	34.4	
	农科	38	0.9	
	医科	532	12.3	
	人文	490	11.3	

(3) 研究假设和研究模型

研究各部分测验之间的相关性,将投入时间、导师职称和人口学变量作为控制因素得到量表 6-4。

表 6-4 博士生跨学科培养与创新能力关系以及影响因素量表

变量	子变量名称	说明
人口统计学特征	性别	男=1,女=0
	年龄	46 岁及以上=4,36 岁～45 岁=3,26 岁～35 岁=2,25 岁及以下=1
	教育背景的跨学科情况	跨学科背景(1) 无=1 (2) 跨二级学科 (3) 跨一级学科 (4) 跨学科门类 2～4=2
	博士研究生入学方式	(1) 申请考核=1 (2) 本科直博=2 (3) 硕博连读=3 (4) 普通招考=4
	学校类型	(1) 非 985=1 (2) 985=2
控制变量	导师职称	(1) 中级=1 (2) 副高级=2 (3) 正高级=3
	所在专业设置博士生资格考试(或综合考试)情况	(1) 无=1 (2) 有=2
	投入时间	(1) 2 小时=1 (2) 4 小时=2 (3) 6 小时=3 (4) 其他=4
个体因素	学生学术志趣 — 我喜欢我现在的研究方向	完全不同意=1,不同意=2,不确定=3,同意=4,完全同意=5
	我乐于投入到研究探索中	完全不同意=1,不同意=2,不确定=3,同意=4,完全同意=5
	我积极学习和吸收新的知识或课程来促进自己的研究	完全不同意=1,不同意=2,不确定=3,同意=4,完全同意=5
	我乐于接受并完成导师交给的任务	完全不同意=1,不同意=2,不确定=3,同意=4,完全同意=5
	心理因素 — 抗压能力强弱	(1)非常强 (2)比较强 (3)一般 (4)比较弱 (5)非常弱
	顺利拿到博士学位的可能性	(1)非常可能 (2)比较可能 (3)一般 (4)比较难 (5)非常难
	对博士研究生活满意的程度	(1)非常满意 (2)比较满意 (3)一般 (4)比较不满意 (5)非常不满意

续表 6-4

变量	子变量名称	说 明
科教结合	参与导师的科研课题级别（重要性）	(1)国家科技重大专项 (2)国家重点研发计划 (3)国家高技术研究发展计划(863)项目 (4)国家重点基础研究发展规划(973)项目 (5)国家自然科学基金项目 (6)国家攀登计划项目 (7)国防重大科研项目 (8)国家社会科学基金项目 (9)境外合作科研项目1~9=3， (10)省部级科研项目 (11)其他纵向科研项目 (12)其他横向科研项目(10)~(12)=2 (13)不参加导师科研项目 不参与=1
	项目参与的深度（工作量）	(1)小于10% (2)10~20% (3)21~30% (4)31~40% (5)41~50% 1~5=2 (6)大于50%=3 (7)未参加导师科研项目=1
	学位论文依托的主要科研课题来源	(1)国家科技重大专项 (2)国家重点研发计划 (3)国家高技术研究发展计划(863)项目 (4)国家重点基础研究发展规划(973)项目 (5)国家自然科学基金项目 (6)国家攀登计划项目 (7)国防重大科研项目 (8)国家社会科学基金项目 (9)境外合作科研项目1~9=3， (10)省部级科研项目 (11)其他纵向科研项目 (12)其他横向科研项目10~12=2 (13)学生自行申报或选择的课题=1
导师指导方式	与导师交流：①我和学校导师关系密切②我花很多时间和学校导师讨论③在讨论学术问题时，我和学校导师使用相互能够理解的交流方式	完全不同意=1,不同意=2,不确定=3,同意=4,完全同意=5
	与导师合作：1.我和学校导师对科研工作中的重点通常可以达成共识 2.我和学校导师有共同的科研理想和目标 3.我与学校导师有很高的热情去实现课题组共同的科研目标和任务	完全不同意=1,不同意=2,不确定=3,同意=4,完全同意=5
	每学期是否与导师当面交流	0次=1 1—5次=2 6—10次=3 11—15次=4 15次以上=5
	攻读博士学位期间接受的主要指导方式	(1)导师单独指导=1 (2)导师团队的共同指导=2 (3)联合培养导师组指导（国内）和(4)联合培养导师组指导（国外）=3 (5)多学科导师指导和(6)除导师之外的其他形式指导=4
	教学、科研人员组成的指导团队	完全不同意=1,不同意=2,不确定=3,同意=4,完全同意=5
	导师学科平台	(1)院士 (2)长江学者1~2=1 导师有学科平台 (3)"千人计划"入选者 (4)杰青基金获得者3~4=2 (5)其他(6)无5~6=3

续表 6-4

变量	子变量名称	说明
学术共同体	我主动参与组会讨论	完全不同意=1,不同意=2,不确定=3,同意=4,完全同意=5
	团队成员能够相互支持与协作	完全不同意=1,不同意=2,不确定=3,同意=4,完全同意=5
	开展各自研究领域的交流讨论	完全不同意=1,不同意=2,不确定=3,同意=4,完全同意=5
	得到同学和学友的支持与帮助	完全不同意=1,不同意=2,不确定=3,同意=4,完全同意=5
	学生投入学习时间	学生投入学习时间(1)2=1,(2)4=2;(3)6小时和其他=3
课程学习	学校课程具有很好的开放性,对我有很好指导	完全不同意=1,不同意=2,不确定=3,同意=4,完全同意=5
	学校课程具有很好的前沿性,对我有很好指导	完全不同意=1,不同意=2,不确定=3,同意=4,完全同意=5
	学校课程具有很好的前瞻性,对我有很好指导	完全不同意=1,不同意=2,不确定=3,同意=4,完全同意=5
跨学科培养	参与的跨学科培养路径	(1)没参加过=1 (2)跨学科学位项目=2 (3)跨学科学位论文=3
	接受的跨学科培养方式	(1)无=1 (2)导师具有跨学科背景=2 (3)选学跨学科知识=3 (4)跨学科项目=4 (5)跨学科平台=5
	接受的跨学科培养程度	(1)无=1 (2)在相同一级学科跨不同二级学科=2 (3)在相同学科门类,跨不同一级学科=3 (4)跨学科门类=4
	国外访学跨学科培养环境(国外博士培养的有跨学科元素)	(1)交换生或短期访学=1 (2)联合培养=2 (3)攻读国外学位=3 (4)攻读Joint(联合学位)=4 (5)攻读Dual(双学位)=5
跨学科思维	我会从不同角度看待和思考学习研究中遇到的困难	完全不同意=1,不同意=2,不确定=3,同意=4,完全同意=5
	我会用批判性的视角考虑问题,发现和提出科学问题	完全不同意=1,不同意=2,不确定=3,同意=4,完全同意=5
	我能开辟新的领域,提出独特见解	完全不同意=1,不同意=2,不确定=3,同意=4,完全同意=5
	我善于向各行业、各学科相关人员学习	完全不同意=1,不同意=2,不确定=3,同意=4,完全同意=5
	我善于追踪国际前沿,关注和研究科技进展	完全不同意=1,不同意=2,不确定=3,同意=4,完全同意=5

续表 6-4

变量	子变量名称	说 明
创新能力	我所撰写的研究论文具有原始创新性	完全不同意=1,不同意=2,不确定=3,同意=4,完全同意=5
	我所撰写的研究论文具有应用价值性	完全不同意=1,不同意=2,不确定=3,同意=4,完全同意=5
	我的论文选题具有开放性	完全不同意=1,不同意=2,不确定=3,同意=4,完全同意=5
	我当前参与的研究项目处于本领域学术前沿	完全不同意=1,不同意=2,不确定=3,同意=4,完全同意=5
	我的论文选题具有前瞻性	完全不同意=1,不同意=2,不确定=3,同意=4,完全同意=5

2. 研究假设

研究各部分测验之间的相关性分析见表 6-5 和表 6-6。从表中可以看出：学术志趣、学术共同体、跨学科培养、导师指导、心理因素、科教结合和课程均与博士生跨学科思维和创新能力存在显著相关，$P<0.01$；跨学科培养与创新能力存在显著相关，$P<0.05$。提出研究假设：

① 学术共同体、跨学科培养方式、课程和科教结合对其跨学科思维和创新能力有显著影响。

② 学术志趣和学生心理因素对其跨学科思维和创新能力有显著影响。

③ 学术共同体、跨学科培养方式和科教结合通过学术志趣和学生心理因素对其跨学科思维和创新能力有显著影响，学术志趣和学生心理因素在其中起中介作用。

表 6-5 博士生创新能力与学术志趣和导师指导方式等因素之间的相关分析

	课 程	创新能力	跨学科思维	导师指导	心理因素	学生志趣	跨学科培养	科教结合	学术共同体
创新能力	0.578**								
跨学科思维	0.596**	0.830**							
导师指导	0.493**	0.564**	0.539**						
心理因素	0.269**	0.276**	0.294**	0.342**					
学生志趣	0.666**	0.738**	0.779**	0.535**	0.308**				
跨学科培养	0.047**	0.013	0.032*	0.138**	0.055**	−0.033*			
科教结合	−0.040**	0.036*	0.020	0.087**	0.044**	−0.051**	0.224**		
学术共同体	0.613**	0.725**	0.782**	0.572**	0.287**	0.784**	−0.021	0.049**	

表6-6 变量间路径系数及显著性检验

路径	标准化路径系数	t值
能力培养→学术志趣	0.917	27.421***
能力培养→心理因素	0.336	20.472***
学术志趣→跨学科思维和创新能力	1.814	76.281***
心理因素→跨学科思维和创新能力	1.062	6.097
课程→能力培养	0.726	1.000
科教结合→能力培养	−0.056	−3.344*
跨学科培养→能力培养	−0.036	−2.165***
学术共同体→能力培养	0.854	52.790***
跨学科思维→跨学科思维和创新能力	0.934	1.000
创新能力→跨学科思维和创新能力	0.887	85.351***

附注1：* 表示 $p<0.05$，** 表示 $p<0.01$；*** 表示 $p<0.001$

为了进一步考察这些因素对博士生创新能力的影响，依此构建结构方程模型，删除不显著（导师指导在模型中不显著）的路径后得到博士生跨学科思维和创新能力模型图（见图6-5）。该结构方程模型各路径系数均显著，$P<0.05$，拟合指数中 $P=0.12>0.05$；CMIN/DF=2.15；MSEA=0.002<0.05；CFI=0.99>0.9；CFI=0.97>0.9，表明模型拟合指数良好（见表6-7）。

课程、科教结合和学术共同体均等能力培养环节均通过学术志趣和心理因素对跨学科思维和创新能力起正向促进作用，效应量显著。科教结合和跨学科环节并未起到正向促进作用，其系数为负（−0.06和−0.04），这说明跨学科培养有待改进。

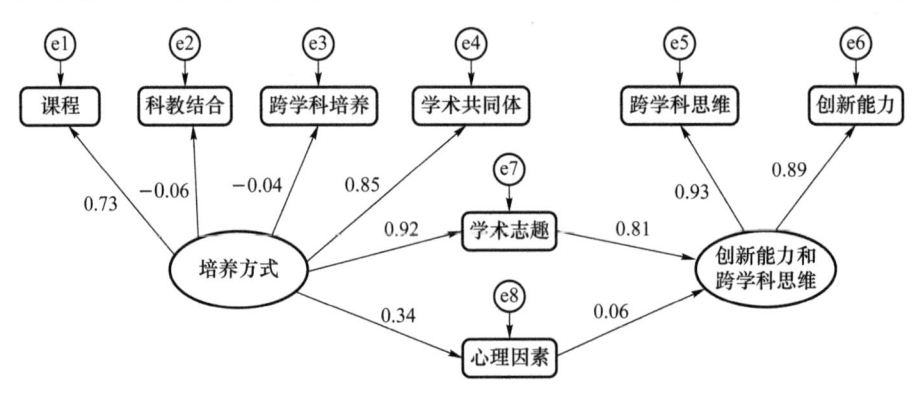

图6-5 博士生跨学科培养与博士生创新能力关系及影响因素模型图

表 6-7　博士生创新能力模型拟合指数表

P	CMIN/DF	RMSEA	CFI	RFI
0.12	2.15	0.02	0.99	0.97

3. 研究结论

整体模型表明,课程、学术共同体、跨学科培养方式和科教结合对博士研究生创新能力有显著影响。学术共同体对创新能力的直接作用较大,课程学习对创新能力的直接作用次之,科教结合和跨学科培养方式对创新能力的作用显著,具有预测作用。但需注意的是,跨学科培养方式对博士生创新能力的作用,其置信水平仅在 $P<0.05$,且路径系数仅-0.04,非常小,说明跨学科培养的作用不大,可提升空间很大。

6.2.2　参加跨学科培养与未参加跨学科培养的博士生的创新能力模型

1. 研究对象

本研究的研究对象包括参加过跨学科研究与没有跨学科研究经历的博士生,研究内容包括博士生参与的跨学科培养路径、培养方式、培养程度,以及国外访学跨学科培养环境,将回收的问卷用 spss23.0 软件录入后进行筛选,剔除无效后,有效被试4 265 人(见表 6-8)。

表 6-8　是否参加跨学科研究博士生分布情况

变量	类别	人数	比例/%	总计/人
是否参加跨学科研究	参加	1 252	29.3	4 265
	未参加	3 013	70.6	

2. 研究假设和研究模型

学术志趣、学术共同体、跨学科培养、导师指导、心理因素、科教结合和课程均与博士生的创新能力存在显著相关,$P<0.01$;跨学科培养与创新能力存在显著相关,$P<0.05$。提出研究假设:
① 学术共同体、跨学科培养方式、课程和科教结合对其创新能力有显著影响。
② 学术志趣和学生心理因素对其创新能力有显著影响。
③ 学术共同体、跨学科培养方式和科教结合通过学术志趣和学生心理因素对其

跨学科思维和创新能力有显著影响，学术志趣和学生心理因素在其中起中介作用。

为了进一步考察这些因素对博士研究生创新能力的影响，依此构建结构方程模型，删除不显著的路径后得到未参加跨学科研究和参加跨学科博士生跨学科思维和创新能力影响因素模型图（见图 6-6 和图 6-7）及其拟合指数表（见表 6-9 和表 6-10）。

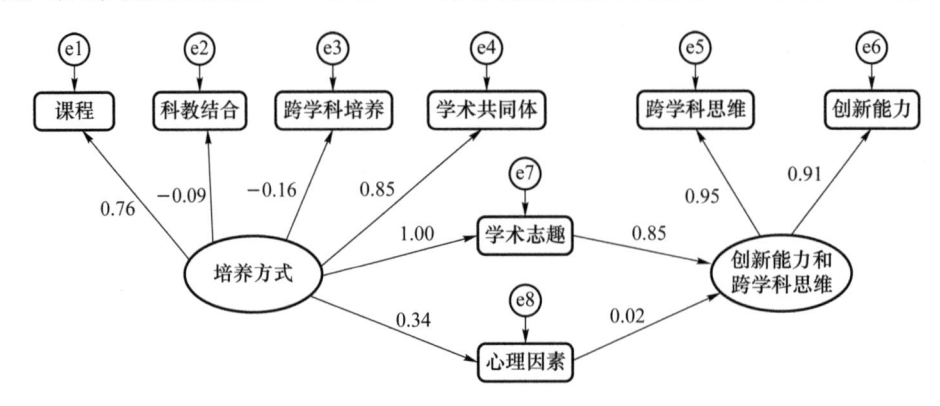

图 6-6　未参加跨学科研究博士生跨学科思维和创新能力影响因素模型

由表 6-9 可见，未参加跨学科研究博士生跨学科思维和创新能力影响因素模型各路径系数均显著，$P<0.05$，拟合指数中 $P=0.06>0.05$；$CMIN/DF=2.14$；$RMSEA=0.04<0.05$；$CFI=0.99>0.9$；$CFI=0.99>0.9$，表明模型拟合指数良好（见表 6-9）。

表 6-9　未参加跨学科研究博士生跨学科思维和创新能力影响因素模型拟合指数表

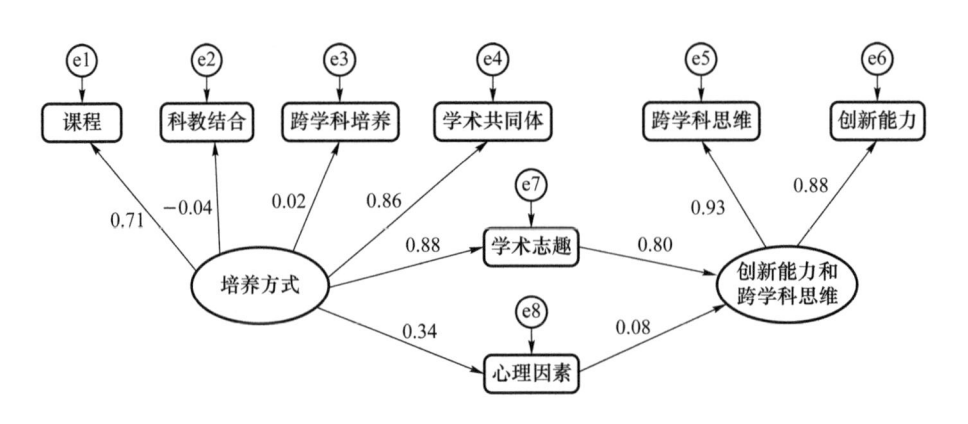

P	CMIN/DF	RMSEA	CFI	RFI
0.06	1.24	0.04	0.99	0.99

图 6-7　参加跨学科研究博士生跨学科思维和创新能力影响因素模型

由表 6-10 可见，参加跨学科研究博士生跨学科思维和创新能力影响因素模型各路径系数均显著，$P<0.05$，拟合指数中 $P=0.37>0.05$；$CMIN/DF=1.76$；

RMSEA＝0.02＜0.05；CFI＝0.99＞0.9；CFI＝0.99＞0.9，表明模型拟合指数良好。

表6-10 参加跨学科研究博士生跨学科思维和创新能力影响因素模型拟合指数表

P	CMIN/DF	RMSEA	CFI	RFI
0.37	1.76	0.02	0.99	0.99

3. 研究结论

没有参加过跨学科研究的博士生创新能力模型表明，课程、学术共同体均等能力培养环节均通过兴趣和心理因素对跨学科思维和创新能力起正向促进作用。其中学术志趣和学术共同体对创新能力的直接作用较大，导师指导方式对创新能力的直接作用次之，科教结合和跨学科环节并未起到正向促进作用，此培养环节有待改进。

从参加过跨学科培养的博士生模型看，课程、跨学科培养和学术共同体均等能力培养环节均通过兴趣和心理因素对跨学科思维和创新能力起正向促进作用。科教结合并未起到正向促进作用。所以，对比没参加过跨学科研究的博士生，参加跨学科培养对博士生创新能力起正向促进作用。但需注意的是，跨学科培养方式对跨学科思维创新能力的作用，其置信水平仅在P＜0.05，且路径系数仅0.2，非常小，说明跨学科培养的作用不大，可提升空间很大。

6.2.3 嵌入式博士生跨学科培养与创新能力的相关性及影响因素研究

1. 研究对象

嵌入式博士生跨学科培养是指通过选学跨学科知识、导师具有跨学科背景和撰写跨学科学位论文、国外访学跨学科培养环境等隐形的跨学科教育方式为博士生提供跨学科教育；无嵌入式博士生跨学科培养即没有参加跨学科学位论文、导师不具有跨学科背景、未选学跨学科知识、无国外访学跨学科培养环境。将回收的问卷用spss23.0软件录入后进行筛选，剔除无效的问卷后，有效被试4 265人（见表6-11）。

表6-11 嵌入式博士生跨学科培养研究对象情况

变量	类别	人数	比例/%	总计/人
培养模式	嵌入式	1 098	25.7	4 265
	无嵌入式	3 167	74.3	

2. 研究假设和模型

学术志趣、学术共同体、跨学科培养、导师指导、心理因素、科教结合和课程均与博士研究生的跨学科思维和创新能力存在显著相关，$P<0.01$；跨学科培养与创新能力存在显著相关，$P<0.05$。提出研究假设：

① 学术共同体、跨学科培养方式、课程和科教结合对其跨学科思维和创新能力有显著影响。

② 学术志趣和学生心理因素对其跨学科思维和创新能力有显著影响。

③ 学术共同体、跨学科培养方式和科教结合通过学术志趣和学生心理因素对其跨学科思维和创新能力有显著影响，学术志趣和学生心理因素在其中起中介作用。

为了进一步考察这些因素对博士研究生创新能力的影响，依此构建结构方程模型，删除不显著的路径后，得到无嵌入式博士生跨学科研究和嵌入式博士生跨学科思维和创新能力影响因素模型图（见图 6-7 和图 6-8）及其拟合指数表（见表 6-12 和表 6-13）。

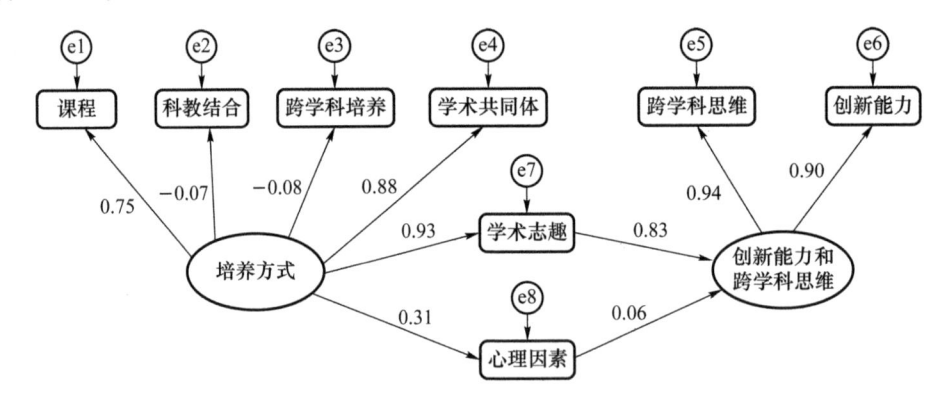

图 6-7　无嵌入式博士生跨学科思维和创新能力影响因素模型图

由表 6-12 可见，无嵌入式博士生跨学科思维和创新能力影响因素模型各路径系数均显著，$P<0.05$，拟合指数中 $P=0.11>0.05$；$CMIN/DF=2.44$；$RMSEA=0.02<0.05$；$CFI=0.99>0.9$；$CFI=0.97>0.9$，表明模型拟合指数良好（见表 6-12）。

表 6-12　无嵌入式博士生跨学科思维和创新能力影响因素模型拟合指数表

P	CMIN/DF	RMSEA	CFI	RFI
0.11	2.44	0.02	0.99	0.97

由表 6-13 可见，嵌入式博士生跨学科思维和创新能力影响因素模型各路径系数均显著，$P<0.05$，拟合指数中 $P=0.13>0.05$；$CMIN/DF=2.21$；$RMSEA=0.04<0.05$；$CFI=0.98>0.9$；$CFI=0.99>0.9$，表明模型拟合指数良好。

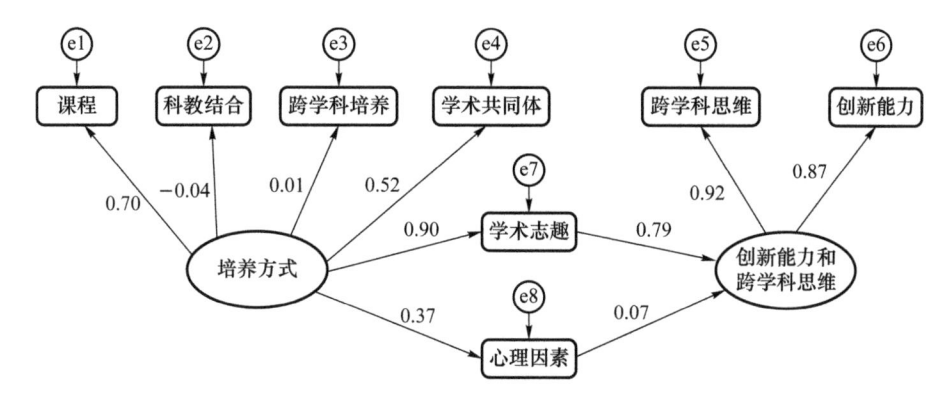

图 6-8　嵌入式博士生跨学科思维和创新能力影响因素模型图

表 6-13　嵌入式博士生跨学科思维和创新能力影响因素模型拟合指数表

P	CMIN/DF	RMSEA	CFI	RFI
0.13	2.21	0.04	0.98	0.99

3. 研究结论

模型的指数拟合合理,根据无嵌入式博士生模型可以看出,课程、学术共同体通过学术志趣和心理因素对创新力有显著影响;但是跨学科在无嵌入模式中为-0.08,发挥负向作用。学术志趣对对跨学科思维和创新力影响最大,而学术共同体作用次之。根据嵌入式博士生跨学科模型可知,课程、学术共同和跨学科培养体通过学术志趣和心理因素对创新力有显著影响,跨学科培养发挥显著正向作用的路径系数为0.01,这说明跨学科培养对其创新能力培养有促进作用,但效果有待提升。

6.2.4　博士生显性团群跨学科培养与创新能力的相关性及影响因素研究

1. 研究对象

参加显性团群博士生跨学科项目和平台是指博士生在培养的过程中参与跨学科学位项目、跨学科项目和跨学科平台。将回收的问卷用spss23.0软件录入后进行筛选,有效被试4 265人(见表6-14)。

表 6-14　参加显性博士生跨学科项目和平台研究对象情况

变量	类别	人数	比例/%	总计/人
培养模式	显性项目和平台	627	14.7	4 265
	无项目和显性平台	3 638	85.3	

2. 研究假设和研究模型

学术志趣、学术共同体、跨学科培养、导师指导、心理因素、科教结合和课程均与博士研究生的跨学科思维和创新能力存在显著相关,P<0.01,跨学科培养与创新能力存在显著相关,P<0.05。提出研究假设:

① 学术共同体、跨学科培养方式、课程和科教结合对其跨学科思维和创新能力有显著影响。

② 学术志趣和学生心理因素对其跨学科思维和创新能力有显著影响。

③ 学术共同体、跨学科培养方式和科教结合通过学术志趣和学生心理因素对其跨学科思维和创新能力有显著影响,学术志趣和学生心理因素在其中起中介作用。

为了进一步考察这些因素对博士研究生创新能力的影响,依此构建结构方程模型,删除不显著的路径后,得到未参加显性跨学科项目和平台的博士生和参加显性项目和平台的博士生跨学科思维和创新能力影响因素模型图(见图6-9和图6-10)。

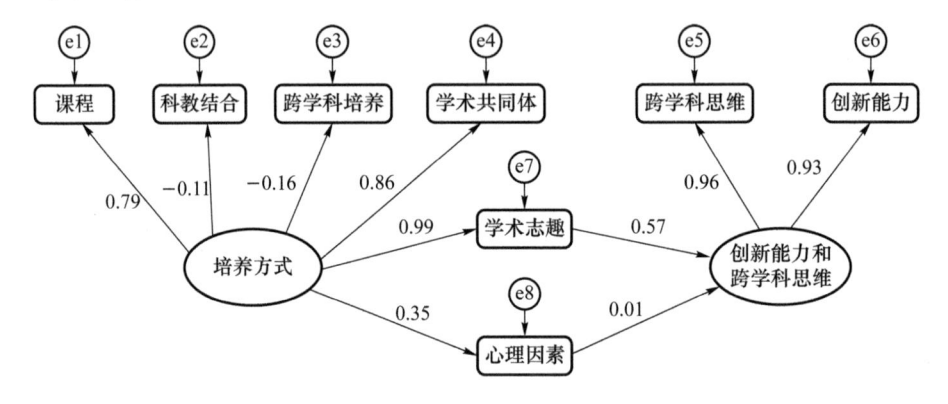

图6-9 未参加显性跨学科项目和平台博士生跨学科思维和创新能力影响因素模型

由表6-15可见,未参加显性跨学科项目和平台博士生跨学科思维和创新能力模型各路径系数均显著,P<0.05,拟合指数中 P=0.16>0.05;CMIN/DF=1.13;RMSEA=0.03<0.05;CFI=0.99>0.9;CFI=0.98>0.9,表明模型拟合指数良好。

表6-15 未参加显性跨学科项目和平台博士生跨学科思维和创新能力模型拟合指数表

P	CMIN/DF	RMSEA	CFI	RFI
0.16	1.13	0.03	0.99	0.98

由表6-16可见,参加显性跨学科项目和平台博士生跨学科思维和创新能力模型各路径系数均显著,P<0.05,拟合指数中 P=0.08>0.05;CMIN/DF=2.28;RMSEA=0.05=0.05;CFI=0.99>0.9;CFI=0.96>0.9,表明模型拟合指数良好。

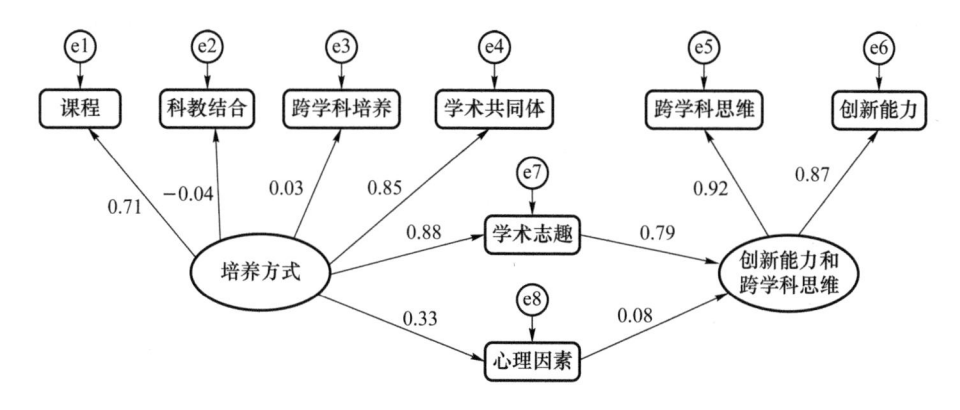

图 6-10　参加显性跨学科项目和平台博士生跨学科思维和创新能力影响因素模型

表 6-16　参加显性跨学科项目和平台博士生跨学科思维和创新能力模型拟合指数表

P	CMIN/DF	RMSEA	CFI	RFI
0.08	2.28	0.05	0.99	0.96

3. 研究结论

模型的指数拟合合理,根据未参加显性跨学科项目和平台博士生模型可以看出,课程、学术共同体通过学术志趣和心理因素对跨学科思维和创新力有显著影响;但是跨学科在无无显性的跨学科项目和平台培养路径系数为-0.16,发挥负向作用。学生的学术志趣对对跨学科思维和创新力影响最大,而学术共同体作用次之。根据参加显性跨学科项目和平台博士生模型可知,课程、学术共同和跨学科培养体通过学术志趣和心理因素对创新力有显著影响;参加显性跨学科项目和平台博士生跨学科培养发挥显著正向作用路径系数为0.03,但是作用不显著,这说明显性平台跨学科博士生培养能够对其能力培养有促进作用,但效果有待提升。

6.2.5　高融合和低融合对博士生创新能力的影响的实证研究

1. 嵌入式博士生跨学科培养中高融合和低融合对跨学科思维和创新能力影响因素实证研究

为进一步考察跨学科各个环节融合程度对学生能力培养的影响。采取加权赋值的方法,将参与过嵌入式博士生跨学科培养划分为低融合和高融合两部分,研究对象见表 6-17。对低融合和高融合两大类博士生的模型进行比较分析,分别研究跨学科各个环节对创新能力、跨学科思维的作用机制。

建构对应的结构方程模型,各拟合指数均在合理范围内($\chi^2/df=1.446$,P=

0.229,GFI＝0.994,CFI＝0.996,RMSEA＝0.059),得到两组路径系数图:嵌入式博士生跨学科培养低融合的跨学科思维和创新能力影响因素模型(见图6－11)和嵌入式博士生跨学科培养高融合的跨学科思维和创新能力影响因素模型(见图6－12)。经过成对参数比较,仅仅学术兴趣对培养方式和创新能力、跨学科思维的中介效应这条路径存在显著学科差异。通过结构方程得出,临界比CR值为3.19(参数间差异的临界比值为3.19＞1.96),说明两者差异显著。系数分别为0.89、0.58和0.93、0.69,说明对于较于低融合嵌入式博士生而言,高融合嵌入式博士生学术兴趣对培养方式和创新能力、跨学科思维的中介效应更为显著,高融合的嵌入式培养有利于结合学生兴趣提升其创新能力。

表6－17 嵌入式博士生跨学科培养高融合和低融合研究对象情况

变量	类别	人数	比例/%	总计/人
培养模式	低融合	659	60.1%	1 098
	高融合	439	74.3	

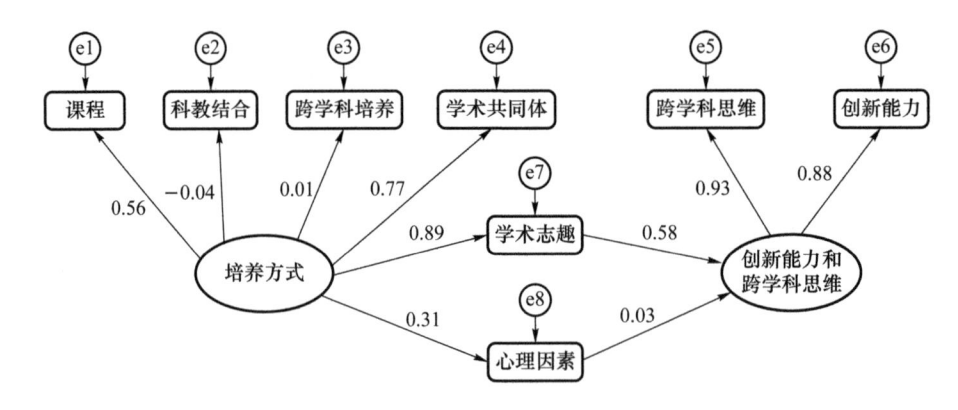

图6－11 嵌入式博士生跨学科培养低融合对博士生跨学科思维和创新能力影响因素模型图

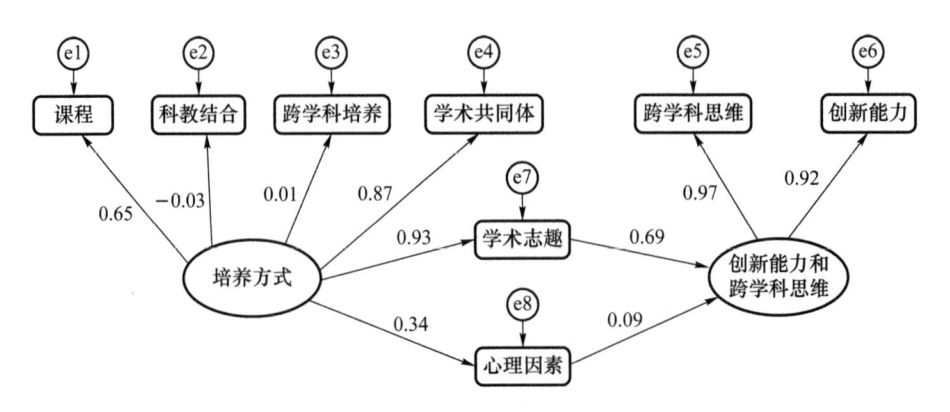

图6－12 嵌入式博士生跨学科培养高融合对博士生跨学科思维和创新能力影响因素模型图

2. 显性博士生跨学科项目和平台培养中高融合和低融合对博士生创新能力影响研究

为进一步考察跨学科各个环节融合程度对学生能力培养的影响,采取加权赋值的方法,将参与显性博士生跨学科项目和平台的博士生跨学科培养划分为低融合和高融合两部分。对低融合和高融合两大类博士生的模型进行比较分析,分别研究跨学科各个环节对创新能力、跨学科思维的作用机制。显性博士生跨学科项目和平台培养的高融合和低融合研究对象情况见表6-18。

表6-18 显性博士生跨学科项目和平台培养的高融合和低融合研究对象情况

变量	类别	人数	比例/%	总计
培养模式	低融合	478	72.5%	659
	高融合	181	27.5%	

建构对应的结构方程模型,各拟合指数均在合理范围内($\chi^2/df=1.995$,P=0.370,GFI=0.992,CFI=0.998,RMSEA=0.05),得到两组路径系数图:显性博士生跨学科项目和平台培养低融合对跨学科思维和创新能力影响因素模型(见图6-13)和显性博士生跨学科项目和平台培养高融合对跨学科思维和创新能力影响因素模型(见图6-14)。经过成对参数比较,通过结构方程得出,仅培养方式对心理因素直接效应这条路径存在显著学科差异临界比,CR值为2.27,(参数间差异的临界比值为2.27>1.96),说明两者差异显著。系数分别为0.39和0.37,说明相较于低融合的博士生而言,高融合博士生所受到的跨学科培养对其心理状态的正向促进效应更为显著,高融合的显性平台培养有利于培养学生积极的心理状态,减轻心理压力,而低融合的博士生虽然处于显性平台和项目中,由于融合程度较低,可能会出现迷茫和心理压力的情况多于高融合博士生。在低融合博士生培养过程中,也要关注博士生在跨学科研究中的困难和挫折,为其提供良好的心理疏导。

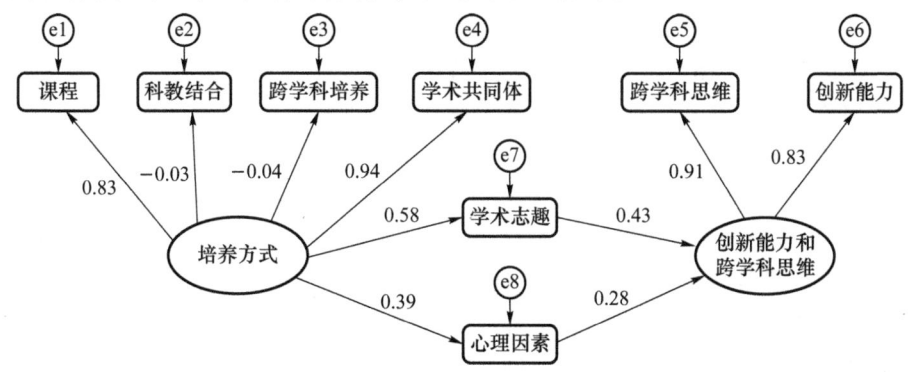

图6-13 显性博士生跨学科项目和平台培养的低融合对博士生跨学科思维和创新能力影响因素模型图

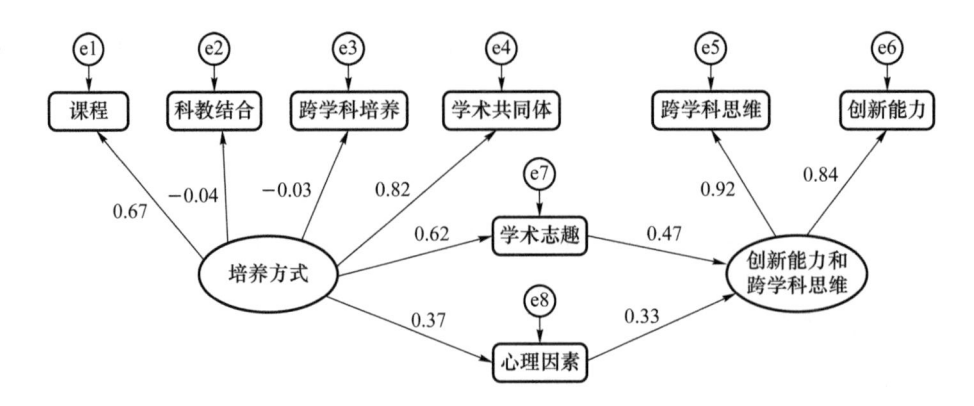

图 6-14　显性博士生跨学科项目和平台培养的高融合对博士生跨学科思维和创新能力影响因素模型图

6.3　研究结论

跨学科博士生培养是世界博士研究生培养的发展趋势,也是我国在建设双一流大学中培养拔尖创新人才的重要手段之一。本文基于 2016—2017 年全国第四次博士研究生培养调研的数据,对跨学科培养中影响博士生创新能力的因素进行实证研究。描述性分析研究结论为:①博士生所具有的跨学科背景优势未能转化成跨学科培养的实际价值,表现在博士生接受跨学科培养和导师具有跨学科背景的比例较低;②人文社科类博士生接受跨学科培养程度相对较高;③双一流建设高校博士生接受跨学科知识和跨学科学位项目的比例高于其他高校。

博士生创新能力模型研究表明,跨学科培养路径与方式对跨学科能力及创新能力均存在显著正向影响。值得注意的是,学生的兴趣、志向与心理状态在此过程中发挥部分中介作用,即跨学科培养通过激发个体内在动力间接提升创新能力。跨学科培养对创新能力作用显著,具有正向的预测作用。然而,无论是在博士生参与跨学科研究的整体模型中,还是在具体的嵌入式博士生培养模式和显性项目与平台培养中,跨学科培养均未能挥其应有的作用,亟需通过优化课程设计、强化资源整合等方式提升跨学科培养效果。

嵌入式博士生跨学科培养中高融合和低融合对跨学科思维和创新能力影响的差异,表现在相较于低融合的博士生而言,高融合博士生所受到的跨学科培养对其心理状态的正向促进效应更为显著。显性博士生跨学科项目和平台培养高融合和低融合对创新能力影响的差异表现在,高融合的显性平台培养有利于培养学生积极从事研究的心理状态,有助于提升博士生的创新能力。

6.4　结　语

本章对中国博士生跨学科研究和教育情况进行了量化和质性研究。首先对全国12个省市、35所高校不同学科的博士生进行了问卷调查,发现绝大多数博士生在学期间没有跨学科培养的经历;接受过跨学科培养方式的博士研究生中,导师具有跨学科背景和选学跨学科知识培养经历的各占近30%;有跨学科项目和跨学科平台培养的博士研究生占20%。调查数据说明我国博士生跨学科培养的程度仍然不够。对博士研究生跨学科培养与创新能力的实证研究的结果表明,跨学科培养对创新能力具有正向预测作用。跨学科培养路径、培养方式等均对创新能力有正向影响和作用。

根据不同的培养模式分析,学术志趣、学术共同体、跨学科培养、导师指导、心理因素、科教结合和课程均与博士研究生的跨学科思维和创新能力存在显著相关。在不同培养模型中的共同特点是:博士生参加跨学科研究均对其跨学科思维和创新能力有正向作用。不同模式的表现不同,嵌入式博士生跨学科培养是通过选学跨学科知识,导师具有跨学科背景和撰写跨学科学位论文、国外访学跨学科培养环境等隐形的跨学科教育方式为博士生提供跨学科教育,在模型中发挥显著正向作用,但作用极为不显著,说明在博士生跨学科培养中,以上培养方式没有发挥出应有的作用,仍有改进的空间。在培养过程中参与跨学科学位项目、跨学科项目和跨学科平台的博士生显性跨学科项目模型表明,课程、学术共同和跨学科培养体通过学术志趣和心理因素对跨学科思维和创新力有显著影响;显性跨学科项目和平台的跨学科培养发挥显著正向作用,但作用不显著,说明显性跨学科项目和平台博士生培养在我国的博士生跨学科培养模式急待提高。另一个不能忽视的方面是,在各个模型中,学生学术志趣和心理因素对跨学科思维和创新能力都具有最大的效应量,所以,如何提高博士生对跨学科研究的兴趣和为学生创造跨学科研究的环境和文化是各个高校要深入思考的问题。

第 7 章
中国博士生跨学科团队团群培养设计

通过对中国博士生跨学科培养形态分析和跨学科团群培养模式实证研究,发现中国高校博士生跨学科培养是是嵌入传统博士生培养范式之中,并与之融合在一起。本书对优秀博士案例分析、博士生教育培养报告和 42 所高校跨学科文本分析,发现博士生跨学科团队培养形式是今后的发展趋势之一。由于本研究篇幅和研究者的精力有限,不能涵盖所有的研究视角。所以,本书选取了博士生跨学科培养中团队培养的机制进行研究,重点关注博士生跨学科实体团群和团队团群培养过程的演变过程,跨学科团队培养知识融合过程设计、关键要素和主要配套措施。

7.1 博士生跨学科团群培养的演变过程

第 4 章介绍了国内外博士生跨学科培养的三种典型模式:嵌入一体模式(Embedded-integrated Model,EI)、院系合作跨学科模式(The Department JointTraining Model,DJT)和团队研究跨学科模式(Degree and Team-based Combined Model,DTC)。本节通过对典型模式的演变分析,试图说明博士生跨学科培养由简单到复杂的过程:由个人团群发展到显性团群(团队团群)的过程,通过对博士生跨学科培养演变过程的分析,从历史发展的角度对博士生跨学科培养梳理,为科学地设计我国博士生跨学科培养的机制提供借鉴(见图 7-1)。

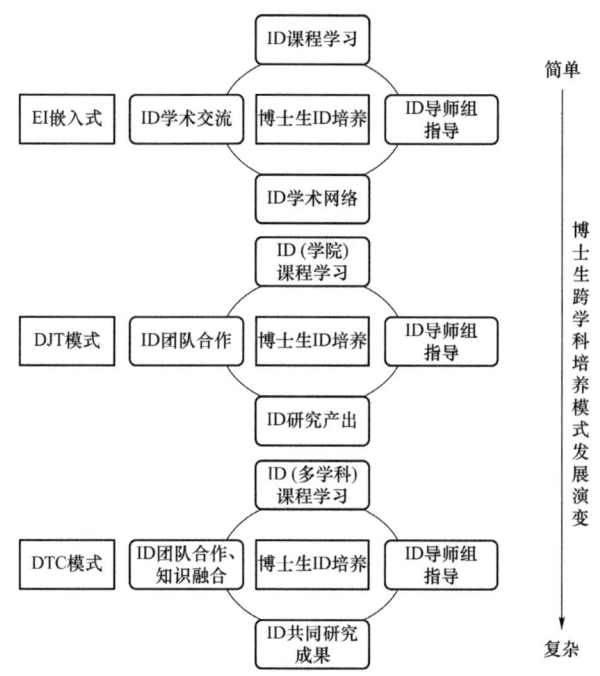

图 7-1 博士生跨学科培养模式演变图

7.1.1 EI 嵌入一体式

在美国高等教育跨学科历程中,课程改革是学生跨学科体验的起点,各高校对通识教育和专业教育模式进行课程改革,跨越课程之间的"边界",提供跨学科学习的体验。"跨学科性"一词与20世纪前30年的通识教育并没有直接联系,但这两个概念极为相似。哥伦比亚大学与芝加哥大学是最早提出整合本科生课程计划愿望的院校。1945年,哈佛大学发表了具有影响力的"红皮书"《自由社会的通识教育》,倡导通识教育与学科课程计划的平衡发展。1965年,威斯康星大学格林湾分校被特许成立以跨学科方式进行环境问题的研究,这所新型大学不是按照学科院系而是按照环境研究领域进行组织的。[211]美国高校认为以学科为边界和学生孤立的学习并不能满足现代社会发展的需求。纽维尔把跨学科课程界定为:批判性地利用两个或两个以上学科的知识,并以不同的学科视角进行知识融合。[212]跨学科课程能够为学生提供不同的角度思考问题。大量研究也表明,跨学科课程可以提高学生批判性思维和掌握解决问题的技能。[213]跨学科课程鼓励学生通过对不同学科知识体系的比较和整合,促进学生批判性思维的建立和发展。所以,思维训练和跨学科学习体验就会直接影响学生的跨学科学习和研究兴趣。例如:为了培养学生跨学科的学习能力,美国高校采取通识教育和专业结合的方式,在注重培养学生本专业的纵向知识以外,还开设多种形式的选修课和跨学科课程,拓展学生的思维及其从多角度解决问题的能力。

此外,团队教学的组成人员可以来自不同的研究领域和高校,进行跨校和跨领域的共同教学(co-instruction approaches)或者团队教学(team-teaching)模式。如上文中提到的卡内基梅隆大学和匹兹堡大学的生物计算机博士项目,就是整合双方的优质教师资源和辅助教师团队进行授课(见表7-1)。高等教育机构的研究生跨学科

表7-1 研究生教育学科课程与跨学科课程比较

	传统学科课程	跨学科课程
正式和书面课程	教师提供专业培训使学生在学科领域内具有深度知识	多学科课程为学生在跨学科的知识的广度和知识整合
科学研究	学生和教师参与研究,进一步理解学科的研究活动	学生和教师参与跨学科研究活动
项目管理	机构的自治和有限的管理权	要求学生和教师跨院系合作
高等教育机构	大学知识生产方式是一个分散、有边界、自治和以学科为基础的机构	大学的知识生产的方式是合作的网络和相互依赖的机构。

资料来源:Holley K. The challenge of an interdisciplinary curriculum: a cultural analysis of a doctoral-degree program in neuroscience. Higher Education. 2009(58)2:241-255.

课程与传统课程在知识生产模式上的明显区别是：在组织方式上，传统的研究生课程是以学科为基础的、分散的机构，而跨学科教学的主体教师和受体学生形成了多学科合作网络，在知识生产的过程中是相互依赖、共同发展的关系。

7.1.2 DJT 模式

与 EI 嵌入一体式相比较，DJT 模式在课程学习和培养环节都增加了团队合作和融合的机会。首先，跨学科课程教学和评价对于学生对跨学科理解、培养的成效和目标都有明确的界定（见图 7-2）。DJT 模式在培养的每一个阶段都需要融入两个学术共同体（本学科院系和跨学科项目设立院系）之中。博士生培养的目的是提高博士生知识的深度和广度，既强调在所在学科学院接受严格和专业的学术训练，也包括跨学科的培养部分，两者相互补充。培养的前两年是博士生积极参与项目最活跃的阶段，博士生在此阶段与所在院系建立联系，在第一年的培养中深入沉浸在小组学习中。博士生面临所在学院与跨学科项目要求不一致的情况，这就需要其投入更多的时间，在两个学术共同体中得到支持，确定跨学科和学科身份之间的联系。

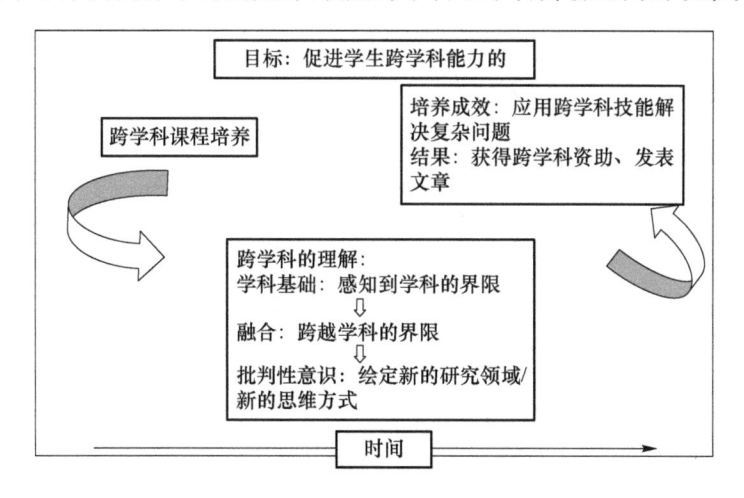

图 7-2 DJT 跨学科课程融合和评价示意图

7.1.3 DTC 模式

目前，DTC 模式作为博士生跨学科培养的高级形式，不是采取几个院系合作培养的方式，而是以研究中心项目制、多学科研究者组合成团队进行培养的模式，融合的程度最高。美国国家科学院（The National Academy）出版的 Team of science 指出，团队（组）研究是当今世界各国解决复杂社会和经济问题的有效方式。团队科学研究带来了其他科学突破的可能，如发现晶体管效应、开发抗逆转录病毒药物控制艾滋病,并确认暗物质的存在。[214] 所以,博士生跨学科团队培养的人才是满足社会和经济发展挑战的,也是新的知识生产模式下的博士生培养模式。

7.2 跨学科知识融合过程和跨学科研究者的培养

7.2.1 跨学科知识融合过程

Repko A. F. 认为跨学科知识融合的过程需要辩证的思考和解决冲突的能力,识别各学科见解之间的冲突,创造或发现研究中的共同点,在知识融合中产生新的理解。[215] Frank Siedlok 和 Paul Hibbert 认为,学科知识融合遵循知识交流、整合和知识生产的三个阶段,知识融合的模式由浅入深经历四个融合阶段(见图 7 - 3)。[216]

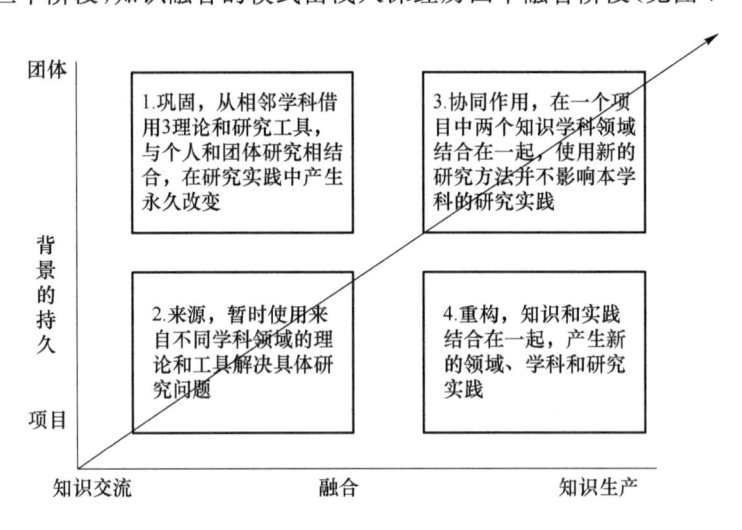

图 7 - 3 团队研究培养学科和知识融合过程示意图

资料来源:Frank Siedlok and Paul Hibbert. The Organization of Interdisciplinary Research:Modes, Drivers and Barriers. International Journal of Management Reviews,2014(16):199.

第一阶段是巩固,从其他学科借用的研究方法和工具成为跨学科研究的核心元素,对不同学科研究者的研究采取承认的态度,这种模式是知识转移和融合。第二阶段是来源,研究成员暂时借用来自不同领域的研究方法、工具和理论解决问题,知识是并置而不是整合,可能导致参与学科之间的进一步交流。第三阶段是协同作用,运用两个以上的学科综合研究方法解决非单一学科的研究问题。这需要研究团队成员紧密合作,这种协作是在学科内部和学科之间,在微观上,通过研究者的实践化学习促进研究者能力的提升。在宏观上,在项目研究中,各学科研究者的学习和合作使得以知识驱动的连接关系得以维持。[217]如果上述合作能够成功进行,就会导致跨学科整合的最终形式即第四阶段——重构。重构包括知识的结合和新学科和领域的形成。此阶段的学习发生在宏观层面,通过学科的重组和融合,研究者形成了学术网络,并利用新的实践方式进行研究,产生知识的创新。所以,基于以上分析,跨学科的学科和知识融合是一个不断变化和深入的过程。博士生跨学科团队培养要为学科和知识的融合提供良好的组织和环境支持。

7.2.2 跨学科研究者培养过程

跨学科研究者不是天生的,需要后天培养。Rebekah R. B.等认为,在不同学科间建立创造性的交流需要时间,参与研究的新成员需要在实践中不断地反思和总结才能获得这种技能(见图7-4)。[218]新的研究者与其他领域的研究者合作时,从开始阶段就认为自己的研究领域最重要,常常因是否应该将自己的研究领域置于合作研究的首位而犹豫不决。在合作研究的初期,新的研究者往往会出现两种行为,一种行为是研究者对合作研究有很强的控制欲,用正向象限表示。控制欲强的研究者在与

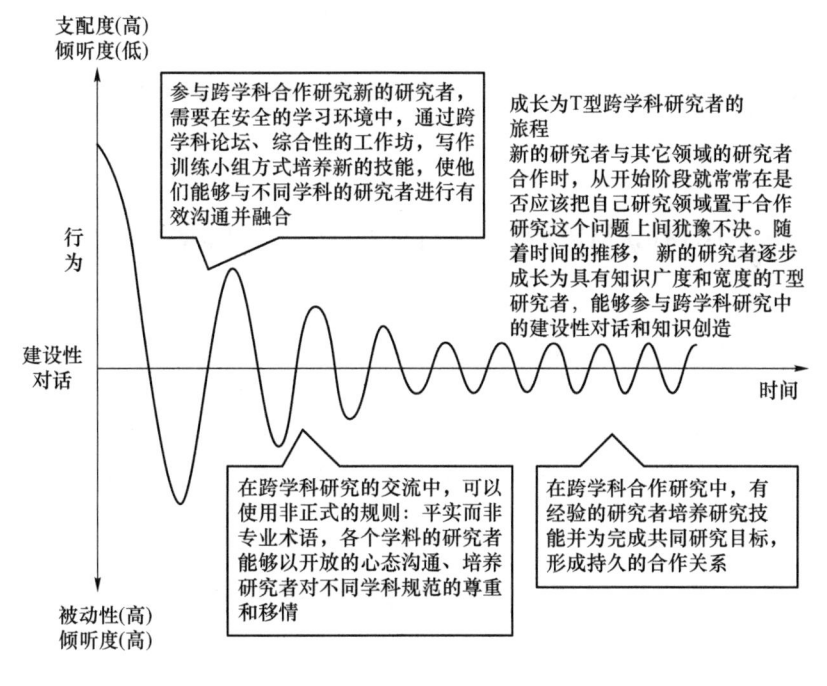

图7-4 跨学科研究者成长示意图

资料来源:Rebekah R B, Ana D, Tony H F. Interdisciplinarity: How to catalyse collaboration. https://www.nature.com/news/interdisciplinarity-how-to-catalyse-collaboration-1.18343. (2015-09-16)(2018-02-01).

不同学科的研究者交流时,对其他学科研究者的观点并不感兴趣,所以不愿意倾听其他学科研究者的观点。另一种行为是研究者在合作中消极被动,用负向象限表示,这类研究者不愿对其他学科领域的观点发表意见,表现出盲目顺从和不愿提出反对意见。随着时间的推移,新的研究者在不断磨合中成长为跨学科研究者,能够很好地处理与其他学科研究者的关系,不再会出现研究开始时那种大幅度摇摆的现象。

通常来讲,新的研究者要成长为跨学科研究者通常要经历三个阶段。第一阶段,由于新的研究者刚进入跨学科合作研究中,需要在安全的学习环境中进行培养,可以通过跨学科论坛(interdisciplinary forums)、综合性的工作坊(synthesis workshops),写作训练小组等方式进行培养,使其能够与不同学科的研究者进行有效沟通并融入到合作研究之中。第二阶段,跨学科研究者在交流中可以使用非正式的规则(informal rules):在交流中使用平实的词汇而非专业术语,各个学科的研究者能够以开放的心态、培养对各学科的不同研究规范尊重和移情(共鸣)。第三阶段,为了共同的研究目标,有跨学科研究经验的研究者之间形成持久的合作关系。所以,寻找共同点是一个过程,正是在这个过程中培养知识的"整合能力"和跨学科研究能力。

综上所述,跨学科研究者成长的关键因素包括:良好的跨学科研究环境;在跨学科实践中,在对不同学科和领域研究范式充分尊重和理解的基础上,克服学科间不同的研究范式、技术词汇和交流文化的障碍,建立建设性的对话,达到有效的沟通和交流,最后完成共同的研究目标。可以这样说,新知识是在友好合作的研究环境中产生的。

7.3 博士生团队团群跨学科培养中的学科和知识融合设计

考虑到中国大学跨学科博士生培养处于起步阶段和学科的差异性,其培养可以采取两种形式:院系合作培养和团队项目培养。院系合作培养既适合博跨学科培养项目又适合学位项目;不仅适用于理工科博士生的培养也适用于人文和社会科学的跨学科培养。而团队项目培养适合关系到国家和社会经济发展的项目,集合各个学科的研究者进行团队合作研究。

7.3.1 博士生跨学科院系合作培养中的学科和知识融合设计

根据对学科和知识融合的过程分析,本节以华盛顿大学城市生态学专业 IGERT(Integrative Graduate Education and Research Traineeship)跨学科博士生实施结构化培养为模板,分析跨学科博士生在培养中经历的三个阶段:产生阶段(Naissance)、启航阶段(Navigation)和成熟阶段(Maturation)(见图 7-5)。[219] IGERT 博士生跨学科培养是设立在传统的学科学院(The home Department)里,通过不同学院的沟通和合作,以一个院系为跨学科项目培养单位,其他院系联合培养的方式。博士生需要满足两个学院的毕业要求,才能获得学位证书或项目培养证书。因为我国博士生的培养长期以来是以单一学科为主的师资培养模式,对于传统的博士生而言,此模式也是很具有挑战性的。此模式可以整合大学现有的资源,以传统的培养模式为基础,按照学生的研究兴趣和需求设立跨学科培养项目。如文科博士在研究中,多采取"单打独斗"的研究方式,采用院系合作的方式,可以由教育系、心理系、艺术系、社会学系等相关院系联合进行跨学科博士生培养。中国博士生跨学科院系联合培养包括产生阶段、导航阶段和成熟阶段。此模式的知识融合可以参考如下设置。

在产生阶段,学生继续在本学科和跨学科培养项目中定位自己的研究。经过第一阶段培养打下坚实的理论基础,博士生要开始有效地平衡学科和跨学科的要求:完成多项任务,承担团队研究的责任,持续学习学科课程,如一般考试、撰写毕业论文,进行实地考察和实习等活动。在此过程中,学生要面临两大挑战,一是要接受严格的学术训练并有研究成果的产出;二是要平衡跨学科合作与个人目标之间的关系。总之,在产生阶段,博士生通过课程培训和学术训练形成学术共同体和对跨学科研究的身份认同。

在导航阶段,学生面对的困难包括研究时间限制、适应个人和团队学习风格的差异,以及学科和跨学科身份形成,以及不断迭代的过程。每个学生和每个小组必须培养有效的时间管理技能(time management)。通过与学科和跨学科教师进行战略交流,为学科和跨学科制定明确的学术基准和维持其关系的平衡。导航阶段通常是一个协商过程,在此过程中,学生确定可能的研究范围和满足学位要求所需的知识深度,并与跨学科团队成员明确对所有参与者的期望。跨学科研究和培养在本质上与传统的研究生教育模式一样严格,但是学生还要平衡学科与跨学科研究之间的关系,由于对跨学科和学科研究的期望不同。当两者发生冲突时,若优先考虑学科期望,博士生必须修改对团队研究的承诺,如果要加快跨学科研究进程,可能推迟学科研究,解决这些问题都需要与教师和小组成员进行有效的沟通。所以,建议学生自己规划好博士学习的进程,明确所有团队研究参与者(学生、团队成员和教师)的责任;调整博士生所在院系和跨学科研究项目的不同的要求,两方可能不一致;认可和容纳进行团队研究,并要达到毕业博士生所在院系和跨学科研究项目的毕业要求。

在成熟阶段,如何在团队研究进行知识融合是团队合作的挑战之一,成功的合作需要权力分享和建立相互信任的人际关系。所以,需要建立跨学科学术共同体,因为学术共同体(an Intellectual Community)提供了宝贵的社会化载体并有助于学生的成功。博士生在完成本学科专业博士生培养的要求后,要参与团队研究,并且完成研究论文写作。通过论文写作把传统的博士培养和跨学科培养相结合,提高在学术市场以外的就业能力。在学术界,越来越多的大学愿意招收具有跨学科背景的教师,为其为今后的跨学科研究打下基础。通过跨学科培养项目为学生提供早期的跨学科学术经历(在博士学习阶段建立的合作关系和学术网络)有助于在今后学术职业发展中更容易投入到跨学科研究之中。

传统博士生做跨学科研究面临的困难包括：在从事跨学科研究的院系中，面临"无家可归"的挑战，没有分享研究问题和实施长期跨学科研究的场所。加之各个院系在组织机构呈现难以打破的"仓筒"形式，无法知晓各个院系学者的研究兴趣，将其联系起来的难度较大。而博士生跨学科院系合作培养模式的优势在于，博士生与所在院系和跨学科院系一直保持联系，使其在跨学科研究的过程中能够有归属感。在培养过程中，通过本专业培养（知识破的深度）和跨学科培养（知识的广度）的结合，学生可以找到指导教师和合作的知识共同体。同时，博士生在共同体中得到情感上的支持，在研究氛围上有利于新想法的产生。所以，最有效的跨学科博士培养方式是加强不同学科研究者和博士生之间的联系，在组织机构上成立跨学科研究的团体聚合研究者，这种聚合可以称为"团群"。在实体上表现为依托跨学科研究机构和设立博士生的跨学科培养项目；在空间上是以网络为媒介建立跨学科虚拟研究团体。

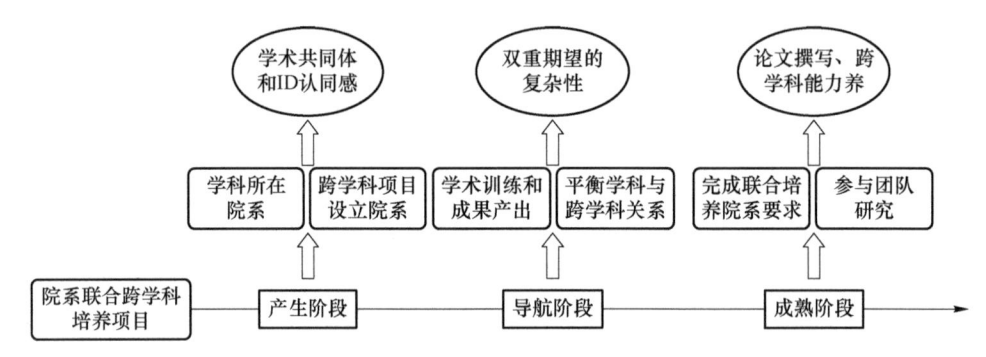

图7-5 中国博士生跨学科院系联合培养示意图

7.3.2 博士生跨学科团队培养中的学科和知识融合设计

1. 博士生跨学科团队培养中的学科和知识融合障碍

博士生跨学科团队培养通过多学科和多形式的交叉融合，支持创新团队建设，承担重大科学项目，利用跨学科研究中心、研究院等跨学科的实体组织，组织跨学科团队进行交叉学科人才引进与培养。跨学科整合研究通常是指各个学科的研究者协调、协作或将众多问题综合成为一个共同的问题并实现知识的共享、综合和创造的过程。[220]但是，博士生跨学科团队培养也存在障碍，博士生个人、学科和项目层面的障碍和解决方式如表7-2所列。

表7-2 跨学科团队培养中的障碍和解决方式

种类	障碍	解决方式
个人因素	更喜欢传统学科研究	意愿尝试新的研究范式和探索学科的边界
	严格遵循个人学科研究	把学科研究融入团队研究中
	缺少创造性,关注于学科研究的深度	科学的设计,满足研究深度和广度
	不愿意从其他学科的视角考虑问题	能够整体和关联性地考虑问题
	对团队研究缺乏忠诚度,放在第二位	把学科和跨学科研究放在同等重要的位置,或者跨学科研究更重要
	缺少团队和跨学科的研究经验	通过培养获得团队和跨学科的研究经验
学科因素	独特的术语,需要技术背景理解术语	容易理解的术语,需要更少的技术背景
	缺少对不同研究范式的理解,有单一研究范式的偏好	理解不同研究范式或者接受多学科研究范式
	在团队研究中面对研究目标不同的研究者	在学科和知识融合后,面对有共同研究目标的研究者
项目因素	博士生指导导师缺乏跨学科研究经验	增加导师跨学科的研究和指导经验
	跨学科项目提供的学术训练不足,影响博士生的毕业进度	在培养中注重博士生的学科和跨学科培养,以及理论框架的构建
	博士生要兼顾学科和跨学科研究的平衡,学习时间和资助都不足	为博士生提供足够的资金支持
	博士生资格考试只关注跨学科知识	考试内容应全面包括跨学科的主题内容

资料来源：Morse W C, Nielsen-Pincus M, Force J E, Wulfhorst J D. Bridges and barriers to developing and conducting interdisciplinary graduate-student team research. Ecology and Society, 2007, 12(2): 8.

在团队研究中,跨学科研究并不是简单地从其他学科借鉴工具,而是来自不同学科的研究人员相互合作,通过跨学科研究中潜在的整合,提升解决共同关注的研究问题的能力。在团队研究培养中,试图达到如下培养目的：①学生及其教授与其他团队成员在项目的整个培养中互动和融合;②在团队内部,成员发展共同的研究问题并理解不同学科认识论;③团队协调研究问题和方法,并形成到一个研究框架;④研究成果(如知识结构和数据)有望与团队其他成员分享。

学科障碍包括学科术语和研究范式。能够了解团队其他成员的学科术语和研究范式是跨学科知识生产的重要保证,也是多元跨学科研究的认识论的基础。接受访谈的博士生表示："有时团队成员使用对我没有意义的术语,或者我们使用相同的字眼但具有完全不同的定义。这是真折磨人,我们才意识到各学科交流需要一个共同的语言。"

2. 博士生跨学科团队培养中的学科和知识融合设计

当前,中国高校跨学科研究和教育已经开始萌芽。通过设立跨学科研究中心和研究院,大学可以对传统学科发展所产生的知识分裂的趋势进行复制。[221]博士生跨学科团队以跨学科研究中心和研究院为培养依托的实体(实体团群),利用博士生培养项目实施显性团群跨学科团队培养(见图 7-6)。

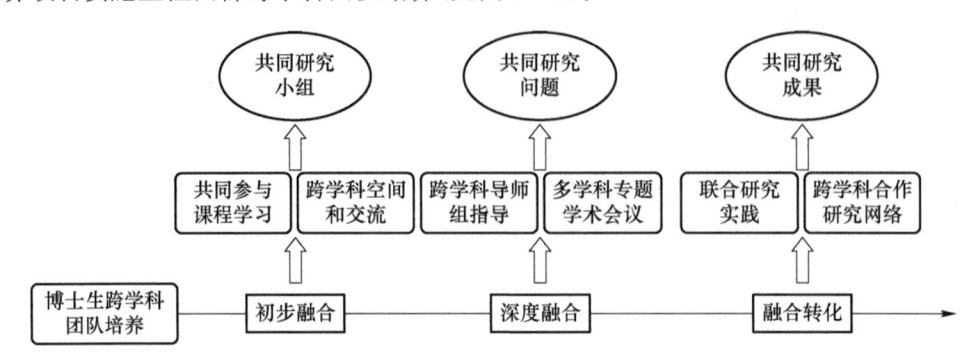

图 7-6 中国博士生跨学科团队团群培养示意图

根据跨学科研究者的成长历程,结合跨学科研究的理论,可以把基于团队研究模式的跨学科博士生培养分为三个阶段:初步融合阶段、深度融合发展阶段和融合转化阶段。初步融合阶段是指为博士生提供各种形式的交流机会,形成共同的研究小组进行学科知识融合;深度融合发展阶段是指博士生在初步融合发展阶段交流和互动的基础上,研发出共同的研究问题、假设和研究计划,并以团队研究的形式进行研究;融合转化阶段是指博士生研究的结果以合作发表文章的形式产生知识的创新,建立研究网络并转变为跨学科研究者。

(1)初步融合阶段:形成共同研究组

在此阶段,通过共享办公室、课程学习、共同参与系列研讨会和组会,让来自不同专业背景的学生有机会了解不同世界观和认识论的研究者的想法,帮助其更好地交流。

1)共享办公室

鼓励研究者交流、取得信任和思想融合的策略就是使研究成员的办公室和实验室在空间上尽量靠近。共享办公室为跨学科研究的学生提供有效的交流方式,加强其对跨学科研究的认同感。导师可以通过召开新生入学研讨会,向新生介绍自己从事的研究,确保其尽快融入研究项目之中。通过与导师的互动,使学生与所在院系融合,激发其产生归属感。

2)跨学科课程学习

专门的交叉学科课程学习是由不同院系、不同学科的人员共同参与到同一课程中的教学模式,分为核心基础课程和高级课程。核心课程强化学生对跨学科的理解,也是跨学科研究的基础,应要求所有学生参加第一年的必修项目,为学生提供选择高级课程的机会。这些课程帮助学生理解不同学科学生的研究问题和领域,共同参与研究实践和研究任务以开展进一步的互动。另一种教学形式是引入项目外的专家讲授模块课程,课程的参与者也是来自于不同学科的学生和校外的研究者,保证学生的跨学科背景,为课程教学提供不同的观点和视野。课程学习中教师面临的挑战在于如何与专业背景不同的学生交流和沟通,这就需要授课教师把学生的学科背景、对不同学科知识的认知和学生对所学内容的期望三者联系起来,从跨学科的角度重新审视课程设计和讲授方式。教授复杂问题时,考虑到学生的学科差异,教师可以使用形象化的直观教学,运用多种教学手段而不只是通过文本给学生讲授跨学科课程。由不同学科和专业或研究方向的教师组成跨学科教学的团体,教学内容是不同学科的整合,协同完成教学工作。

3) 系列研讨会和组会

通过举办系列研讨会,邀请相关领域的专家学者为学生创造学习先进知识和研究范式的机会,以及交流思想的途径。组会是跨学科研究者交流、学习和创造力产生的重要途径。例如:奥地利维也纳水资源管理跨学科博士项目非常注重研讨会和组会的作用。该项目邀请来自世界各地水系统研究的专家参与系列研讨会。为了打开学科的边界,此项目所有成员都被安排参加至少一个研究小组的组会。这些小组成员可能由于项目的研究目的重合属于不同的研究组。小组会定期开会讨论期刊论文,进行头脑风暴。组会的作用在于为不同背景的学生交流提供一个论坛,学生可以通过论坛确定研究的方向。[222]

在此阶段,博士生在跨学科的工作环境中通过正式和非正式的交流,理解和逐步认识到不同学科的差异和价值所在,并参与到共同学习之中,从认识论的视角了解不同学科的研究术语和研究规范。在交流中,尽可能使用"相同"的语言和容易理解的术语,这是跨学科研究项目成功的基础,这些措施能够有效地促进学科和知识的融合。

(2) 深度融合发展阶段:研发共同研究问题

影响学科融合的因素包括学科间认识论的障碍、学科观点和思维方式的冲突。所以,跨学科培养的最基本要素是如何使学生知道其他领域研究者研究的范式,从而为有效的沟通和交流提供前提条件。培养实施策略通过学科和知识深度融合,使博士生能够在团队研究的融合中找到研究和合作的共同点。共同研究问题是跨学科研究合作的中心,也是博士生智慧交流的所在。学科和知识融合的方式遵循着从简单到复杂,从理论到实践升华的脉络,帮助博士生提出有价值的观点。博士生培养是点(博士生)、面(共同研究问题)和体(团队合作研究)结合的培养过程;在此阶段,培养采用联合导师指导或者多导师指导、年度学术报告会的形式。

1) 联合导师指导或者多导师指导

每个学生都有一个来自不同院系的导师和副导师(co-supervision)或者多导师

指导(multi-supervision)。所选导师之前的合作经历可以保证导师之间的合作更熟悉和高效。导师要定期以不同形式与博士生会面和建立联系,共同探索跨学科的研究问题。

2) 年度专题学术会议(Annual Symposium)

博士生要参加年度专题学术会议,目的是为所有研究成员提供研讨的论坛,创造性和非正式地探索共同的研究问题。从多元认识论的角度出发,博士生在会议上不断讨论和进行批判性对话,从而澄清在交流中不明确的问题。因此,年底专题学术会议在培养中为博士生们提供机会澄清、解释学科间的差异,创造建设性地交流和对话的机会。具体来讲,会议的内容包括PPT展示或海报展示学生的研究进展或成果,研究问题的提问和讨论,工作坊、头脑风暴和促进小组成员交流的游戏。在年度专题学术会议上,项目的每个成员都把自己的研究成果做成海报展示出来。为方便交流和沟通,不同专业的博士生禁止用各个学科的缩略词,技术性词汇的使用率也降到最低,这表现了学科融合上的尊重。此外,不同学科背景的博士生一起做联合演讲汇报研究的进展。在此过程中,博士生以尊重、信任和开放包容的态度,在友好的环境中构建建设性的对话,这一点对跨学科研究极为重要。

(3) 融合转化阶段:共同的研究成果

在第一和第二阶段,博士生已经形成了固定的研究小组和合作关系。所以,在融合转化阶段,就要保证博士生合作研究的关系能够持久,最终产生研究成果。

1) 联合研究基地培养

联合研究基地为博士生提供动态的研究环境,不同专业的博士生能够真正地探索和确定共同感兴趣的研究问题和解决方法。博士生可以在实习场地与项目组的成员一起设计研究假设、讨论实验仪器的最优化设置、设计实验过程等合作研究活动等。博士生通过联合研究可以获得一手研究资料,学到不熟悉的研究方法。可以说,联合研究的场地是共同解决研究问题的最佳途径之一。

2) 建立跨学科研究网络

建立知识网络使跨学科研究的交流能够顺利进行,是跨学科研究成功的必要条件。[223]在团队培养模式的跨学科博士生培养中,可以利用特定研究主题和资助项目的研讨会、学术年会和工作坊为不同学科的研究者和博士生提供交流的渠道,通过建立学术网络增加跨学科研究者之间的互动。在交流的形式上也不仅仅局限于面对面的交流。在共同问题产生之后,博士生可以通过实体和虚拟的学术共同体,与跨专业、跨机构、跨地域导师、专家和博士生进行学术交流。如英国诺丁汉大学的健康人文研究开始于诺丁汉大学,由全球健康人文研究网和本地学术网两部分开展研究,集中体现在虚拟和实体相结合构成跨学科研究学术网。全球健康人文研究网是虚拟网络学术组织,拥有专门的网站,每年举行年度学术会议,目前有350多人研究人员(包括博士生)参与全球健康人文研究网跨学科研究,其中本地网络是实体的跨学科研究学术组织,包括70~80个来自诺丁汉大学各个院系的教师。诺丁汉大学健康人文本地学术网络具有非常灵活的管理结构,成员之间见面时没有专门的办公室,而是在大学或咖啡馆里见面。所以,研究中心的成员把诺丁汉健康人文本地网描述为"游牧学术网络组织"。[224]

3. 基于团队研究模式的博士生跨学科培养模型

基于团队研究模式的跨学科博士生培养模型包括初始融合阶段、深度融合阶段和融合转化阶段。在初始融合阶段,跨学科培养实践、课程和研讨会大大降低了团队成员在研究方法、学科术语和研究范式理解上的障碍,并帮助团队成员提高对跨学科研究的认同感。通过课程学习、参与跨学科实践交流和互动为培养博士生的跨学科能力打下基础。在深度融合发展阶段,通过第一阶段的知识融合和跨学科实践,培养博士生的跨学科交流能力、合作能力和共享能力,并产生共同的研究问题。在融合转化阶段,博士生合作研究联合发表文章,获得跨学科研究成果,同时获得了跨学科研究能力。博士生的跨学科研究能力不仅促进其学习和研究,而且有助于提高跨学科研究成果的质量,保持合作的持续性(见图7-7)。

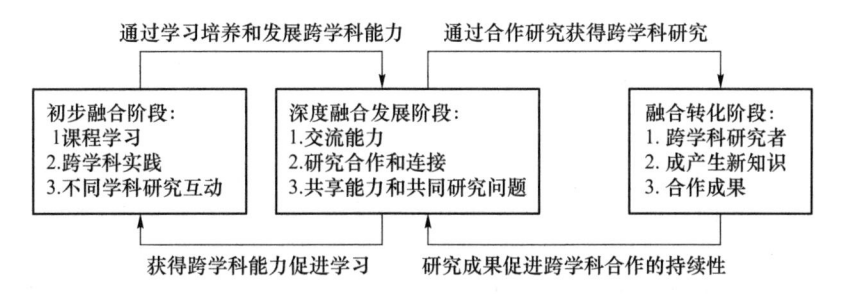

图7-7 基于团队研究模式的博士生跨学科培养成效的模型图

7.4 博士生跨学科团队培养设计关键环节

跨学科研究是不同学科或院系之间的合作,促进不同学科知识的整合,其共享的研究问题是合作的基点。博士生培养过程的关键环节是促进不同学科的博士生交流和融合,构建"和而不同"的合作关系。博士生跨学科团队培养将原来单一的结果质量控制转变为过程质量和结果质量控制相结合,从培养全过程的视角保障和提升博士生培养质量。通过培养的关键环节不断地进行学科和知识的融合,解决共同的研究问题(见图7-8)。下面对培养的关键环节进行分析。

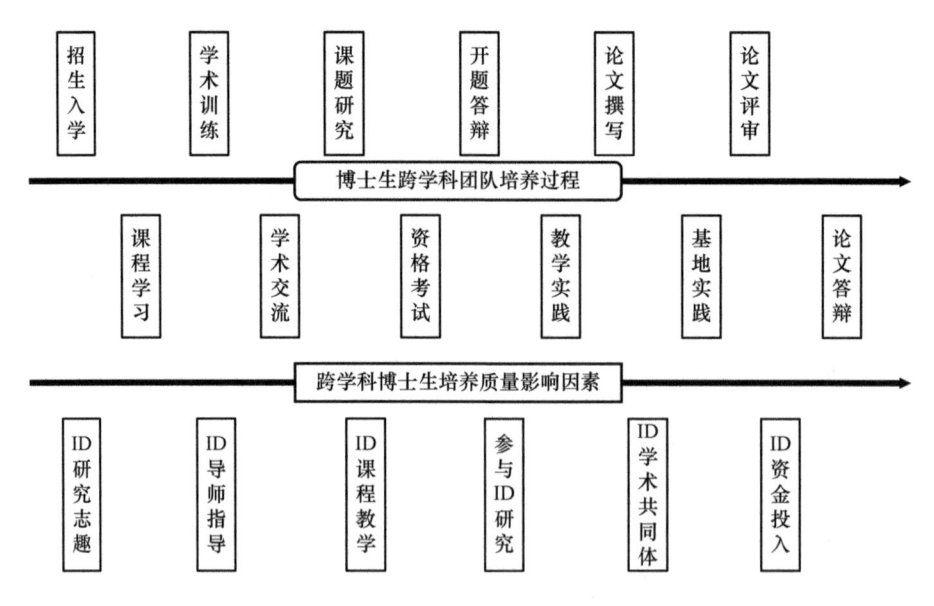

图 7-8 博士生跨学科培养中的关键环节及其影响培养质量的因素

注：ID＝interdisciplinary

(1) 招生环节

博士招生遴选注重学生的跨学科研究志趣，考察学生的个人特质，要有跨学科研究的意愿和解决问题的能力，还需要研究者的承诺、奉献和专业精神、责任心。其目的一是招收最有学术前途的博士生候选人，二是候选人要有很强的团队合作能力和参与跨学科项目研究的动机。博士生的合作愿意是跨学科研究的基础，在此基础上才能够发展其跨学科能力。此外，在招生时极为重视其跨学科背景、跨学科研究经历等，考量其是否具有打破学科界限并独立研究的能力。导师们认为这些特点能够帮助博士生克服跨学科研究中学科整合中的挑战和障碍，同时培养具有跨学科和国际化视野的优秀博士生。跨学科研究需要团队成员致力于给其他团队成员提供数据和结果，解决问题，包括冲突管理和问题沟通。

(2) 课程教学环节

首先，博士生跨学科团队的教学方式（interdisciplinary team-teaching mode）有助于教师利用专业特长，以协作教学的方式为学生发展提供不同的学科知识。其次，授课内容关注相关学科的重要理论和事实，教学不是以知识的灌输为主，而是培养学生从多维和整体的角度思考和处理问题。

博士生团队培养课程教学的关键是要抓住学科基础。学生不需要掌握每一个学科的知识，但他们需要对某一学科有足够的理解深度。教师在评估学生时，也应该考虑学生否了解与研究相关的关键学科的观点和研究范式。例如，NSF 资助的 IGERT 计划强调"学生具有在跨学科环境中工作的能力，同时也能够具有所学专业的良好学科基础。[225]所以,在跨学科博士生的早期培养项目中,项目课程设计一定要满足本学院的博士生毕业要求,强调要同时完成本学科和跨学科项目课程学习,这说明学科专业基础的重要性。

要求所有学生参加第一年的必修项目核心课程,作为跨学科研究的基础,跨学科核心课程的设置有难度梯度;学生有机会选择高级课程,帮助其理解不同学科学生的研究问题和领域,共同参与研究任务,从而开展进一步互动。课程学习中,教师面临的挑战是如何与专业背景不同的学生交流和沟通。这就需要授课教师把学生的学科背景、学生对跨学科研究的认知和学生的期望三者联系起来。

(3) 导师指导

跨学科导师指导贯穿在博士生培养的整个环节。导师鼓励学生探索和开展研究,成为一个独立的研究者。博士生开题报告答辩委员会是由不同学科的导师构成的。团队导师可以从整体监督团队研究的进度,也可以查询单个团队和成员的研究进度。此外,导师可以帮助确定团队研究目标,在指导中解决团队冲突的技术问题。

(4) 参与跨学科团队研究

首先,在院系合作培养中,结构化培养反映在两个项目的培养过程中。学生要满足本学科院系和跨学科培养项目的毕业要求,因此博士生跨学科培养要投入比传统培养更多的精力。在这种形式中,知识融合不完全,博士生始终要平衡学科和跨学科研究之间的关系,对学生的学习提出更高的要求。相对于院系合作跨学科培养,博士生项目团队培养要求的知识融合的程度更加深入。在博士团队研究中,各个学科的团队成员可以交流不同学科的研究方法、学科术语和范式,提升跨学科知识的宽度和广度。其次,跨学科博士生培养的设计应给博士生提供足够的合作时间,整合知识要素。整合策略必须建立,在相互学习和理解各个学科认识论界限的基础之上合作。[226]团队的成员应树立共同愿景并致力于该项目研究。

(5) 跨学科学术共同体

建立学术共同体是跨学科团群的另一种表达形式,它为不同学科研究者提供合作的机会。跨学科研究的成功取决于在项目开始阶段,合作者就要对研究主题、研究方法和结果等方面达到共识;尤其在跨学科团队中,面对不同学科的语言障碍,研究范式、行为标准的差异,研究者要经历文化适应的过程,这就要求不同学科在跨学科共同体中互动,在跨学科研究团体中对正式和隐形知识进行沟通。[227]此外,博士生在学术共同体中完成跨学科身份认同和社会化的过程。建立学术共同体的方式包括在团队研究中的初步融合阶段通过共享办公室、课程学习、共同参与系列研讨会和组会,博士生共同申请课题,多元化的导师组指导最终形成共同研究组(见表7-3)。

表 7-3 博士生跨学科团队研究建立跨学科学术共同体的方法

建立方式	院系合作博士生培养	团队研究博士项目
共享办公室		√
课程学习	√	√
系列研讨会	√	√
组会	√	√
年度研讨会	√	√
多元化的导师组指导	√	√
共同申请课题		√
期刊俱乐部	√	√
国外访学		√
研究小组	√	√
虚拟交流平台	√	√

（6）评估和反馈

首先，对博士生的评估可以采用内部和外部评估相结合。国际专家评审博士毕业论文、每个博士生学位论文的评审委员会必须要有一名校外专家和国际评审专家，以保证博士论文研究的客观性和前沿性。其次，在博士研究生培养的评估上，通过质量控制系统进行监控。内部评估包括要求学生发表文章和导师在指导过程中对学生进行评估。例如，导师指导过程中对学生进行评估的形式之一是组会。导师要求博士生每隔一段时间，给跨学科项目的博士生、导师和专家做研究汇报，听取导师和专家的意见以提高研究的深度。再次，对跨学科博士项目的监控实行项目年度审查，并听取国际专家和在读博士生的意见和建议，不断地改进项目，提高项目研究深度和博士生培养的质量。

7.5 博士生跨学科团队培养的支持措施

1. 招生制度

在招生中，申请审核制能够更好地考察考生的跨学科研究动机和意愿，宽口径可以预留跨学科博士生的招生名额。以下招生措施可以借鉴。

① 改革招生和培养模式为跨学科博士研究生培养提供制度保障。鼓励团队指导和学科交叉融合，健全弹性自主的博士招生计划分配体系。打破学院和学科壁垒，试点以重大科研任务、重点交叉学科和重要科研团队为单位，分配招生计划，组织博

士生招生。

② 制定鼓励跨学科招生的政策,允许导师在满足学校规定的条件下申请跨学科招生,对跨学科招生名额分配给予倾斜政策,遴选交叉优质生源。制定、鼓励和推动学院、学科领域跨学科招收推免生,进行跨学科联合培养,提高拔尖创新人才培养质量。

③ 每年拿出一定比例的博士生招生计划专门用于实施跨学科博士生培养专项计划,鼓励由不同学科门类的导师,在合作研究课题的基础上共同培养博士生,定制个性化的培养计划,多学科导师共同参与开题、中期考核、学位论文评审与答辩等全过程。

2. 灵活的组织模式有效地促进跨学科研究者交流

共同的研究场所有利于跨学科研究的进行。不同学科的研究者在同一地点进行研究,可以增加彼此之间正式和非正式的交流。因为地理位置太远会降低合作成功的可能性,合作者要保持联系需要耗费更多的精力,也会耗费时间增加合作成本。所以,在高等教育机构建立跨学科研究所(研究中心)使研究者能够灵活和开放地加入,建立跨学科共同体,更容易改变机构的研究文化。一旦研究文化建立,研究中心和研究机构会吸引更多的知趣相投的研究者加入研究,营造一个开放的研究环境。而且,研究机构和中心是以研究课题而不是学科为中心,与传统的以学科为基础的院系相比较,有更大的自由可以从自己学科以外的领域招聘教职员工。共同的研究场所有其优势,但并不是跨学科所必须的,目前也存在一些"虚拟"和"无固定"场所的跨学科研究,例如:Nottingham Health Humanities (NHH)成员通常是各个院系的教师,但是他们也隶属于跨学科研究中心。

3. 博士生跨学科团队组织管理机制

以上提到的院系合作和团队研究的两种培养模式,体现了"合作型管理"的特点,即教师、学生、管理人员、业界的导师都可以参与管理。在管理机构上,设立专门的培养委员会使管理精细化。培养委员会包括招生委员会、课程委员会、教师委员会和学生委员会,其通过不同的途径实施对项目的管理(见图7-9)。同时,在管理中关注教师的建议和学生在培养过程中的体验,可以提高跨学科博士项目的质量。委员会也可以帮助协调院系合作之间产生的问题,从建立跨机构和院系合作机制看,博士生团队研究培养模式参与的院系可以是校内的院系,也可以是跨校的联合培养。在组织上,在一个院系中或跨学科研究中心实施博士生团队培养模式强调知识的深度融合。

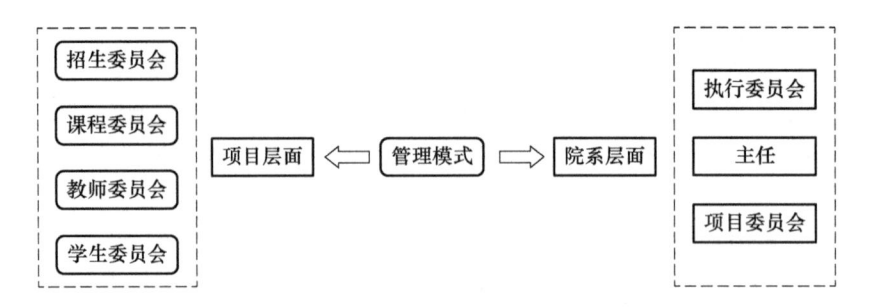

图 7-9　博士生跨学科团队培养组织管理结构图

4. 加大跨学科研究支持和资助

博士生跨学科团队培养保持参与者持续研究动机的先决条件是提供激励政策。机构和资金支持是跨学科研究合作者之间互动的促进和激励因素。[228] 从学习时间上，要给予参与跨学科研究的博士生在学习年限上的弹性，使其有充足的时间专心科学研究。

资助的方式灵活多样。最常见和有效的资助形式是实施种子资助项目和激励性计划。以英国高校为例，其典型做法是为研究团队提供启动资金，主要用于跨学科团队建设和撰写研究计划等。高等教育机构资助的来源有与质量相关的研究基金和高等教育的创新基金，目的是提高跨学科研究的能力和进一步获得外部机构的资助。这种以小投资获得大受益的种子基金项目能够促进跨学科研究的开展。此外，种子基金项目的作用在于帮助建立跨学科研究的网络和培养早期职业生涯研究者（注：为职涯早期的研究人员提供更多的关注和支持，给他们在教学和研究两方面创造更多的机会）。对跨学科研究的支持和资助最终会提高研究者的研究能力，并能够在此基础上建立跨学科研究中心和研究院。这种策略也就是"资金阶梯"，即从"种子基金"开始短期资助跨学科研究到中期寻求外部项目资助，再到长期建立跨学科研究中心，一步步地深入扩大跨学科研究的范围和领域。

5. 教师跨学科培训和培养未来跨学科研究者

目前，我国高校教师跨学科研究能力和教师跨学科专业发展急需加强。有些高校在博士培养中已经加入跨学科培养的组成部分，但是在整体上做的还不够，还需要从博士研究生培养的全过程进行跨学科培养。首先，不要因为研究的风险而放弃跨学科研究，鼓励研究者在博士学习阶段就要开始参与跨学科研究。其次，制定有效政策和创新导师管理模式，为特色学科和交叉学科博士研究生培养提供师资保障。

① 为教师提供跨学科研究的机会。高校举办全校的跨学科研讨会和报告会为教师提供跨学科交流的何对话的机会。

② 为教师提供种子基金，设立跨学科研究项目。教师应多积累跨学科研究的经

验,其跨学科研究经历会影响对博士生的指导。

③ 教师的人事制度改革。采用教师集权聘任的方法,这种方式能够为教授跨学科课程的教师和从事跨学科研究的教师提供职业发展的机会。人力资源的管理改革表明大学对从事跨学科教学和研究的教师的承诺和认可。

6. 创造跨学科研究和培养的生态环境

在培养过程中,高校要为跨学科博士生的培养提供正式和非正式的交流机会,为博士生跨学科学习能力和共同实践研究提供机构和资源的支持。尤其是在博士生培养的融合阶段,为其提供培养研究的实体办公室、开设年度会议和邀请国内外专家参会,形成国际学术网络的投入,这些举措都需要资助才能成功实施。在跨学科博士生培养的初始阶段,跨学科研究的研究环境对研究质量和成果起着重要作用。从高校的支持政策上,建立共享机制,包括技术支持平台、信息交流平台,促进虚拟跨学科学术共同体的形成,并在就业上给予指导和支持。

7.6 结　语

本章重点关注中国高校实体团群和团队团群培养的过程,基于知识融合和共同点理论,设计如何实施博士生跨学科培养的知识融合。设计构想首先分析博士生跨学科团队研究知识融合由浅入深的演变过程,其次详述院系合作跨学科博士生培养和博士生项目团队的培养过程;从高校、博士生、导师和相关利益者的角度对各个培养的关键环节和配套措施一一进行解读和分析。

第 8 章
研究结论和建议

8.1 研究结论

跨学科研究被视为解决世界面临的复杂问题和挑战的重要途径之一。博士生跨学科培养是提高其创新能力的重要方式。本研究基于融合理论、共同点理论、知识生产模式Ⅲ和联通主义,提出博士生跨学科团群培养理论;利用质性和量化相结合的方法对国内外高校博士生跨学科团群培养进行详细地解读;分析我国博士生跨学科培养现状,提出适合我国国情的博士生跨学科培养模式;并探索在跨学科团群培养中影响中国博士生创新能力提升的因素。主要研究结论如下。

1. 提出博士生跨学科团群培养的概念

根据博士生跨学科团群数量、表现形式和性质将博士生跨学科团群培养分为个人团群、团体团群、隐性团群、显性团群、实体团群和虚拟团群。"自下而上"的个人团群以博士生研究兴趣为主,是适合大多数博士生跨学科培养的简单形式;而显性团群和实体团群是由高校"自上而下"设立的跨学科项目,适合有兴趣参与跨学科培训和学位项目的博士生。虚拟团群适合于不同领域的研究者,通过虚拟的学术共同体进行交流和合作。不同种类的团群是各种培养要素组合产生的结果,博士生在培养中也会根据研究需求,在不同团群中进行转换,构成动态和多元的培养模式。

2. 博士生跨学科培养中存在 EI、DJC、DCT 和其他非典型模式

研究发现,博士生跨学科团群培养模式包括:面向所有博士生的天然跨学科模式——EI 嵌入一体模式(Embedded-integrated Model,EI);不同院系合作实施跨学科培训项目和学位项目的 DJT 模式(The Department Joint Training Model);团队研究培养博士生学位项目的 DTC 模式(Degree and Team-based Combined Model);博士生自主设计实施博士生跨学科培养的非典型模式。团群培养广泛地存在于国内外大学的博士生跨学科培养之中。博士生跨学科培养仍然是以传统的博士项目为基础,在培养中依然遵循结构化的培养模式。博士生团群培养的形式打破了传统的博士生培养的学科壁垒;同时大学的组织结构、制度和文化等方面为博士生跨学科研究提供了制度保障。在大数据的时代,自不同领域的学者和研究者能够通过网络进行交流和合作,使得虚拟团群的合作形式在跨学科研究中的作用强大。

3. 构建了博士生跨学科团群培养制度化的理论框架

本研究的理论框架遵循要素-模式和团群-产出的路径,提取了国内外博士生跨学科培养要素并对其进行组合,形成了 EI 嵌入一体模式、DJT 模式、DTC 模式和非典型模式及对应的团群;培养模型的产出包括博士生创新能力、新知识产生、跨学科

学术网络、跨学科合作成果。成功的博士生跨学科培养是规制性、规范性和文化-认知三个要素的优化组合。所以,博士生跨学科团群培养制度化有助于形成良好的跨学科学术生态。EI嵌入一体模式、DJT模式和DTC模式在组织形式上由简单到复杂,培养对象也是由一般单个博士生到要解决复杂的研究问题的跨学科团队;从培养机构看,博士生跨学科培养机构可以是同一学校内部的院系联合培养,也可以是跨校和跨国家合作。上述三种培养模式所表现出来的规制性、规范性和文化-认知程度也是依次加深,最终在高等教育机构中形成跨学科研究和教育学术生态。

从本文的实证研究中可以看出,除了隐性团群和博士生自我设计跨学科培养模式以外,高校设立的专门跨学科研究项目在博士生创新能力培养中的作用和效果并不明显。所以,高校急需进行制度化的设计,不能仅仅依靠博士生个人自行摸索进行跨学科学习和研究,而是要进行相应的机构改革和政策扶持,促进跨学科研究的实施。

4. 构建了中国博士生跨学科团群培养的典型模式和培养模型

研究发现,个人团群和隐性团群大量存在于中国高校博士生跨学科培养之中;少数高校设立跨学科博士培养项目,并依托跨学科研究中心和平台培养博士生,这体现了显性团群和实体团群的培养特征。中国高校博士生跨学科培养路径分析表明,中国少部分"双一流"建设高校已经开展跨学科教育和研究。

① 在组织形式上,高校成立了跨学科研究中心和交叉学科平台,博士生能够依托跨学科的实体团群进行跨学科培养。有的高校在跨学科招生中预留或单列跨学科博士招生名额,使博士生有参加跨学科学位项目的机会。但是,与国外对跨学科博士生培养的投入相比,中国一流高校对跨学科项目培训的投入较少。没有机会参与跨学科学位项目的博士生,只能够通过个人团群和隐性团群参加跨学科学习。

② 有些高校的博士生跨学科培养采取跨校和跨国的合作培养,这种模式能够有效整合国内外的教育资源。

③ 部分高校注重跨学科学术共同体的建设。学校定期举办博士生论坛,促进跨院系和跨校的学者交流,形成跨学科研究的文化氛围。

我国博士生跨学科培养发展虽然处于起步阶段,但是很多高校已经开始重视并以此作为对世界博士生培养改革的回应。本研究通过对国内外大学博士生跨学科培养案例分析,结合中国博士生跨学科培养的现状,发现中国高校的博士生跨学科培养也呈现不同形式,有的形式已经成熟,有的形式还处在萌芽状态。目前,中国高校博士生跨学科培养大部分高校处于博士生跨学科培养的初级阶段,采取"柔性"的EI嵌入一体模式,少部分高校采用DTC模式。

5. 博士生跨学科团队培养是今后博士生跨学科培养的发展趋势

通过对优秀博士案例分析、博士生教育培养报告和42所高校跨学科文本分析,发现博士生跨学科团队研究是今后的发展趋势。首先,本研究认为博士生跨学科院系合作培养进行学科和知识融合,在传统博士生培养基础上,解决传统博士生做跨学科研究面临的困难,如博士生在跨学科研究中容易面临"无家可归"的挑战,使博士生能够与所在院系和跨学科院系保持联系,在跨学科研究的过程中有归属感。其次,根据跨学科研究者的成长历程,博士生培养的学科和知识融合可以在初步融合阶段、深度融合发展阶段和融合转化阶段,为博士生提供各种形式的交流机会,从形成共同研究小组到研发出共同的研究问题、假设和研究计划,并以团队研究的形式进行研究,以合作发表文章的形式产生知识的创新,建立研究网络并转变为跨学科研究者。

6. 学术志趣对博士生跨学科思维和创新能力影响最大

博士生调查问卷研究发现,学术志趣对博士生跨学科思维和创新能力效应量最大。学术志趣、学术共同体、跨学科培养、导师指导、心理因素、科教结合和课程都与博士生的跨学科思维和创新能力存在显著相关。在不同的培养模式中,跨学科研究对博士生的跨学科思维和创新能力有正向作用,但是极为不显著,这说明博士生跨学科培养的方式没有发挥出应有的作用,仍有改进的空间。另一个不能忽视的方面是在嵌入模式、显性跨学科项目和平台培养两个模式中,学术志趣对跨学科思维和创新能力都具有最大的效应量。因此,如何提高博士生对跨学科研究兴趣和为学生创造跨学科研究环境是各个高校要深入思考的问题。高校既要从外部环境为博士生提供跨学科研究的保障,提供跨学科学习课程和跨学科项目和培训,又要从政策上保障对博士生跨学科研究和教育的促进、支持和奖励。总之,高校要从内在因素和外在环境激发博士生参与跨学科研究的志趣。

7. 导师的引领对博士生培养的作用重大

导师是博士生的学术引路人,对博士生跨学科研究的引领和支持作用重大。中国高校博士生培养模式还是以传统博士生培养为主,只有导师之间存在跨学科合作,博士生才能有更多的机会参与跨学科研究。因为所有的项目都是基于项目经费的支持,导师跨学科合作无论从项目研究、论文选题和资金支持都对博士生培养有重大影响。目前,中国博士生跨学科培养的主要形式有两种,第一种是基于导师目前主持的课题开展跨学科研究;第二种是导师参与大型跨学科平台研究,这两种形式都能够为博士生提供参与跨学科研究的体会。博士生是导师跨学科研究的受益者,所以,导师对博士生参与跨学科研究的引领也是博士生跨学科培养的关键环节。

8.2 创新点

1. 概念创新

本研究提出博士生跨学科团群培养的概念，从概念上丰富了跨学科博士生培养理论。从宏观组织结构层面讲，研究剖析了跨学科博士生培养可能的形式，并对不同团群培养的要素组合形成的培养模式进行分类，对中国博士生跨学科培养具有可参照性。本研究提出的博士生跨学科团群培养的制度化框架，使得跨学科团群培养能够被系统地执行并得到制度保障。基于此，结合知识生产的新模式，构建了适合中国博士生团群培养的制度化模型。

2. 理论创新

知识生产模式Ⅳ（大学－产业－政府－公民社会－虚拟社会）体现了对团群概念和制度化培养的支持性。基于知识生产模式Ⅳ的博士生跨学科培养，在知识生产模式Ⅲ的基础上加入虚拟社会的理念，把博士生跨学科培养框架置于全球学术网络之中，极大地丰富了知识生产模式理论。知识生产模式Ⅳ理论的应用为博士生团群培养提供坚实的理论基础，无论博士生的跨学科培养采用何种模式，都可以通过虚拟团群与研究者构成跨学科学术共同体。

8.3 政策建议

我国博士生跨学科培养尚处于起步阶段，但是许多高校都进行了积极探索，如清华大学的伯克利博士交叉学科项目和浙江大学-西湖大学的"跨学科联合培养博士研究生"项目都是对博士生跨学科培养的探索和实践。本研究通过理论和实践、宏观和微观两个层面的研究，分析不同形式团群的培养要素，探索如何创造促进博士生跨学科培养的科研和学术环境，提高博士生的创新能力。因此，本研究从国家、高校、培养和支持体系四个方面提出促进博士生跨学科团群培养的建议，以期为博士生培养的导师、项目主管部门和相关人员提供一定的启示和参考。

8.3.1 国家层面

国家应为博士生创造更好的跨学科科研和学术环境，进一步向博士生开放国家实验室和大型研究中心，鼓励博士生申报跨学科项目。博士生是思想最为活跃的群体,博士生学习阶段也是其创新能力被激发的时期。博士生既是科研人员,也是培养的对象,激活其科研热情,要注意培养其在研究中兼具的角色。国家和高校同时要提供跨学科的氛围,不断地激发学生的创造力,鼓励其投身于未来的前沿研究领域,培养面向未来的研究者。美国科学基金委员会(National Science Foundation,NSF)为促进跨学科研究和博士生培养做出了重大贡献。早在2005年,NSF就开始实施"研究生教育与科研训练一体化"项目。它是美国国家科学基金会为研究生教育提供资金的资助项目,其中包括多学科交叉项目,如亚利桑那州立大学的艾拉·富尔顿工程学院。该校的地球和太空探索学院、地理科学学院、人类进化与社会变迁学院、生命科学学院与可持续发展学院合作,培养全新的生命科学家、地球科学家或社会科学家。项目培训强调协作和团队精神,提高学生的创新能力。时至今日,NSF设立了更多的跨学科研究项目,在美国科学基金委的研究成果里都包含博士生的科研贡献。因此,博士生群体的创造力和贡献不容忽视。

8.3.2 高校层面

从问卷数据发现,绝大多数(70.1%)博士生在读期间没有参与跨学科学位项目和撰写跨学科学位论文的经历。导师没有跨学科背景、博士生没有选择学习跨学科知识、没有参加专门跨学科平台和参与项目培养的博士生占46.4%。所以,高校推进和支持跨学科研究的策略是不够的。博士生除了参与导师的跨学科项目和主动参与跨学科研究以外,在中国高校很少有专门的跨学科项目培养博士生。所以,不管是国家还是科研院所应加大设立跨学科项目的力度,鼓励广大博士生申报,使博士生有机会参与跨学科研究。从高校层面,加强顶层设计和政策支持,设立跨学科博士生培养项目,构建跨学科博士生培养生态体系。

1. 设立跨学科组织机构

首先,跨学科研究的顶层设计是至关重要的。Rhoten D.指出:大学实施跨学科研究改革不彻底的根源在于,原有的以学科为基础的大学组织结构对跨学科研究造成的实际阻碍和抵制,更关键的原因在于大学对原有学术组织结构进行重新设计(re-design)缺乏支持,由此造成的结果是,措施并没有达到预期目标,也未能服务于想要支持的对象。[229]因此,高校有必要设立跨学科机构支持跨学科研究。国外许多高校有专门的跨学科办公室,监督和评估跨学科研究项目的设立和运行。其次,中国各高校的跨学科实践和教育策略要体现高校决策者的教育理念,如何根据中国国情和教育制度使跨学科教育制度化和本土化,这是一个亟待解决的问题。高校应建立具有实体运作功能的跨学科研究机构,打破传统的纵向的校、院、系三级组织的格局,建立一种学术资源共享、人员流动自由的纵横交错的组织结构。高校应建立交叉学科或跨学科专门工作委员会或学位评定委员会,指导跨学科培养过程、认定跨学科学位论文水平及质量。

2. 尽早开始跨学科培养,设立跨学科培养项目和学位项目

首先,跨学科培养需要尽早开始,可以从本科阶段就开始为学生提供跨学科课程和参与基础研究。世界一流高校卡内基梅隆大学,从本科阶段就设立跨学科项目,把计算机这个优势学科融入其他专业之中,开启了本科生跨学科研究的旅程。知识的整合可以最大限度地保证跨学科研究的开展。因此,高校必须尽早让学生从本科开始学习,进行严格科学的训练,了解各个学科的研究方法、科研传统和范式。其次,高校加大设置跨学科学位和培训项目的力度,构建博士生跨学科显性和实体团群,形成跨学科研究的文化生态。学生和教师参与跨学科项目是融入跨学科研究的最好方式。根据各个高校的实际情况,建设本科、硕士和博士的跨学科培训项目和跨学科学位,形成跨学科研究的校园环境,更是为学生提供跨越学科边界的机会和体验,培养学生的创新能力。即使目前的高校因为条件所限,没有开设博士生跨学科项目,也要为"隐性团群"的博士生创造跨学科交流的机会。

3. 政策支持

跨学科研究的成功取决于选择正确的人、充足的资助和足够的时间。就博士生而言,高校要给予从事跨学科研究的博士生足够的时间和资助,以保证博士生进行跨学科研究。博士生需要花费大量时间来了解其他学科研究范式,与不同学科的研究者合作也需要时间。所以,高校可以通过延长博士生的学制和提供资助,激发博士生的跨学科学术兴趣。国外的博士生培训项目是几个院系合作举办和共同合作整合的,有足够的资源,院系的支持也是跨学科合作的关键,激励跨学科院系合作也是可以借鉴的做法。

4. 设立跨学科研究促进专员制度

设立跨学科研究促进专员(facilitator)制度可以推动高校跨学科研究的实施,并可以解决研究者在跨学科合作中的困难,如由于沟通不畅、团队成员缺乏责任,或者教师和学生的期望不同而导致的合作受限。为了鼓励更多的教师和学生参与跨学科研究,可以设立专门的培训机构协调教师和学生在跨学科研究中遇到的问题。例如:华盛顿大学的城市生态学IGERT项目聘请了一个专业的团队动力学推动者。学校定期举办由教师、学生和员工同时参加的研讨会,提升集体管理技能、人际交流策略和创造性问题解决的能力。根据研究需要,facilitator可以协调并最大限度地减少对跨学科研究的偏见。因此,建议在跨学科博士生培养引入专业的团队促进者协调和解决跨学科研究和教育中的问题。

8.3.3 培养和评价层面

1. 建立跨学科导师的双(多)培养制度,提升学生的跨学科视野和思维

① 在研究生培养中,导师制度是至关重要的因素,没有跨学科背景的导师不可能培养出跨学科研究生。《国家中长期教育改革和发展规划纲要(2010—2020年)》提出"要大力推进研究生培养机制改革,建立以科学与工程技术研究为主导的导师责任制和导师项目资助制,推行产学研联合培养研究生的'双导师制"。[230]在跨学科视角下,高校进行研究生导师制度改革和探索,只有整合各个学科(实践)领域的导师,充分借助校内外培养资源,实现大跨度、复合型和开放式的培养,才能培养出跨学科研究生。高校可以建立跨学科导师指导委员会,建立跨学校和跨组织的导师指导制度。

② 在运行机制上,对跨学科研究领导者(首席专家)的培养意义重大,探索跨学科委员会领导下的主任负责制和下属机构的首席专家制。42所高校的文本体现出高校对跨学科项目首席专家培养的重视。国外跨学科研究也表明,领导者是创造大学跨学科研究环境和成功进行跨学科研究的关键。因为在机构层面上,跨学科领导者的作用是传达高等教育机构对跨学科研究的政策,建立有效的机制促进跨学科研究。在院系的层面上,跨学科领导者的作用是促进跨学科研究团队的建立、为团队提供资金支持和鼓励教师参与跨学科项目。所以,在高等教育机构和院系层面,资深的跨学科领导者被称为"跨学科研究的捍卫者",他们在改变跨学科研究文化和创造支持跨学科环境等方面发挥着重要作用。[231]在项目层面上,领导者的作用是作为初级研究者的导师领导跨学科合作、协调研究团队研究目标、加强团队凝聚力和解决团队的冲突。跨学科项目的复杂性决定了其比单一学科研究需要更多的项目管理和支持。对于具有挑战性的研究项目更是如此,如研究团队远距离与其他学科团队的合作;国际合作也因为地域不同而变得复杂。基于这些特点,更需要跨学科领导者与团队进行有效的交流,确保研究的顺利进行。

③ 通过实证研究发现,学生的学术志趣和心理因素(状态)对博士生研究的影响作用显著。尤其参与显性跨学科项目和平台培养的博士生中,高融合博士生所受到的跨学科培养对其心理状态的正向促进效应更为显著;低融合的博士生虽然处于显性跨学科平台和项目中,但由于融合程度较低,导致出现迷茫和心理压力的情况多于高融合博士生。所以,导师要关注学生对科研项目的研究兴趣,注意在跨学科中激发学生的研究兴趣,并在研究过程中关注学生在研究中的困难和障碍,为其提供良好的研究氛围,使其在学术共同体中得到专业的支持和引导。

2. 采用多样化管理模式

① 跨学科博士生培养的管理模式应具有灵活性。为了保持博士生培养的创新性，培养计划必须保持灵活性，高校可以为学生提供短期和长期项目、动态和可变的管理方式。例如，不同团队的研究进展可能遇到不同的困难，给予博士生宽松的研究环境是培养创新人才的前提。跨学科培养必须将每个学生视为独特的个体，并且灵活地考虑学生的需求。如自我设计跨学科博士生培养模式要求学生和教师积极参与课程和培养计划设计，让学生承担一定的培养责任。

② 为博士生提供进行跨学科项目管理和决策的机会，共同参与管理博士生培养环节。在跨学科研究项目中，要充分尊重学生在跨学科研究和教育中的体验，遵循"以学生为中心"的教学和培养理念，给学生提供参与跨学科培养设计和管理的机会。跨学科项目的特点是要在合作中发挥不同学科研究者的学科优势，解决复杂问题。因此，在跨学科博士培养项目中，学生的参与度会影响其研究成果。通过对国内外跨学科博士培养案例的分析，团队项目、研讨会和共同指导都可以让学生参与其中。在培养中给予学生部分课程评价的权力，使得每个人都能发展独特的学术身份和展现其专业领域的能力。

3. 未来跨学科组织形式是跨校合作

跨校合作是强强联合和优势互补，能够促进跨学科研究突破重大问题。跨学科研究成功的必要条件是：建立跨学科知识网络和跨学科的思想交流。因此，高等教育机构需要增加研究者跨学科交流的机会，利用研讨会、大会和工作坊、大学外部的网络机构和学术伙伴进行资源整合，并建立跨学科的网络研究(network)。如英国白玫瑰大学联盟(The White Rose University Consortium, WRUC)是由位于英国英格兰约克郡的三所世界一流研究型大学——利兹大学(University of Leeds)、约克大学(University of York)和谢菲尔德大学(University of Sheffield)组成的，该联盟成功关键因素是它与三所大学的学者和领导者建立了密切的合作关系。英国白玫瑰大学联盟促进跨学科研究的方式是三校合作对联盟跨学科研究进行资助，联盟通过博士培养中心合作培养跨学科研究人才，为博士生提供跨学科研究的奖学金，并鼓励博士生和导师进行跨学科研究。

4. 科学地设置跨学科课程和学生个性化培养

在博士生团队培养中，高校应关注学科与跨学科学习的平衡性。在大多数情况下，跨学科博士生培养应该坚定地以学科为基础，在团队培养的过程中，要处理好学科与跨学科的关系。英国高校跨学科研究采用"双重培训"(dual training model)的模式。具体而言，在培养中研究者有很强的学科知识，这是跨学科研究的基础，而学科和领域以外知识是成为跨学科研究者必要条件，这就是"双重培训"模式的含义。

所以,在课程设置上,要兼顾学科和跨学科课程的平衡。不能单纯灌输知识,而要将课程设计个性化,高校应建设探究和问题导向课程,把个性化培养融入跨学科培养之中。在教学方式上采用小班教学和讨论课的方式,体现"教学共同体的特征"。纽约大学加勒廷个性研究院的每个学生都有至少两位指导教师:一位来自于院系的教师,作用是在学科和院系学习中作为知识学习导师,引导学生形成跨学科学习的体系;另外一个是班级导师,帮助学生在个性化学习中培养团体归属感。[232]

目前,我国设置跨学科课程受思想观念限制,博士生培养重学科本位的知识储备,轻跨学科的知识积淀,重单一的导师指导,轻跨学科的联合指导,现有博士教育课程对于跨学科课程的设置不够。这就需要从学校管理层面制定跨学科课程设置的指导意见,引导院系增加跨学科课程。根据中国高校目前跨学科教育的现状,可以采用博士生跨学科培养课程或档案袋课程、电子档案袋课程。授课教师是可以跨院系的团队教学(team-teaching),设立跨学科的博士生学位项目,促进多学科研究人员之间的合作。

5. 内化博士跨学科学术评价制度

因为跨学科研究的难度大,跨学科博士生需要付出比传统博士生更多的时间和精力。所以,高校不应以发表文章的数量评价学生,也不应把博士生毕业论文盲审作为评判博士生毕业论文质量的唯一标准。不应仅仅依靠外部力量对博士生培养质量进行规约,应该提高学术共同体和内化的学术评价能力。例如:国外著名高校的博士生毕业标准,对博士生发表论文的数量并没有有硬性要求,这是因为学科的差异导致发表文章的层次和难度也有所不同。国外大学的论文委员会对博士生论文的监督和审核是在论文写作的整个过程中,这体现了教授治学的文化和学术共同体的自律性。我国博士生导师队伍水平也处在不断提升的过程中,正如本文实证研究模型发现,学术共同体对博士生培养的影响显著,仅次于学术志趣。所以,博士生的学术贡献与其导师的学术声誉是紧密关联的,学术评价需要内化,博士生学术水平的评价应以导师的全面评价为核心,这是一个必然趋势。

高校应支持和鼓励跨学科博士生合作撰写博士生论文。国外大学博士跨学科培养的案例表明,跨学科研究生培养多采取跨学科团队的模式,这种模式可以更广泛地吸引来自不同学科的博士生和学者合作解决重大的科学和社会问题。为了促进博士生跨学科合作,建议应允许不同学科的博士生合作、共同撰写博士毕业论文的其中一章,这种评价标准就是对博士生跨学科合作成果的承认。因为相对于发表跨学科文章而言,合作撰写博士论文是实际可行和受限制较少的做法。

6. 重视学生的学术志趣和心理因素

第6章的研究模型显示,博士生的研究志趣对跨学科思维和创新力的效应量大,尤其是在无嵌入式和无显性平台的模式中,其效应量尤其大。所以,在跨学科研究中,要努力培养博士生的研究兴趣和志向,从内在激发其对跨学科研究的兴趣。同样,高校也要有积极推进跨学科研究的政策,把如何提高学生跨学科研究的兴趣和支持策略提到议事日程上。在本科、硕士阶段就要为学生提供跨学科研究的课程和研究机会,使学生自然地融入跨学科研究之中。高校应着力构建多学科集成与交叉的课程体系,允许学生跨院系甚至跨校选修课程。在教学改革上,高校应探索开设多种形式的研究生课程,构建多学科集成与交叉的课程体系,实施跨学科研究生项目管理制。另外,高校应为博士生提供跨学科研究资助,体现跨学科研究的优势,使其形成积极的心理状态,实现跨学科研究的社会化和归属感。

科教结合对跨学科思维和创新能力的培养作用为负向,这说明在参加科研项目时,并没有考虑博士生的研究兴趣。因此,高校可以设立博士生独立申报的课题和项目以激发其研究热情。研究模型表明,嵌入式的博士生跨学科培养在博士生创新能力培养中作用不是非常显著,这表明高校要设置更多的跨学科课程,学生才能有机会接触到跨学科知识。在导师指导中引入跨学科导师组的指导方式,可以解决导师无跨学科背景或者研究领域背景单一的问题。总之,以上方法皆旨在为博士生提供跨学科知识和研究机会,以提高其学术志趣。

7. 建立教育信息化的平台支持体系,保障跨学科虚拟学术共同体运行

高校应探索以跨学科平台和研究中心为载体的国际化创新机制,整合国内外学术资源,孵化国际学术组织,借助网络为媒介构成国际化的跨学科虚拟学术共同体。

高校应搭建跨学科交流平台,为博士生提供各种交流机会。2018年4月8日,教育部印发了《教育信息化2.0行动计划》。该计划指出:努力构建"互联网+"条件下的人才培养新模式、发展基于互联网的教育服务新模式、探索信息时代教育智力新模式。[233]在此背景下,我国高等教育人才培养模式也要随着信息化2.0行动而改变教育模式。跨学科人才培养离不开技术平台的支持,因为跨学科研究是知识整合的过程,博士生在这个过程中常常提出一些富有启发性的问题,为科学研究提供新的生长点。因此,学校应努力搭建跨学科交流合作平台,这种交流不仅仅限于高校内部,也包括跨院系、跨校和跨国组织的交流,为博士生科学研究提供新的视角和思路。

8. 设立博士生跨学科项目、平台和资金支持,加大学科建设与跨学科人才培养的互动促进

首先,高校应鼓励不同学科教师和学生打破学科壁垒,博士生基于学科建设平台、专门项目或联合培养方式进行交叉学科或超学科研究。高校建立面向学术前沿和学科交叉的培养方式,建以立"研究生交叉研究创新基金"为牵引,面向交叉学科立项,激发研究生的创新灵感,支持研究生跨院系、跨学科领域开展研究工作。其次,为跨学科博士生培养提供多渠道的资金支持。国外高校对跨学科研究的资助制度已经

相对成熟,而我国对跨学科研究的资助仅限于设立跨学科基金,资金筹集渠道单一。借鉴国外的资助制度,包括英国对跨学科的资助方式,首先是从由高校资助的"种子基金"开始,随着研究者跨学科研究能力的提高,进而获得外部机构的资助。此外,种子基金项目的作用在于帮助建立新的跨学科研究的网络和培养早期职业生涯研究者。最后,实施策略是"资金阶梯"(funding ladder),指的是跨学科的研究资助从"种子基金"开始的短期资助到中期寻求外部项目资助,到长期建立跨学科研究中心,一步步地深入扩大跨学科研究。[234]

目前,中国高校内部的资助机制通常与学院和学科挂钩,但这种资助方式并不灵活。高校应该有更多的支持机制,如允许和鼓励研究跨越机构为研究生提供资金,即参与非本院系博士生培养项目的博士生可以申请跨学科研究的资助。高校应该给需要长时间跨学科研究投入的跨学科博士生提供学位论文年度奖以支持开展跨学科研究。

8.4 研究局限及展望

虽然本研究采用了相对科学和严谨的研究方法,但是也存在一些不足之处,这也驱动在未来的研究中做出进一步的改进和完善。

8.4.1 研究局限

本研究通过访谈对博士生跨学科培养创新能力问题进行归因分析,提取出 4 个核心要素并构建了博士生跨学科培养的模型。但本研究存在以下不足:一是影响因素树节点的提取存在一定的主观性。研究访谈的人数和专业少,10 位博士生只覆盖了理学、工学和经济学三个门类,尚未得到其他门类样本的验证。研究提取的 3 个核心要素有待后续的定量实证研究。研究范围主要集中在国外一流大学的全日制学术型博士,得出的相关结论只在一定范围内适用;由于国外团队多是理工科专业,实地访谈对象不容易找到,导致团队研究博士生培养多基于文献和博士生跨学科项目文本的分析,对培养的具体过程和实际操作并不能够深入和详细地了解。二是我国博士生跨学科研究刚处于起步阶段,对博士博士生跨学科培养的实地调研不够详细。三是对博士生跨学科能力的界定、评定以及博士跨学科培养成果评价的研究还未深入涉及。

8.4.2 研究展望

本研究虽已得到了一些有意义的结论,但这只是阶段性工作的成果,针对本文研究的局限,希望未来的博士生跨学科团队培养研究能够在如下方面进一步改进和丰富。

1. 博士生跨学科团队研究是跨学科研究的趋势

由于研究者自身能力和研究条件所限,本研究仅仅关注了国外高校理工科团队培养的文本分析,后续研究希望对国外的博士生跨学科研究团队培养进行深入解读,并将研究和访谈的范围扩大到人文社会科学博士生跨学科培养项目之中。对国外高校博士生跨学科团队培养进行详细观察和深入访谈,希望能够发现其培养的特点,以便更科学和准确地描绘出博士生团队知识生产的图景,拓宽研究视域。

2. 关注博士生跨学科能力的培养

博士生跨学科培养的实质是是培养博士生在跨学科环境中研究和工作的能力,这种能力是可以迁移的。所以,后续将关注如何培养博士生跨学科能力,如何评价博士生跨学科能力。本研究深入探讨了团队培养的融合过程,跨学科知识融合是跨学科研究的关键,也是博士生培养的重要环节。今后的研究将运用质性和量化的研究方法,探讨在培养中如何促进团队成员的知识融合。

参考文献

[1] KHER U. A call for collaboration. Nature[J]. 2010 (7304): S21-S22.

[2] LYALL C, BRUCE A, Marsden W, MEAGHER L. Identifying Key Success Factors in the Quest for Interdisciplinary Knowledge, Report to NERC [R]. 2011a.

[3] Success as Knowledge Economy: Teaching excellence, Social Mobility & Student Choice. (2016-05)[2019-2-10]. https://www.gov.uk/government/uploads/system/uploads/attachment_data/file/523546/bis-16-265-success-as-a-knowledge-economy-web.pdf.

[4] Landscape Review of Interdisciplinary Research in the UK. Report to HEFCE and RCUK by Technopolis and the Science Policy Research Unit (SPRU) [R], University of Sussex. July, 2016.

[5] 刘雅雯. 德国跨学科研究生培养模式特征研究[D]. 北京：北京航空航天大学, 2016.

[6] 张惠, 刘宝存. 法国创建世界一流大学的政策及其特征[J]. 高等教育研究, 2015, 36(04): 89-96.

[7] 中华人民共和国中央人民政府. 关于印发统筹推进世界一流大学和一流学科建设总体方案的通知. [EB/OL]. (2015-11-24)[2019-2-10]. http://www.gov.cn/zhengce/content/2015-11/05/content_10269.htm.

[8] 中华人民共和国中央人民政府. 国务院办公厅关于深化高等学校创新创业教育改革的实施意见. [EB/OL]. (2015-05-04)[2016-03-12]. http://www.gov.cn/zhengce/content/2015-05/13/content_9740.htm.

[9] 清华新闻网. 清华大学修订《攻读博士学位研究生培养工作规定》. (2019-04-22)[2019-10-10]. https://www.tsinghua.edu.cn/info/1176/27004.htm.

[10] 陈洪捷. 知识生产模式的转变与博士质量的危机[J]. 高等教育研究, 2010(1): 57-63.

[11] BASKIN P. National Science Foundation steps up its push for interdisciplinary search. The Chronicle of Higher Education. [EB/OL]. (2012-2-13)[2019-04-25]. http://chronicle.com/article/National-Science-Foundation/130757/.

[12] Golding C. Integrating the Disciplines: Successful Interdisciplinary Subjects. [EB/OL]. [2019-04-25]. https://gened.psu.edu/files/loa-

interdisciplinary_course_how_to_guide_gooding. pdf.

[13] FRODEMAN R,MITCHAM C. New directions in interdisciplinarity: Broad, deep, and critical[J]. Bulletin of Science, Technology & Society, 2007(10),1-9.

[14] National Center for Education Statistic. Classification of Instructional Programs:2000 Edition. [EB/OL]. (2002-04)[2019-01-12]. http://nces.ed.gov/pubs2002/2002165.pdf.

[15] BOARDMAN C, BOZEMAN B. Role strain in university research centers [J]. The Journal of Higher Education,2007(4):430-463.

[16] BODEN D, BORREGO M, Newswander L K. Student socialization in interdisciplinary doctoral education [J]. Higher Education, 2011(6):741-755.

[17] 王玲.美国大学跨学科学术组织的发展策略探析[J].外国教育,2012,39(10):113-120.

[18] 毕颖,杨小渝.面向科技前沿的大学跨学科研究组织协同创新模式研究——以斯坦福大学Bio-X计划为例[J].华中师范大学学报(人文社会科学版),2017,56(01):165-173.

[19] 陈勇,邹晓东,陈艾华,陈婵,王锋雷,柳宏志.促进跨学科研究的有效组织模式研究——基于斯坦福大学Bio-x跨学科研究计划的分析及启示[J].科学学研,2010(03):346-350.

[20] 毕颖,杨小渝.面向科技前沿的大学跨学科研究组织协同创新模式研究——以斯坦福大学Bio-X计划为例[J].华中师范大学学报(人文社会科学版),2017,(01):165-173.

[21] 周朝成.大学跨学科研究组织冲突与治理对策:新制度主义的视角[J].教育发展研究,2014(09):40-45.

[22] 文少保.美国大学"有组织的"跨学科研究创新的战略保障[J].中国高教研究,2011(10):31-33.

[23] 朱永东."双一流"高校要重视跨学科学术组织建设——基于美国研究型大学跨学科学术组织管理模式的分析[J].研究生教育研究,2018(06):64-69.

[24] 张炜,钟雨婷.基于跨学科学术组织变革的创业型大学——德国慕尼黑工业大学的经验与启示[J].外国教育研究,2016(07):115-128.

[25] 张炜,钟雨婷.亚琛工业大学的跨学科战略实践及其变革[J].高等工程教育研究,2017(05):120-124.

[26] 袁广林.麻省理工学院媒体实验室跨学科研究的经验与启示[J].国家教育行政学院学报,2018(08):81-85.

[27] 赵章靖.联邦政府资助下美国研究型大学跨学科研究组织的发展与演变——以二战后加州大学伯克利分校劳伦斯放射实验室为例[J].世界教育信息,2018,31(09):40-47.

[28] 张洋磊,张应强.大学跨学科学术组织发展的冲突及其治理[J].教育研究,2017(09):55-60+131.

[29] 张洋磊.大学跨学科学术组织冲突的特征及其成因[J].高等教育研究,2018(07):24-30+45.

[30] 黄超,杨英杰.大学跨学科建设的主要风险与治理对策——基于界面波动的视角[J].中国高教研究,2017(05):55-61.

[31] 张炜,邹晓东.美国大学的跨学科战略实践及其经验启示[J].自然辩证法研究,2012,28(03):61-64.

[32] 朱永东,向兴华,叶玉嘉.美国研究型大学跨学科研究的产生及其发展动因分析[J].科技管理研究,2012,32(12):85-88+92.

[33] 焦磊,谢安邦.美国研究型大学跨学科研究发展的动因、困境及策略探究[J].国家教育行政学院学报,2016(10):89-95.

[34] 张炜,颜盼盼.美国华盛顿大学跨学科教研融合模式及经验启示[J].科技管理研究,2016(23):121-125.

[35] 刘凡丰,余诗诗,罗芬.跨学科研究评价的原则与指标构建[J].中国高等教育,2013(05):42-44.

[36] 耿益群.美国研究型大学跨学科研究中心与大学创新力的发展——基于制度创新视角的分析[J].比较教育研,2008(09):24-28.

[37] 熊华军.MIT跨学科博士生的培养及其启示[J].比较教育研究,2006(04):46-49

[38] 范冬清,王歆玫.秉承卓越:美国研究型大学跨学科人才培养的特点、趋势及启示[J].国家教育行政学院学报,2017(09):80-86.

[39] 张晓报.我国高校跨学科人才培养面临的困境及突破——基于理念、制度和方式的分析[J].江苏高教,2017(04):48-52+98.

[40] 申超.供给不足与制度冲突——我国大学中跨学科组织发展的新制度主义解析[J].高等教育研究,2016(10):31-36.

[41] 张伟.跨学科教育:普林斯顿大学本科人才培养案例研究[J].高等工程教育研究,2014(03):118-125.

[42] 雷洪德,高强.MIT跨学科培养本科生的理念基础、支撑条件与主要途径[J].中国高教研究,2016(11):76-79.

[43] 杨海燕.美国研究生阶段交叉学科的发展及其对我国的启示[J].中国高教研究,2008(08):40-44.

[44] 焦磊.美国研究型大学培养跨学科研究生的动因、路径及模式研究[J].外国教育研究,2017(03):16-26.

[45] 朱永东,张振刚,叶玉嘉.MIT跨学科培养研究生的特点及启示[J].高等工程教育研究,2015(02):134-138.

[46] 陈翠荣,李冰倩.密歇根大学跨学科培养研究生的理念基础、实现途径及面临的挑战[J].外国教育研究,2018(08):3-14.

[47] 张媛."跨学科"视角下研究生培养模式探析——基于加拿大研究生教育联合会报告述评[J].研究生教育研究,2016(04):92-95.

[48] 王传毅,严会芬,吕晓泓.跨学科研究生培养:加拿大大学的实践与特色[J].研究生教育研究,2016(05):84-89.

[49] 徐岚,陶涛,周笑南.跨学科研究生核心能力及其培养途径——基于美国IGERT项目的分析[J].学位与研究生教育,2018(5):61-68.

[50] 焦磊,谢安邦.美国跨学科研究生教育组织形式与机制探究[J].中国高教研究,2015(10):70-75.

[51] 刘晓璇,林成华.研究型大学研究生跨学科培养模式的要素识别与模式构建——基于内容分析法的多案例研究[J].中国高教研究,2019(01):66-71.

[52] 包水梅,魏玉梅.美国博士生跨学科培养的基本路径及其特征研究——以哈佛大学教育研究生院为例[J].中国高教研究,2015(05):47-54.

[53] 包水梅,谢心怡.美国研究型大学博士生跨学科培养的基本路径与支撑机制研究——以普林斯顿大学为例[J].江苏高教,2018(03):95-100.

[54] 魏玉梅.美国教育学博士研究生培养的"跨学科"特色及其启示——以哈佛大学教育哲学博士(Ph.D.)培养项目为例[J].外国教育研究,2016,43(03):43-57.

[55] 胡甲刚.美国跨学科研究生培养管窥——以华盛顿大学"城市生态学"IGERT博士项目为个案[J].学位与研究生教育,2009(10):71-75.

[56] 焦磊,谢安邦,赵军.美国大学STEM领域博士生跨学科"规训"研究——基于IGERT项目[J].清华大学教育研究,2017,38(02):50-56.

[57] 李正,张倩,焦磊.跨学科研究组织"自下而上"衍生路径及其保障机制研究——基于波士顿大学ECIBR的探析[J].高教探索,2019(04):54-60.

[58] 汤晓蒙,刘晖.从"多学科"研究走向"跨学科"研究——高等教育学科的方法论转向[J].教育研究,2014,35(12):24-29.

[59] 赵军,许克毅.高等教育学:一个跨学科的规训体系[J].中国高教研究,2013(08):43-47.

[60] 王占军.何谓学科:学科性与跨学科性的争论[J].学位与研究生教育,2017(11):34-38.

[61] 陈涛.跨学科教育:一场静悄悄的大学变革[J].江苏高教,2013(04):63-66.
[62] 黄瑶,王铭,马永红.以跨学科路径协同培养博士研究生[J].学位与研究生教育,2017(06):24-28.
[63] 张洪华.跨学科博士生的学科认同与社会适应[J].研究生教育研究,2016(04):41-45.
[64] 关辉.跨学科博士学科认同的危机与重构[J].研究生教育研究,2015(01):16-20.
[65] 景于,马永红.学科交叉视域下的交叉学科心理认同度研究[J].大连理工大学学报(社会科学版),2018(04):106-113.
[66] 孙维,马永红."双一流"建设背景下拔尖创新人才培养模式——源于跨学科博士生团队培养的思考[J].中国电化教育,2019(04):63-69.
[67] 胡甲刚.跨学科人才培养的制约因素分析[J].高等理科教育,2005(01):111-116.
[68] 陈何芳.论我国大学跨学科研究的三重障碍及其突破[J].复旦教育论坛,2011,9(01):67-71.
[69] 张莉.跨学科研究生培养的误区分析及对策研究[J].研究生教育研究,2018(05):18-22.
[70] 张良.高校跨学科研究生培养的现状分析与对策研究[J].研究生教育研究,2012(04):11-15.
[71] 吴立保,茆容英,吴政.跨学科博士研究生培养:缘起、困境与策略[J].研究生教育研究,2017(04):36-40+55.
[72] 王根顺,汤方霄.基于交叉学科的研究型大学创新人才培养研究[J].教学研究,2011,34(01):16-19+91.
[73] 张晓报.我国高校跨学科人才培养面临的困境及突破——基于理念、制度和方式的分析[J].江苏高教,2017(04):48-52+98.
[74] 包水梅.跨学科教育中博士生面临的挑战及其应对[J].高教探索,2016(03):98-103.
[75] 李金,王磊,梁洪.研究型大学跨学科研究生培养模式研究[J].黑龙江高教研究,2015(09):138-140.
[76] 周叶中,夏义堃,宋朝阳.研究生跨学科培养模式创新的探索——武汉大学的改革实践[J].学位与研究生教育,2015(09):25-28
[77] 叶取源,刘少雪.架设人文教育与科学教育的桥梁——美国大学跨学科项目案例介绍和分析[J].中国大学教学,2002(09):46-48.
[78] 李雪飞,程永波.交叉学科研究生培养的三种模式及其评析[J].学位与研究生教育,2011(08):10-15.

[79] 娄延常.跨学科人才培养模式的多样性与理性选择[J].武汉大学学报(人文科学版),2004(02):232-236

[80] 高磊,赵文华.学科交叉研究生培养的特性、动力及模式探析[J].研究生教育研究,2014(03):32-36.

[81] 何跃,张伟,郑毅.研究生跨学科培养模式探索[J].国家教育行政学院学报,2011(07):31-34.

[82] 周叶中,夏义堃,宋朝阳.研究生跨学科培养模式创新的探索——武汉大学的改革实践[J].学位与研究生教育,2015(09):25-28.

[83] 王则温,张君,陈智峰,赵张耀,周煦炎.跨学科培养博士生促进学科交叉的探讨[J].中国高教研究,2003(08):40-41+48.

[84] 程妍,裴旭.以学科交叉引领高校学科建设——以中国科学技术大学为例[J].研究生教育研究,2013(04):67-71.

[85] 吕旭峰,范惠明,吴伟.跨学科研究生培养复合导师制度的构想[J].教育发展研究,2015(11):33-39.

[86] 王俊.跨学科通识教育课程模式探析——以杜克大学FOCUS课程为例[J].高教探索,2011(02):89-93.

[87] 王建梁,岳书杰.跨学科理念之下墨尔本模式课程改革的影响及启示[J].江苏高教,2010(02):144-146.

[88] 吴迪.论世界一流高校对本科跨学科专业课程的践行——普林斯顿大学的"综合科学"课程计划[J].黑龙江高教研,2012,30(10):65 68.

[89] 周慧颖,郄海霞.世界一流大学工程教育跨学科课程建设的经验与启示——以麻省理工学院为例[J].黑龙江高教研究,2014(02):50-53.

[90] 何朝阳.跨学科团队治理机制及其启示——以加州大学圣地亚哥分校SIO为例[J].教育发展研究,2013,(Z1):46-50.

[91] 平思情,刘鑫桥.协作与博弈:跨学科研究团队构建的困境[J].国家教育行政学院学报,2016(12):57-65.

[92] 孙艳丽,于汝霜.跨学科科研团队知识整合的障碍及其运行机制研究[J].黑龙江教育(高教研究与评估),2018(02):4-7.

[93] 文少保,毕颖.大学跨学科研究团队机会主义的治理[J].高校教育管理,2015(05):63-66.

[94] 李晶,章彰,张帅.跨学科团队信息交流规律研究:以威斯康辛麦迪逊分校为例[J].图书情报工作,2019(03):115-122.

[95] 朱娅妮.高校跨学科科技团队的绩效评价研究[J].科研管理,2015,36(S1):200-204+238.

[96] 尤莉.大学跨学科团队知识异质性与创新绩效关系的实证研究[J].国家教育

行政学院学报.2017(03):62-69.

[97] 魏巍,刘仲林.国外跨学科评价理论新进展[J].科学学与科学技术管理,2011(04):20-25

[98] 顾佳峰.美国高校跨学科教育评估研究[J].黑龙江高教研究,2012,30(06):44-47.

[99] 谢冉,张兄武.重构跨学科研究评估[J].高教发展与评估,2018,34(04):19-26+104.

[100] MILLER M M, DILLMAN D A. Analyses of interdisciplinary doctoral research data from the survey of earned doctorates[R]. A report to the National Science Foundation Division of Science Resources Statistics. Pullman, WA: Washington State University. 2010.

[101] MANSILLA V B, DURAISING E D. Targeted assessment of students' interdisciplinary work: An empirically grounded framework proposed[J]. The Journal of Higher Education, 2007(2): 215-237.

[102] STROBER M H. Habits of the mind: Challenges for multidisciplinary engagem-ent. [EB/OL][2019-03-06] http://pdfs.semanticscholar.org/57f1/5f1b47c452bbc6f05f500328f32fe37eefa9.pdf.

[103] ENENGE B, MUHAR A, PENKER M, FREYE B, DRLIK S, RITTER F. Co-production of knowledge in transdisciplinary doctoral theses on landscape development-An analysis of actor roles and knowledge types in different research phases. Landscape & Urban Planning, 2012, 105(1-2):106-117.

[104] MUHAR A, VISSER J, BREDA J V. Experiences from establishing structured inter- and transdisciplinary doctoral programs in sustainability: a comparison of two cases in South Africa and Austria[J]. Journal of Cleaner Production ,2013(61):122-129.

[105] LATTUCA L R. Creating interdisciplinarity: Interdisciplinary research and teaching among college and university faculty[M]. Nashville, TN: Vanderbilt University Press,2001.

[106] GOLDE C, GALLAGHER H A. The challenges of conducting interdisciplinary research in traditional doctoral programs. Ecosystems, 1999(2): 281-285.

[107] GASS J R. Cited in FLEXNER H. The curriculum, the disciplines, and interdisciplinarity in higher education: Historical perspective[M]. In J J KOCKELMANS (Ed.), Interdisciplinarity and Higher Education.

[108] HOLLY K. The challenge of an interdisciplinary curriculum: A cultural analysis of a doctoral-degree program in neuroscience[J]. Higher Education, 2009(58):241-255.

[109] BODEN D, BORREGO M, NEWSWANDER L K. New Student socialization in interdisciplinary doctoral education[J]. Higher Education. 2011(62):741-755.

[110] GARDNER S K, JANSUJWICZ J S, HUTCHINS K, CLINE B, LEVESQUE V R. Interdisciplinary Doctoral Student Socialization[J]. International Journal of Doctoral Studies,2012(7): 377-394.

[111] HOLLEY K A. Interdisciplinary Strategies as Transformative Change in Higher Education[J]. Innov High Educ. 2009(34):331-344.

[112] ARAM J. Concepts of Interdisciplinary: Configurations of knowledge and action[J]. Human Relations. 2004, 57(4):379-412.

[113] BORREGO M, BODEN D, NEWSWANDER L K. Sustained Change: Institutionalizing Interdisciplinary Graduate Education[J]. The Journal of Higher Education, 2014(85):858-885.

[114] SA C M. Interdisciplinary strategies at research-intensive universities[D]. Doctoral dissertation[J], Pennsylvania State University. 2006:15.

[115] MCCOY S K, GARDNER S K. Interdisciplinary Collaboration on Campus: Five Questions, Change[J]. The Magazine of Higher Learning, 2012,44(6): 44-49.

[116] GOLDE C M, GALLAGHER H A. The Challenges of Conducting Interdisciplinary Research in Traditional Doctoral Programs[J]. Ecosystems. 1999(2): 281-285.

[117] GOLDING C. Positioning interdisciplinary graduate research (or how to avoid painful misunderstandings with your supervisors and examiners). Traffic (Parkville),2010,12(1): 17-37.

[118] HOLLEY K A. Doctoral education and the development of an interdisciplinary identity[J]. Innovations in Education and Teaching International, 2013(52): 642-652.

[119] SUGIMOTO C R. Mentoring, collaboration, and interdisciplinarity: An evaluation of the scholarly development of information and library science doctoral students. Doctoral dissertation[M], University of North Carolina at Chapel Hill,2010.

[120] ULLRICH L, DUMANIS S B, EVANS T M, et al. From student to steward: the Interdisciplinary Program in Neuroscience at Georgetown University as a case study in professional development during doctoral training[J]. Medical Education Online,2014(19):22623.

[121] GARDNER S K. A Jack-of-all-trades and a master of some of them: Successul students interdisciplinary PhD Programs[J]. Issue in Integrative studies,2011(29):84--117.

[122] MCGEE R, DELONG M J. Collaborative co-mentored dissertations spanning institutions: Influences on student development[J]. Life Sciences Education,2007,6(2):119-131.

[123] SA C M. Strategic faculty hiring in two public research universities: Pursuing interdisciplinary connections [J]. Tertiary Education and Management, 2008,14(4): 285-301.

[124] MORSE W C, NIELSEN-PINCUS M, FORCE J E, WULFHORST J D. Bridges and Barriers to Developing and Conducting Interdisciplinary Graduate-Student Team Research[J]. Ecology and Society,2007,12(2): 8.

[125] NANCARROW S A, BOOTH A, ARISS S, SMITH T, ENDERBY P, ROOTS A. Ten principles of good interdisciplinary team work.[EB/OL].[2018-10-2]. http://europepmc.org/backend/ptpmcrender.fcgi accid=PMC3662612&blobtype=pdf.

[126] MCNAIR L D, BORREGO M. Comparing academic staff and student perspectives of an interdisciplinary design course[C]. 20th Australasian Association for Engineering Education Conference,2009.

[127] DREZEK K M, OLSEN D, BORREGO M. Crossing Disciplinary Borders: A New Approach to Preparing Students for Interdisciplinary Research.[EB/OL.][2019-6-2]. https://ieeexplore.ieee.org/stamp/stamp.jsp arnumber=4720585018-10-12.

[128] STOKOLS D, FUQUA J, GRESS J, HARVEY R, PHILLIPS K, BAEZCONDE-GARBANATI L, et al. Evauating transdisciplinary science [J]. Nicotine & Tobacco Research, 2003,5(S-1): S21-S39.

[129] MANSILLA V B, DURAISING E D. Targeted assessment of students' interdisciplinary work: An empirically grounded framework proposed[J]. Journal of Higher Education,2007, 78(2), 215-237.

[130] WALKER G E, GOLDE C M, Jones L, BUESCHEL A C, HUTHINGS P. The formation of scholars: Rethinking doctoral education for the

twenty-first century[M]. San Francisco: Jossey-Bass,2008.

[131] CORYN C L S, STUFFLEBEAM D L, DAVIDSON E J, SCRIVEN M. The interdisciplinary Ph. D. in evaluation: Reflections on its development and first seven years[J]. Journal of Multidisciplinary Evaluation,2010:6(13):118-129.

[132] WANG J, THIJS B, GL N W. Interdisciplinarity and impact: Distinct effects of variety, balance, and disparity[J/OL]. PLoS ONE. 2015(5):10.

[133] CLARK R N, STANKEY G H, BROWN P J, BURCHFIELD J A, HAYNEYS R W, MCCOOL S F. Toward an ecological approach: integrating social, economic, cultural, biological, and physical considerations. In N C JOHNSON, A J MALK, W T SEXTON, R SZARO (Eds.), Ecological stewardship: A common reference for ecosystem management[M], Oxford: Elsevier Science. 1999:297-318.

[134] LAKOFF G. Women, fire, and dangerous things: What categories reveal about the mind [M]. Chicago and London: University ofChicago Press,1987.

[135] FAUCONNIER G. Mentalspaces: A spects of meaning construction in natural language[M]. Cambridge: Cambridge University Press,1994.

[136] REPKO A F, SZOSTAK R, BUCHBERGER M. Introduction to interdisciplinary studies[M]. Thousand Oaks, CA: Sage,2014.

[137] KLEIN J T. Crossing boundaries: Knowledge, disciplinarities, and interdisciplinarities. Charlottesville: University Press of Virginia,1996.

[138] HERBERT H C. Using language[M]. Cambridge: Cambridge University Press,1996.

[139] NEWEL W H. A theory ofinterdisciplinary studies [J]. Issues in Integrative Studies, 2001(19):1-25.

[140] KLEIN J T. Interdisciplinary team work: The dynamics of collaboration and integration[M]. New Jersey: Lawrence Erlbaum Associates, Inc. 2005:23-50.

[141] REPKO A F. Integrating interdisciplinarity: How the theories of common ground and cognitive interdisciplinarity are informing the debate on interdisciplinary integration[J]. Issues in Interdisciplinary Studies, 2007 (25): 1-31.

[142] BERG G. Facilitating interdisciplinary work: Using quality assessment to create common ground. Higher Education,2009(57):405-415.

[143] SIEMENS G. Collectivism: A Learning Theory for the Digital Age[EB/OL].[2019-4-10]. https://pdfs.semanticscholar.org/f5a6/d010046e4da2ef00e59730633ec0422b236b.pdf.

[144] SIEMENS G. Orientation: Sensemaking and wayfinding in complex distributed online information environments[D]. Aberdeen: University of Aberdeen Doctoral dissertation,2011.

[145] WANG Z, CHEN L, ANDERSON T. framework for interaction and cognitive engagement in connectivist learning contexts[J]. International review of research in open and distance,2014(2):121-41.

[146] 马万华.研究型大学知识生产模式的变革与学术研究的多元发展机机制[J].北京大学教育评论,2009(1):49-50.

[147] 文东茅,沈文钦.知识生产的模式Ⅱ与教育研究——北京大学教育学院的案例分析[J].北京大学教育评论,2010(4):65-74.

[148] 理查德·惠特利.科学的智力组织和社会组织[M].赵万里,等译.北京:北京大学出版社,2011:5.

[149] 亨利·埃兹科维茨.麻省理工学院与创业科学的兴起[M].王孙禺,袁本涛等,译.北京:清华大学出版社,2007.

[150] 卓泽林.大学知识生产范式的转向[J].教育学报,2016,12(2):9-17.

[151] CARAYANNISE G, CAMPBELL D F J. "Mode 3" and "Quadruple Helix": Toward a 21st century fractal innovation ecosystem [J]. International Journal of Technology Management, 2009, 46(3/4):201-234.

[152] FINK D. The Professional Doctorate: Its Relativity to the PhD and Relevance for the Knowledge Economy[J]. International Journal of Doctoral Studies,2006(1):35-45.

[153] BRUHN J G. Interdisciplinary research: A philosophy, art form, artifact, or antidote[J]. Integrative Physiological and Behavioral Science,2000,35(1),58-66.

[154] KLEIN J T. Interdisciplinarity: History, Theory, and Practice [M]. Detroit: Wayne State University Press, 1990.

[155] KLEIN J T & Newell W H. Advancing interdisciplinary studies. In J. G. Gaff, J. L. Ratcliff, & Associates (Eds.), Handbook of the undergraduate curriculum: A comprehensive guide to purposes, structures, practices, and change[M]. San Francisco, CA: Jossey-Bass,1997.

[156] MANSILLA V B. Assessing Student Work at Disciplinary Crossroads[J].

Change：The Magazine of Higher Learning,2010,37(1):14-21.

[157] National Academy of Sciences, National Academy of Engineering, Institute of Medicine. Facilitating interdisciplinary research[M]. Washington DC: Department of Education,2005.

[158] SCHNEIDER C G. Liberal education and integrative learning[M]. Issues in Integrative Studies,2003 (21):1-8.

[159] COOKE N J, HILTON M L. Enhancing the Effectiveness of Team Science [M]. Washington D. C. : The National Academy Press,2015:1-19.

[160] 尤莉.大学跨学科团队知识异质性与创新绩效关系的实证研究[J].国家教育行政学院学报,2017(03):62-69.

[161] KE F, HOADLEY C. Evaluating online learning communities [J]. Educational Technology Research and Development . 2009: 57 (4), 487-510.

[162] PARKER R. A learning community approach to doctoral education in the social science[J]. Teaching in Higher Education, 2009,14 (1), 43-54.

[163] YUAN J, KIM C. Guidelines for facilitating the development of learning communities in online courses[J]. Journal of Computer Assisted Learning, 2014,30(3):220-232.

[164] NIKITINA S. Pathways of interdisciplinary cognition[J]. Cognition and Instruction,2005,23(3): 389-425.

[165] GIBBONS M, NOWOTNY H. The potential of transdisciplinarity. In Transdisciplinarity: Joint Problem Solving among Science, Technology, and Society: An Effective Way for Managing Complexity[M], J T KLEIN, W GROSSENBACER-MANSUY, R HABERLI, A BILL, R W SCHOLZ, M WRLTI (eds). Birkhauser Verlag, Boston, 2001.

[166] MANSILLA V B, DURAISING E D. Targeted assessment of students' interdisciplinary work: An empirically grounded framework proposed[J]. Journal of Highe Education,2007, 78(2): 215-237.

[167] NEWELLW H. A theory of interdisciplinary studies [J]. Issues in Integrative Studies, 2001,19: 1-25.

[168] REPKO A F. Interdisciplinary Research: Process and Theory[M]. Los Angeles: Sage Publications, 2008.

[169] 中国学位与研究生教育发展年度报告[R].中国学位与研究生教育发展年度报告课题组.北京:清华大学出版社,2011.

[170] Doctoral Education at the University of California and Factors Affecting

Time to-Degree[R]. California:University of California,1991.

[171] 中华人民共和国教育部.教育部国家发展改革委财政部《关于深化研究生教育改革的意见》[EB/OL].（2013-04-19）[2018-7-20]. http://www.moe.gov.cn/srcsite/A22/s7065/201304/t20130419_154118.html.

[172] 中华人民共和国教育部.教育部关于全面提高高等教育质量的若干意见[EB/OL].（2012-03-19）[2018-07-20]. http://www.moe.gov.cn/srcsite/A08/s7056/201203/t20120316_146673.html.

[173] HUY Q, MINTZBERG H. The Rhythm of Change[J]. MIT Sloan Management Review, 2004:44(3),79-84.

[174] 马永红.中国博士研究生教育改革研究[M].北京:科学出版社,2023.

[175] 罗英姿,刘泽文,张佳乐.博士生教育质量评价的三大转变[J].研究生教育研究,2017(03):59-64.

[176] 理查德·斯科特,姚伟译.制度与组织—思想观念与物质利益[M].北京:中国人民大学出版社,2009(56):261.

[177] 冯晓丽,董国珍.从身份认同到规制、规范:我国民间体育组织评估政策变迁[J].成都体育学院学报,2014,40(10):47-51

[178] KLEIN J T. Crossing Boundaries: Knowledge Disciplinarities and Interdisciplinarities[M]. Charlottesville: University of Virginia Press,1996

[179] KLEIN J T. Creating Interdisciplinary Campus Cultures: A Model for Strength and Sustainability[M]. San Francisco: Jossey-Bass,2010.

[180] KOCKELMANS J. Interdisciplinarity and higher Education [M]. Pennsylvania State University Press, University Park, Pennsylvania,1979.

[181] REPKO A F. Integrating interdisciplinarity: How the theories of common ground and cognitive interdisciplinarity are informing the debate on interdisciplinary integration[M]. Issues in Integrative Studies, 2007(25):1-31.

[182] 陶迎春.论小科学与大科学的关系[A].中国自然辩证法研究会.第三届全国科技哲学暨交叉学科研究生论坛文集[C].中国自然辩证法研究会:中国自然辩证法研究会,2010:4.

[183] LIKOS N, KIJOWSKI J. Portfolios and Individualized, Interdisciplinary Learning: A Case Study [EB/OL]. [2018-3-2]. https://jitp.commons.gc.cuny.edu/eportfolios-and-individualized-interdisciplinary-learning-a-case-study/.

[184] 夏立明,王丝丝,张成宝.PPP项目再谈判过程的影响因素内在逻辑研究:基于扎根理论[J].软科学,2017,31(1):136-140.

[185] 陈向明.质的研究方法与社会科学研究[M].北京:教育科学出版社,2000.

[186] EMERSON R,FRETZ R,SHAW L. Writing ethnographic eldnotes[M]. Chicago and London:University of Chicago Press,1995.

[187] 景怀斌.扎根理论编码的"理论鸿沟"及"类故理"跨越[J].武汉大学学报(哲学社会科学版),2017,70(6):109-119.

[188] 袁本涛,李莞荷.博士生培养与世界一流学科建设——基于博士生科研体验调查的实证分析[J].江苏高教,2017(2):1-6.

[189] 中华人民共和国中央人民政府.中共中央国务院印发《关于加强和改进新形势下高校思想政治工作的意见》[EB/OL].（2017-2-27）[2018-09-06]. http://www.gov.cn/xinwen/2017-02/27/content_5182502.htm.

[190] 苌光锤,李福华.学术共同体的概念及其特征辨析[J].煤炭高等教育,2010(5):36-38.

[191] 王公.在剑桥李约瑟研究所奋斗的日子[EB/OL].（2018-10-01）[2019-03-15]. https://mp.weixin.qq.com/s/m2ULONYcWAIERTZgFccMfg.

[192] 祝哲.在佛罗里达大学感受多元文化氛围[EB/OL].（2019-2-26）[2019-03-06]. https://mp.weixin.qq.com/s/DcYHqGG35TURMCgWt4mppw.

[193] 乔骥.从零开始的诺丁汉生活[EB/OL].（2018-2-26)[2018-09-06]. https://mp.weixin.qq.com/s/8fT8WqlFbytQBI5hkhUS1Q.

[194] 胡毅森.在宾夕法尼亚大学体味美国文化[EB/OL].（2018-10-01）[2019-03-15]. https://mp.weixin.qq.com/s/SiT-WOnQPR_8m56J90Iaww.

[195] 李海波:在德州农工进一步认识自我[EB/OL].（2017-7-22）[2019-03-15]. http://www.nihaowang.com/news/news-69153.html.

[196] 黄一潇:在佐治亚理工的日子里[EB/OL].（2017-7-03）[2019-03-15]. http://www.vccoo.com/v/xj20qj.

[197] 李佳婧:远离喧嚣,充实而忙碌的TAMU之旅[EB/OL].（2019-2-26）[2019-03-06]. https://mp.weixin.qq.com/s/7biMjZNMyB71EccZ67EmOQ.

[198] 卢建元:在佐治亚理工研究绿色路由器[EB/OL].（2016-7-11）[2019-03-06]. https://mp.weixin.qq.com/s/z12ylYoALdzHuijAX28SNQ.

[199] 陆未央:在澳大利亚联邦研究全球变暖的重要成因[EB/OL].（2016-7-11）[2019-03-06]. http://bbs.dahe.cn/thread-1002115401-1-1.html.

[200] 李鹏辉.博士养成之与众不同的"英国模式"[EB/OL].（2018-12-23）[2019-03-06]https://mp.weixin.qq.com/s/Cw_Iz9Gia75QbJMv2eP5_A.

[201] BORREGO M,NEWSWANDER L K. Definitions of Interdisciplinary Research:Toward Graduate-Level Interdisciplinary Learning Outcomes. The Review of Higher Education,2010,34,(1):61-84.

[202] 刘凡丰,项伟央,谢盛艳.美国威斯康星大学麦迪逊分校集群聘任模式剖析[J].清华大学教育研究,2011,32(01):102-107.

[203] 熊华军.大学虚拟跨学科组织的原则、特征和优势——以麻省理工学院CSBi运行机制为例[J].高等教育研究,2005(08):95-101.

[204] MANATHUNGA C, LANT P, MELLICK G. Imagining an interdisciplinary teaching pedagogy. Teaching in Higher Education,2006 (11):365-379.

[205] 高虹,孙忻,刘颖,陈皓明.对交叉学科研究生培养的思考[J].学位与研究生教育,2002(4):12-15.

[206] 焦磊.美国研究型大学培养跨学科研究生的动因、路径及模式研究[J].外国教育研究,2017,44(03):16-26.

[207]《关于高等学校加快"双一流"建设的指导意见》的通知[EB/OL].(2018-8-20)[2018-10-10]. http://www.bov.cn/xinwen/2018-08/27/content_5316809.htm. 2019-3-2.

[208] 吴楠.跨学科研究推动协同创新[N].中国社会科学报,2013-01-28.

[209] 程新奎.大学跨学科组织的主要运行模式及其特征比较[J].辽宁教育研究.2007(9):56-59.

[210] JASCHIK S. The truly interdisciplinary search. Inside Higher Ed[EB/OL].(2008-9-5)[2019-4-2]. http://www.insidehighered.com/news/2008/09/05/michtech.

[211] LATTUCA L R. Creating interdisciplinary: Interdisciplinary research and teaching among college and university faculty[M]. Nashville, TN: Vanderbilt University Press. 2001:65.

[212] NEWELL W. Interdisciplinary curriculum development. Issues in Integrative Studies,1990 (8):69-86.

[213] IVANITSKAYA L, Clark D, Montgomery G, Primeau, R. . Interdisciplinary learning: Processes and outcomes. Innovative Higher Education,2002,27(2):95-112.

[214] NANCY J C, MARGARET L H. Enhancing the Effectiveness of Team Science[M]. Washington D.C.. The National Academy Press,2015:1

[215] REPKO A F. Interdisciplinary research[M]. Thousand Oaks, CA: Sage. 2008:13.

[216] FRANK S, PAUL H. The Organization of Interdisciplinary Research: Modes, Drivers and Barriers. International Journal of Management Reviews,2014(16):199.

[217] ASSIMAKOPOULOS D, MACDONALD S. A dual approach to

understanding information networks. International Journal of Technology Management, 2003;25;96-112.

[218] REBEKAH R B, ANA D, TONY H, WONG F. Interdisciplinarity: How to catalyze collaboration[EB/OL]. (2018-11-10). https://www.nature.com/news/interdisciplinarity-how-to-catalyse-collaboration-1.18343.

[219] 胡甲刚. 美国跨学科研究生培养管窥——以华盛顿大学"城市生态学"IGERT博士项目为个案[J]. 学位与研究生教育, 2009(10): 71-75.

[220] CLARK R N, STANKEY G H, BROWN P J, BURCHFIELD J. A, HAYNES R W, MCCLOOL S F. Toward an ecological approach: integrating social, economic, cultural, biological, and physical considerations. Ecological stewardship: a common reference for ecosystem management. Elsevier Science, Oxford, UK. 1999;297-318.

[221] SA C. Planning for interdisciplinary research. Planning for Higher Education,2007,35(2):18-28.

[222] BLSCHL G, CARR G, BUCHER C, FARNLEITNER A H, RECHBERGER H, WAGNER W, ZESSNER M. Promoting interdisciplinary education the Vienna doctoral programme on water resource systems[J]. Hydrol. Earth Syst. Sci. 2012(16); 457-472.

[223] MORSE W C, NIELSEN-PINCUS M, FORCE J E, WULFHORST J D. Bridges and barriers to developing and conducting interdisciplinary graduate student team research[J]. Ecology and Society,2007,12 (2): 8.

[224] ANOUSHKA D, VICTORIA B, KALLE N, PAUL S. Case Study Review of Interdisciplinary Research in Higher Education Institutions in England [EB/OL]. [2018-11-10] https://www.southampton.ac.uk/assets/imported/transforms/content-block/UsefulDownloads_Download/CBFA695D341A441D8EA03184D678133F/Case%20study%20of%20interdisciplinary%20research%20in%20England.pdf.

[225] National Science Foundation. Integrative graduate education and research traineeship program (No. NSF 09-519)[R]. Arlington, VA: Author. 2009;4

[226] EIGENBRODE S D, ROURKE M O, WULFHORST J D, ALTHOFF D M, GOLDBERG C S, MERRILL K, Morse W, NIELSEN-PINCUS M, STEPHENS J, WINOWIECKI L, BOSQUE-PEREZ N. A. Employing philosophical dialogue in collaborative science. Bio-Science, 2007 (57): 55-64.

[227] HANDLIN H, BIROS M, DELANEY N, SCHUG V. Research utilization and interdisciplinary collaboration in emergency care. Academic Emergency medicine,1996(4):271.

[228] AMIN A, ROBERTS J. Knowing in action: beyond communities of practice[J]. Res. Policy, 2008(37):353-369.

[229] RHOTEN D, PRMAN S. Women in interdisciplinary science: Exploring preferences and consequences. Research Policy, 2007,36(1):56-75.

[230] 《国家中长期教育改革和发展规划纲要(2010-2020年)》[EB/OL]. (2010-7-29) [2019-3-8]. http://www.moe.gov.cn/jyb_xwfb/s6052/moe_838/201008/t20100802_93704.html eqid=e4405a1d00154d0000000003645dd347.

[231] DAVE A, HOPKINS M, HUTTON J, KRCAL A, KOLARZ P. Landscape Review of Interdisciplinary Research in the UK[OL/R]. [2018-12-20]https://core.ac.uk/download/pdf/60241339.pdf.

[232] How Gallatin Works. [EB/OL]. [2019-2-20]. https://gallatin.nyu.edu/about/how-gallatin-works.html.

[233] 中华人民共和国教育部. 教育部关于印发《教育信息化2.0行动计划》的通知[Z/OL]. (2018-04-18)[2019-1-10]. http://www.moe.gov.cn/srcsite/A16/s3342/201804/t20180425_334188.html.

[234] Landscape Review of Interdisciplinary Research in the UK. Report to HEFCE and RCUK by Technopolis and the Science Policy Research Unit (SPRU)[R]. University of Sussex, 2016(6):22